连带责任保证人权利规范体系研究

陈思静◎著

中国法制出版社
CHINA LEGAL PUBLISHING HOUSE

范的缺失，保证人权利义务不对等。《民法典》[1]赋予保证人在清偿主债务后向主债务人追偿的权利，然此时获偿机会降低。对于保证人能否享有权利确保将来追偿权的实现，立法存在缺失。对于债权人减少为债权设立的担保，或怠于行使代位权、撤销权致主债务人责任财产减少，保证人是否享有对债权人的抗辩权或损害赔偿请求权，《民法典》亦未作出规定。此外，对于共同担保人是否具有追偿权及如何确定追偿份额，立法及司法实践亦出现较大分歧。相关法规间存在的冲突与矛盾，既影响了保证制度的体系性，亦导致司法审判实务中类似案件判决结果各异，影响了法律的确定性与可预测性。为平衡债权人、主债务人、保证人之间的权利义务体系关系，需确定保证人的一系列权利平衡立法设计。

连带责任保证制度的内容是否公平合理，长久以来成为学者研究的内容，亦不断在司法实践中产生争执。在私法中，必须考虑私法的规则、条款的内在逻辑和目的以及潜在的价值体系，并在此基础上权衡各种利益的保护。保证法律必须为社会创设有益的激励，《民法典》制度设计不应将保证人作为风险转嫁工具，应以督促主债务人履行债务为基础，否则将无人愿意充当保证人，保证制度亦无法发挥信用增进功能。本书从保证具有的功能优势和立法原理阐述赋予连带责任保证人权利的必要性，通过借鉴域外立法例、学说与商业实践，从法学理论角度，分析对保证人赋予何种权利，以及各权利行使要件与限制，才能达到各方利益平衡。以此提出《民法典》中连带责任保证人权利规范立法模式重构与具体规范进路，完善我

---

① 本书法律文件名称中的“中华人民共和国”省略，如《中华人民共和国民法典》简称《民法典》。

国体系性立法，以期为解决融资实务中保证人权利义务不平衡的问题提供参考意见。本书除导论外，共分为五章展开分析与论述。

导论部分。导论部分首先提出本书的研究价值与意义，阐释本书研究的理论意义与实践价值。其次通过国内外研究现状，对学界争议观点、司法实践中存在的问题、制度设计存在的缺陷、各国立法改革核心问题进行综述。同时对本书采用的研究方法予以阐释，通过法解释学、比较分析、实证研究和价值分析等方法，探讨连带责任保证人权利体系构成和变化的法政策考量。最后是对本书主要研究内容的概述，通过建立保证人对债权人从消极防御到积极利用的权利、向主债务人事前救济与事后救济相结合的措施、以追偿权为核心的共同担保人权利的体系，完善《民法典》中连带责任保证人权利规范。

第一章"连带责任保证人享有权利的理论基础与构建"。赋予连带责任保证人权利的法理依据及意义成为研究连带责任保证人权利保护的基础。私法条款包含整个法律秩序的内在价值，该章从我国保证人权利立法现状与存在问题、保证的功能优势与发展趋势的维度对赋予保证人权利进行价值判断，探求保证人权利设定的价值理念，提出保证人权利应建立在诚信原则及商业合理性原则、公平原则、利益平衡原则的基础上，以保障保证制度发挥其法律价值和在促进资金融通过程中的功能。

第二章"连带责任保证人对债权人的权利：从消极防御到积极利用"。该章对保证人对债权人的重要权利进行分析。基于保证合同单务性的性质，《民法典》并未赋予保证人对债权人请求权性质的权利，而只享有抗辩性质的权利。保证人享有主合同中债务人对债权人的抗辩权，此为大陆法系许多国家的民事立法所确认。保证人是否可行使主债务人享有的形成权，不同学说反映了对保证人责任确立法理依据的不同。在债权人损害债权的担保，或在主债务人资产持续减少危害到债权清偿而疏于行使代位权、撤销权的，致使承担了清偿责任的保证人无法行使追偿权、代位权，基于诚信原则，立法应肯定保证人对债权人的积极性权利，即损害赔偿请求权。

第三章“连带责任保证人对主债务人的权利：事前救济与事后救济结合”。要保障保证人的权益，其中保证人对主债务人的追偿权是保证人权利体系化的基础。我国立法虽规定了保证人享有的追偿权，但未明确保证人是否享有代位权，亦未规定域外立法普遍赋予的保证责任除去请求权等履行主合同清偿义务前的救济手段。在追偿权预先行使上，《民法典》出台前所规定的行使事由仅限于主债务人破产情形，《民法典》有关司法解释实质上对该适用情形进一步限缩。域外亦有保证人行使债权人债权保全中的撤销权的判例，为对债权人消极行使权利进行的补救措施。本章将对连带责任保证人对主债务人的权利进行系统研究，以建立事前救济与事后救济相结合的救济体系。

第四章“连带责任保证人对共同担保人的权利：以追偿权为核心的解释论”。共同担保中，债权人如何行使债权实现顺位选择权，关涉各担保人相互间的利益平衡，应建立相对应的调节担保人相互间利益平衡的制度。关于共同担保人相互间是否享有追偿权的证立，存在各种相互竞争的学说，如连带债务规则的适用、代位求偿的解释论等。基于共同担保人之间享有的追偿权，债权人损害该权利时，担保人应享有免责的权利。债权人将被视为损害担保权益的行为表现为何，与建立债权人过错和保证人责任减免的规则相关。本章将就上述问题涉及的法理基础及学说发展进行研究，以建构合理的共同担保规则。

第五章“完善我国连带责任保证人权利制度”。权利制度设计及其完善是权利救济最重要的基础阶段，本章通过对各国保证人权利规范立法模式的审视，提出《民法典》建立类型化救济措施的立法体例，即保证人对债权人权利、保证人对主债务人权利、保证人对共同担保人权利的立法体例，将现行《民法典》保证人权利规定条款重新编排，在立法技术上避免重复，提高立法的理性层次，同时提高法律适用理性。立法模式的重构还只是一种可能的选择，其内容和形式，有回应融资需求及商业实践的新变化，平衡各方权利义务关系的必要。在构建保证人权利制度中，对各方利益的安排是合理的也是必要的，但应尊重意思自治在私法领域的重要性，同时重视法律秩序统一性与稳定性之维护。

目录

导论

第一章 连带责任保证人享有权利的理论基础与构建

第四章 连带责任保证人对共同担保人的权利：以追偿权为核心的解释论

第五章 完善我国连带责任保证人权利制度

导 论

一、本书研究价值与意义

在我国融资实务中，连带责任保证系被广泛运用的担保方式。保证制度有效运行，社会功能才能正常发挥。而我国《民法典》对连带责任保证人权利的规定存在缺失或不完善，本书拟立足连带责任保证人权利规范体系设计，针对我国的立法现状，提出相关立法建议，以平衡各方的利益关系，使保证制度真正发挥信用增进的功能。

（一）保证担保方式发展必要性

债务人本应就其债权进行清偿，但债权人债权的清偿取决于债务人的偿债资力和诚信。① 为保障债权的清偿，产生了保证制度，保证人整体财产形成的信用构成主合同履行的保障。② 连带责任保证对债权保全优势体现在债权人可为其同一债权增加债务人的数量，提高债权受偿机会。实务中常见的近亲或关联公司担任保证人的情况下，

---

① 谢在全著：《民法物权论》（中），中国政法大学出版社2011年版，第610页。

② 王泽鉴著：《民法物权》（第2版），法律出版社2010年版，第377页。

可防止主债务人将财产转移至上述保证人。由于主债务人与保证人的关系，主债务人会关心保证人的福利，将更尽力防止债务不履行状况的发生，[①]提高了主债务人休戚与共的危机感，促使其为更谨慎的经营或经济行为。虽然主债务人对其行为拥有最终决定权，可以从事降低其偿债能力的行为或直接拒绝履行义务，但从主债务人到保证人的义务至少为主债务人增加了一些压力，使其不采取会增加保证人预期成本的行动。[②]通过主债务人与保证人的关联性，可有效降低债权人监控成本。选择保证人是因为他比债权人处于更好的地位以控制或影响主债务人。[③]如专业担保机构对主债务人的偿债能力评估及监督，董事对公司财务与业务事项的了解优于放款的债权人。

债权人因保证契约的存在，债之关系扩及第三人财产，债权获得清偿的可能性提高，促进了主债务人融资的实现。连带责任保证的运用除了为债权人的债权保全提供保障外，从主债务人角度观察保证制度对主债务人亦有利益存在。因有保证，主债务人获得融资的机会增加，且可能获得低利率或其他较优之融资条件，此为保证制度不可忽视的社会功能。观察保证发展及其立法动向，可知其与经济繁荣、市场变化、社会发展存在相互作用，乃经济活动所依赖。保证制度越健全周密，运用越多，无疑是经济繁荣、贸易发达的体现。

此外，关于人的担保与物的担保优劣对比及对债权人青睐选择

---

① 吴瑾瑜：《保证契约与善良风俗——以债务人之无资力父母、配偶或子女为保证人之契约为例》，载《台北大学法学论丛》2008 年第 4 期。

② Neil B. Cohen, “Striking the Balance: The Evolving Nature of Suretyship Defenses”, William and Mary Law Review, Vol.34, No.4 (1993), p.1031.

③ Michelle Cumyn, “Responsibility For Another’s Debt: Suretyship, Solidarity, And Imperfect Delegation”, McGill Law Journal, Vol.55, No.2 (2010), p.223.

上，物的担保通常优先于人的担保被选取，并认为尽管人的担保扩展了能够用于偿还债务的资产，但因仍系以个人总财产为担保，所负责任和主债务人并无不同，故债权未能获满足的风险依旧存续；物的担保不仅排除了主债务人主观愿否清偿的危险及财产处分可能减少的不安定性，同时打破了债权平等性原则。[①]然而，随着社会融资需求的不断增加及对担保独立性的特殊要求，呈现出人的担保方式逐步胜过物的担保方式的适用趋向。一方面，融资性担保公司等专业担保公司的发展，使债权实现的保障进一步增强。专业担保机构提供金融保证服务，并进行风险管控达成主债务人、债权人、担保机构三方利益，成为融资关系中不可或缺的主体。另一方面，人的担保设立程序简单便捷，而物的担保设立程序复杂烦琐，实现担保物权的程序也较为耗时且增加成本。保证的运用补充了融资需求中无法提供物的担保的情形。

（二）连带责任保证人权利保护法理及意义

保证合同由当事人合意约定形成，此时，各方间契约的履行有赖于诚信原则的遵守。诚信被界定为忠于事实或符合公平交易的合理商业标准，恶意的行为将被排斥。[②]保证合同关系中，保证人对债权人积极维护债权产生信任，亦对主债务人清偿债务产生期待，保证责任的承担只是一种可能性时，才符合诚信原则及商业合理性原则。因此，对于违背诚信原则的债权人与主债务人，损害保证人对

---

① 张民安著:《法国民法》，清华大学出版社 2015 年版，第 500 页。

② ［美］迈克尔 · D. 贝勒斯著:《法律的原则——一个规范的分析》，张文显、宋金娜、朱卫国等译，中国大百科全书出版社 1995 年版，第 223 页。

主债务人履行义务的合理期望，[①] 应赋予保证人解除合同的权利或损害赔偿请求权。合理的商业标准，为商主体在经济交往中达成的共识，[②] 补充契约履行中双方意旨。例如，在保证法律关系中，主债务人与债权人合谋欺诈保证人提供担保、债权人损害物的担保等行为，不符合保证人提供保证时商业利益最佳的判断。故债权人违背相关的义务使得保证人受损的，应当承担赔偿责任。

连带责任保证法律关系中，立法及司法实务必须在某种程度上平衡各方权益，保证功能优势才能较好发挥。有学者论述到，几千年来，保证法发展出了一个复杂的原则，一方面保护保证人，另一方面保护债权人对保证人清偿债务的期待，《美国统一商法典》与法院都难以达成平衡。保证人是严格受法律保护的当事人，但经过时间的检验，保证人成为保证关系的牺牲者，同时法官也并没有将适当的法律原则适用于保证案件，造成了不稳定的商业交易。[③] 由于保证人成为损失的承担者，商主体的融资渠道也将受到较为不利的影响。

债权人偏好连带责任保证人提供的担保，连带责任保证人的法律责任较一般保证人重，与借款的主债务人几近相同。债权人甚至将连带责任保证人等同于借款的债务人，视为清偿责任共同体，连带保证人为他人担保的债务随时可能转化为自己的债务。[④] 如将连

① Neil B. Cohen, “Striking the Balance: The Evolving Nature of Suretyship Defenses”, William and Mary Law Review, Vol.34, No.4 (1993), p.1032.

② 谢在全:《企业浮动资产担保权之建立——以企业资产担保法草案为中心》，载《法令月刊》2017 年第 10 期。

③ Wilhelm, Suzanne, “Taking Suretyship Seriously”, Oklahoma City University Law Review, Vol.18, No.1 (1993), p.89.

④ 吴瑾瑜:《保证契约与善良风俗——以债务人之无资力父母、配偶或子女为保证人之契约为例》，载《台北大学法学论丛》2008 年第 4 期。

带责任保证人地位等同于主债务人，则与担保的本质不相符。保证人独自承受最终不利益这种巨大风险致使实务中其充当保证主体意愿大为降低，能够承担保证责任的主体视连带责任保证担保为畏途，保证契约难以达成。如法律未能构建保证人权利体系，无人充当保证人致使保证的适用减少，则会削弱保证制度在发展经济中的作用。

（三）《民法典》连带责任保证人权利制度存在的问题

能否有效保护连带责任保证人，是保证规范的主要组成部分。我国《民法典》整体立法仍旧偏向于对债权保全实现这一担保功能的保障，保证人享有的关键性权利未予明确或存在缺失。由于保证合同属单务合同性质，立法只是赋予其对债权人抗辩性质权利，并无请求权性质权利。如保证人最终受损是由于债权人侵害担保权利或疏于执行对主债务人代位权、撤销权的，应赋予保证人对债权人损害赔偿请求权。此外，我国保证法律制度对保证责任除去请求权等保证人承担保证责任前享有的权利存在缺失，[①] 此类立法的缺失将导致保证人承担的信用风险增加。混合共同担保使债权人债权获得最大程度之保障，在实务中运用广泛。但我国实定法上混合共同担保中保证人权利保护相关规则仍属缺失，诸如混合共同担保人之间可否追偿、如何追偿均存在较大争议。虽然 2021 年 1 月开始施行的《最高人民法院关于适用〈中华人民共和国民法典〉有关担保制度的解释》（以下简称《担保制度司法解释》）对上述问题进行了部分解释，但学界依

① 姜淑明：《保证人的权利及其救济》，载《法学杂志》2005 年第 2 期。

保证的新规定及变化进行了解读，[①] 但极少有专门研究保证人权利保护的著作。保证人权利赋予与主债权清偿保障应在何种程度上协调，国内外立法及实务始终争论不断，域外学者及司法实务领域的专家认为，保证契约受道德、风俗、法律等众多因素作用，加上学理上的不同主张、裁判中的不同观点，学理及裁判间的分化，充分说明了保证合同的复杂性。[②]

（一）保证人对债权人权利研究

目前关于保证人享有的对债权人权利研究，国内学者著作中多为对防御性权利的研究。[③] 此类权利可分为向债权人行使主合同中债务人的权利，以及依合同特殊性及普遍性享有的保证人特有之权利及一般债务人应有之权利。[④] 此类权利行使的效果多为延缓或阻止债

---

① 王利明：《我国〈民法典〉保证合同新规则释评及适用要旨》，载《政治与法律》2020年第12期；崔建远：《论保证规则的变化》，载《中州学刊》2021年第1期；程啸：《论〈民法典〉第702条上的保证人抗辩权》，载《环球法律评论》2020年第6期；崔建远：《混合共同担保人相互间无追偿权论》，载《法学研究》2020年第1期；邹海林：《我国〈民法典〉上的"混合担保规则"解释论》，载《比较法研究》2020年第4期。

② 叶名怡：《混合担保中债权人过错对保证责任之影响》，载《法商研究》2016年第4期。

③ 王利明：《我国〈民法典〉保证合同新规则释评及适用要旨》，载《政治与法律》2020年第12期；费安玲：《论保证人抗辩权》，载《政法论坛》2000年第1期；姜淑明：《保证人的权利及其救济》，载《法学杂志》2005年第2期；尹腊梅：《保证人抗辩权的类型化及其适用》，载《法学杂志》2010年第4期；程啸：《论〈民法典〉第702条上的保证人抗辩权》，载《环球法律评论》2020年第6期；崔建远：《论保证规则的变化》，载《中州学刊》2021年第1期。

④ Wilhelm, Suzanne, "Taking Suretyship Seriously", Oklahoma City University Law Review, Vol.18, No.1 (1993), p.95.

权人的请求权。德国学者克里斯蒂安·冯·巴尔、埃里克·克莱夫的《欧洲私法的原则、定义与示范规则：欧洲示范民法典草案》一书对上述保证人对债权人的权利有较为详细的论述。[①]《民法典》对此类权利进行了部分完善，特别是针对主债务人形成权专属性与保证合同从属性原则的适当处理、保证期间与诉讼时效关系解决等，形成了部分学者研究的重点。[②]

然而，保证人对债权人的上述权利是保守的、被动的、消极的，国内著作对于主动型、积极型的请求权性质权利研究极少提及，[③]此项权利，即保证人对债权人的损害赔偿请求权，适用于保证人由于债权人的故意或疏忽行为，无法向主债务人或者其他共同担保人实现全额追偿时，为了防止债权人的过错给保证人造成损害，债权人对保证人履行主合同请求权应全部或一部分削减。若保证人清偿了主债务，则享有对债权人的损害赔偿请求权。[④]域外立法多规定了上

---

① [德]克里斯蒂安·冯·巴尔、[英]埃里克·克莱夫主编：《欧洲私法的原则、定义与示范规则：欧洲示范民法典草案》（第4卷），于庆生、温大军、胡琳等译，法律出版社2014年版，第1169—1260页。

② 程啸：《论〈民法典〉第702条上的保证人抗辩权》，载《环球法律评论》2020年第6期；王利明：《我国〈民法典〉保证合同新规则释评及适用要旨》，载《政治与法律》2020年第12期；王文军：《〈民法典〉保证期间制度的另一种解释可能——以继续性合同原理为视角》，载《暨南学报（哲学社会科学版）》2021年第4期。

③ 叶名怡：《混合担保中债权人过错对保证责任之影响》，载《法商研究》2016年第4期。

④ [德]克里斯蒂安·冯·巴尔、[英]埃里克·克莱夫主编：《欧洲私法的原则、定义与示范规则：欧洲示范民法典草案》（第4卷），于庆生、温大军、胡琳等译，法律出版社2014年版，第1231页。

述保证人享有的权利。[①] 学者许明月在其著作《英美担保法要论》中论述到，英美法中，在主债权合同上享有物上担保的情况下，由于清偿主合同债务后的保证人享有代位权，因此保证人也可以获得该物上担保。若债权人放弃担保权或减损担保权价值，影响保证人代偿款的全额收回，债权人应当赔偿保证人的损失。[②]

对于债权人疏于或懈怠行使自己对主债务人的权利导致保证人将来追偿权、代位权不能实现的行为，是否赋予保证人享有承担保证责任前的抗辩权，国内著作极少有关注，而域外著作或关于介绍域外立法的著作研究较为深入。学者何美欢在其著作《香港担保法》中论述到，较早时期的保证契约会约定债权人应尽其所能采取救济手段，然后才能根据保证契约请求保证人承担主合同义务。然而，香港特别行政区高等法院判决认为，除非另有约定，否则实现另一担保权益或可针对债务人的措施将不构成要求保证人承担责任的前提条件。在涉及债权人对保证人是否负有监督主债务人的义务时，学者何美欢论述到，判例学说一贯拒绝承认有这样的义务，必须有某些损害到保证人的积极行动，或者严重疏忽，而严重的程度达到“默示纵容并接近欺诈”时，保证责任才解除。[③]

美国对保证人权利保护的理论与实践研究较为全面与翔实，且其研究动态和立法趋向影响着其他国家法律制度的选择。学者戴维·达德利·菲尔德在著作《纽约州民法典草案》中表述到，债权

---

① 参见《德国民法典》第 776 条、《意大利民法典》第 1955 条、《法国民法典》第 2314 条、《奥地利民法典》第 1364 条。

② 许明月著:《英美担保法要论》，重庆出版社 1998 年版，第 49—50 页。

③ 何美欢著:《香港担保法》(上)，北京大学出版社 1995 年版，第 65 页。

人的故意或过失将不可避免地造成保证人追偿权受损，或者在保证人要求债权人履行其负有义务的行为时，债权人不履行，保证人的权益受到侵害的，保证人免责，但仅债权人迟延起诉主债务人或迟延采取其他救济的，保证人不因此免责。如保证人告知债权人其承担债权人采取措施而蒙受的损失后，有权向债权人提出其对主债务人的诉讼请求，或者谋求其他保证人不能自己获得的挽救措施，以减少责任的承担，如果债权人怠于行动并因此无法从主债务人处受到清偿，保证人免责。[①]

（二）保证人对主债务人权利研究

关于保证人对主债务人的权利研究，学者大多从追偿权与代位权着手进行研究，[②]此两项权利均为保证人承担清偿义务之后获得的权利，而较少著作从保证人清偿主债务前可获得的权利着手进行较为深入的研究。在理论分析中，日本学者我妻荣的《新订债权总论》一书较为详细地分析了保证责任的性质及保证人享有的权利，形成了具有较高学术水准的成果，但保证人对主债务人的权利也仅限于研究追偿权及代位权。[③]国外学者亦有从保证人在三方关系中的地位

---

① ［美］戴维·达德利·菲尔德著：《纽约州民法典草案》，田甜译，王莹莹校，中国大百科全书出版社2007年版，第254—255页。

② 程啸、王静：《论保证人追偿权与代位权之区分及其意义》，载《法学家》2007年第2期；姜淑明：《保证人的权利及其救济》，载《法学杂志》2005年第2期；陈杭平：《前诉与后诉视角下的连带保证人追偿之诉》，载《法学》2019年第3期；崔建远：《论保证规则的变化》，载《中州学刊》2021年第1期。

③ ［日］我妻荣著：《新订债权总论》，王燚译，中国法制出版社2008年版，第432—440页。

同义务后，学界对于应否承认内部追偿权意见分歧较大。[①] 持否定意见的学者认为，通过文义解释释义新法，立法的确并未规定相互间享有的该项权利，参与立法的学者的著作也阐释了否定相互追偿权的缘由。此外，各担保人仅与债权人成立法律关系，担保人相互间并未成立任何法律关系，因此，担保人无权要求另一担保人分担损失。如果承认相互追偿关系，追偿份额的确定繁杂，同时增加了当事人及法院的诉讼负担。整体而言，支持担保人之间享有追偿权的证立论点更为深入与周详，亦为多数学者主张的观点，并认为立法的解释不应局限于文义解释，而应从法学理论及价值判断上分析是否应赋予共同担保人该项权利，任何担保人不应因债权人的选择而遭受最终不利益，否则违背民法公平原则。此外，立法承认了各担保人法律地位平等，又否定相互间追偿权，必将造成体系冲突。内部追偿的正当性基础在于代位权与连带债务的类推适用。《民法典》对该问题亦未进行明确，条文立法与《物权法》并无区别，《民法典》

---

① 支持内部追偿权的代表文献参见高圣平：《混合共同担保的法律规则：裁判分歧与制度完善》，载《清华法学》2017 年第 5 期；程啸：《混合共同担保中担保人的追偿权与代位权——对〈物权法〉第 176 条的理解》，载《政治与法律》2014 年第 6 期；黄忠：《混合共同担保之内部追偿权的证立及其展开——〈物权法〉第 176 条的解释论》，载《中外法学》2015 年第 4 期；贺剑：《走出共同担保人内部追偿的“公平”误区——〈物权法〉第 176 条的解释论》，载《法学》2017 年第 3 期；张尧：《混合共同担保中担保人内部求偿的解释论》，载《法学家》2017 年第 3 期。否定内部追偿权的代表文献参见黄喆：《保证与物的担保并存时法律规则之探讨》，载《南京大学学报》2010 年第 3 期；江海、石冠彬：《论共同担保人内部追偿规则的构建——兼评〈物权法〉第 176 条》，载《法学评论》2013 年第 6 期；李红建、雷新勇：《人保与第三人物保的相互追偿及担保物权未设立的责任问题探讨》，载《法律适用》2014 年第 8 期。

出台及相关司法解释颁布后，学者依旧持有不同观点。[①] 域外学者著作中亦认同这是一个在比较法上颇有争议的话题，并进行了阐述。[②]

关于内部追偿分担标准和数额算定规则的研究，专门论述该问题的文章较少，多为在论述是否享有追偿权的文章中提及，但学者间存在较大的分歧，该分歧不仅体现在国内学者间，亦体现在域外学理及司法审判实务中。有学者在其论述中采用比例分担说，依据保证人与债权人约定的保证金额与物保人设定的担保标的物的价值或物保人与债权人约定的债权金额的比例来确定。[③] 有学者采用人数分配说，主张担保份额的计算根据担保人数量均等分配。[④] 有学者在其著作中采用区分说，视担保物的价值是否超过担保债务作区别处理。[⑤] 英美论著中，学者认为担保人之间的责任份额原则上应以人数

---

① 崔建远:《混合共同担保人相互间无追偿权论》，载《法学研究》2020 年第 1 期；邹海林:《我国〈民法典〉上的“混合担保规则”解释论》，载《比较法研究》2020 年第 4 期；贺剑:《担保人内部追偿权之向死而生：一个法律和经济分析》，载《中外法学》2021 年第 1 期；叶金强:《〈民法典〉共同担保制度的法教义学构造》，载《吉林大学社会科学学报》2021 年第 3 期。

② [德] 克里斯蒂安·冯·巴尔、[英] 埃里克·克莱夫主编:《欧洲私法的原则、定义与示范规则：欧洲示范民法典草案》(第 4 卷)，于庆生、温大军、胡琳等译，法律出版社 2014 年版，第 1154—1159 页。

③ 高圣平:《混合共同担保的法律规则：裁判分歧与制度完善》，载《清华法学》2017 年第 5 期；凌捷:《混合共同担保若干争议问题研究》，载《政治与法律》2016 年第 6 期；郑冠宇:《再论担保之竞合》，载《山东科技大学学报（社会科学版）》2010 年第 5 期；何颖来:《混合共同担保内部求偿算定规则体系的构建》，载《交大法学》2017 年第 4 期。

④ 史尚宽著:《债法总论》，中国政法大学出版社 2000 年版，第 811 页；程啸:《混合共同担保中担保人的追偿权与代位权——对〈物权法〉第 176 条的理解》，载《政治与法律》2014 年第 6 期；王利明:《论担保物权的立法构造——民法典物权编应规定混合共同担保追偿权》，载《东方法学》2019 年第 5 期。

⑤ 刘保玉主编:《担保纠纷裁判依据新释新解》，人民法院出版社 2014 年版，第 123 页。

分配说为计算标准，比例分配说适用于特殊情形的计算。①

在物保与人保混合的情形中，债权人损害为主合同担保的权益应如何认定，其他共同担保人责任才能免除？英美著作中论述到，债权人仅在其行为不当的情况下承担责任，对于不作为并不承担责任，即债权人没有义务主动、积极实现担保权益。②国内部分学者在其著作中进行了较为深入的探讨，③包括债权人不对主债务人主张权利能否视为放弃担保物权；债权人怠于设立担保物权能否视为放弃担保物权；共同担保人免除清偿义务的前提限于主债务人提供的担保是否妥当；第三人财产设立的担保是否作同样处理等问题的研究。我国台湾地区学者对混合担保问题研究较为深入，④学者论述包括混合共同担保人之间是否享有追偿权、追偿权分担的计算、债权人摒弃担保物权或保证权益对其他保证人的法律后果等。

三、本书研究方法

作为社会科学的法学，其研究方法尤为重要，不同的方法论在

---

① Geraldine Mary Andrews，Richard Millet，Law of Guarantees（4th edition），Sweet & Maxwell，2005，p.445.

② Oran S.Paglin，"From Favorite of the Law to Intermediate Surety：A Transformation in the Law of Suretyship"，New England Law Review，Vol.23，No.1（1988），p.71.

③ 赵秀梅：《〈物权法〉第 194 条的裁判分歧及立法完善》，载《法学》2019 年第 10 期；叶名怡：《混合担保中债权人过错对保证责任之影响》，载《法商研究》2016 年第 4 期；高圣平：《担保物权司法解释起草中的重大争议问题》，载《中国法学》2016 年第 1 期；高圣平：《混合共同担保的法律规则：裁判分歧与制度完善》，载《清华法学》2017 年第 5 期；谢鸿飞：《共同担保一般规则的建构及其限度》，载《四川大学学报（哲学社会科学版）》2019 年第 4 期。

④ 张剑男：《保证人与物上保证人之内部分担》，载《法令月刊》2011 年第 9 期；陈荣隆：《物上保证人与连带保证人之责任关系》，载《台湾法学杂志》2009 年第 9 期；陈洸岳：《"双重保证"与"共同抵押"》，载《月旦法学杂志》2000 年第 5 期。

连带责任保证人权利规范的研究中均具有重要价值。从比较法上分析域外保证人权利立法、法律实践及学理演变，将对如何合理设计我国连带责任保证人权利制度产生重要影响。结合对我国法律规范的逻辑演绎与分析，对立法原理进行比较，解决立法存在的问题。此外，本书重视法律实证主义与价值分析方法，因为金融实践的目标是达成正义与理性的结合，保证法律秩序的施行不应违背交易规律，乃至造成交易的阻碍。对此，本书将采用以下研究方法。

（一）法解释学的方法

法律规范的解释都是在探究法律文字的意义及其真正内涵，然解释法律，既要维护法的安定性，又要不失正义的实现。社会每天都在变化，立法者也不是万能的，一旦立法不明确、不合时宜甚至自相矛盾，找到合乎目的的解释就很重要。① 法律解释应探究立法者的心理意愿，同时应解析法律内在的意义。② 本书对保证人权利法律规范解释将采用文义解释、历史解释、体系解释及目的解释的方法。对于上述各个解释方法是否具有优先顺序，各国通说观点认为，法律解释学上所认可的解释标准和见解常常是相互影响的，并无先后顺序之分，尽管任何解释方式的权重都是有差异的，然而它们需要相互补充才能产生较为合理与完善的结果。③

文义解释系指从规范的字义出发，探究该文字的意义以及立法

---

① 杨仁寿著:《法学方法论》，中国政法大学出版社 1999 年版，第 97 页。

② ［德］卡尔·拉伦茨著:《法学方法论》，陈爱娥译，商务印书馆 2004 年版，第 197 页。

③ 王泽鉴著:《民法思维：请求权基础理论体系》，北京大学出版社 2009 年版，189 页。

者用意，通常为法律解释第一步。在研究保证人权利规范时，规范体现出的文字意思应为首要的，当重视立法条文的旨意和目的，并认为解释不能仅限于字面含义，甚至完全超出文字法律含义时，实际上是一个填补立法空白的过程，此时应注意从事法的续造的条件限制，并应充分地阐释突破文义解释的理由与论证的过程。从《担保法》《担保法司法解释》[①]《物权法》到《民法典》，法规文义表达的变化，通过探究立法者立法过程中价值判断及所欲达到的目的，有助于对文义进行解释。

历史解释中，主观解释论认为历史上立法者之真正意思才是解释的重要标准，客观解释论则认为应该以制定法本身为标准，并且探求该特定法律规定依据当今的理解以及利益评价，其目的为何及应该含有怎样的理性内容。有学者认为，法律适用者应受到立法者制定法律的约束，但此并非机械的，当立法者立法欲达目的或旨意并不完全清晰，且与客观现实需求明显矛盾时，解释者会用更有说服力的论据来驳斥该种解释得出的结论。保证相关法律制度之解释，亦应探寻立法者之目的解释。

《民法典》出台前，与保证相关的各个部门法对同一事项规定可能有矛盾，随着《民法典》的出台，该问题得到了一定程度解决。因此，应在《民法典》设计的体系内对保证人权利规则进行解释。法解释学方法强调立法内容的逻辑，同时重视体系框架的完备。[②]《民法典》的体系解释应从法规的脉络、所处章节以及与其他相关法条

---

① 《最高人民法院关于适用〈中华人民共和国担保法〉若干问题的解释》（2000年12月8日公布）。

② 陈瑞华：《法学研究方法的若干反思》，载《中外法学》2015年第1期。

间的相互联系出发，探究其背后立法逻辑与立法演变的成因。此外，每部法律都有预期的目的，实现立法目的应该是法律解释的首要考虑之处。连带责任保证制度及理论，涉及多种目的的实现，如果解释法律用不同的方式与形式，得出的结论必然不同。

（二）比较法研究方法

比较法通过对各国各地区不同的法源及丰富的实践案例学习，拓宽了法律工作者的视野，利用别的文明民族的智慧在法律方面获得的成果，使立法者更全面认知本国法，从而对实在法提出改善。比较法研究对域外立法模式是否符合本国法体系，提出采用或不采用的理由等方面有贡献，可以避免体系不协调的现象发生。域外法在参考与借鉴过程中，应当注意安全性和适应性两项目标的统一，法律的预见性与稳定性需考虑安全性，而立法不断完善需要考虑适应性，两者结合时，正义可以随着时间的推移而实现和维护。[①]域外法研究主要为了立法的研究与法律解释的研究，研究主要是为了构建解释理论而进行的，延伸也会出现立法论的主张。[②]在混合共同担保中，担保人是否享有相互追偿权？借鉴域外立法例，从解释论角度分析我国立法现状，是一种较妥当与成本最低的选择。

在对保证人权利立法的比较研究中，不应停留在来自对立原则的立法技术所表现出来的对比上，不同历史与社会基础的法律制度

---

① ［法］勒内·罗迪埃著：《比较法导论》，徐百康译，上海译文出版社 1989 年版，第 56 页。

② ［日］大村敦志著：《民法总论》，江溯、张立艳译，王轶校，北京大学出版社 2004 年版，第 75 页。

应在其立法背后的原理上进行探究。通过对域外法律体系及司法实践的学习，融会不同法律思维的差异，探寻处理立法问题的新路径。比较法不但具有改进立法及解释法律适用的现实与实质功能，也是发展法律的重要方法，有助于认识普遍性观点，阐明共性并找到可代替的解决方案。[①]各国对平衡保证法律关系当事人之间利益的发展趋势，成为我国连带责任保证人权利规范体系构建的重要借鉴依据。

本书对大陆法系保证人权利制度包括德国、法国、意大利、日本以及我国台湾地区的具体规定及原理进行比较和评价，各地区分歧主要来自对保证人保护程度的不同，透视保证人权利制度之共识及其差异，解释这种共识及差异形成的社会经济背景，对各国各地区赋予的保证人权利具体设计做系统的比较研究。采用国外学者有关见解，以为立论依据。关于英美法系，尽管《美国统一商法典》和《美国保证法第三次重述》为法律体系的统一提供了范本，但各州之间立法的实质内容存在显著不同，联邦和州一级的判例法也是如此。[②]本书将通过上述法典及判例，研究英美法对保证人权利的立法。以此方法对保证人权利的研究本质上有一个较为全面、系统的理解与论述，以期能结合金融业发展目标、发达国家保证人权利保护立法的先进经验与做法，对我国保证人权利立法提出完善建议及探求立法趋势，以求有所增益。

① ［奥］伯恩哈德·A. 科赫、［奥］赫尔穆特·考茨欧主编：《比较法视野下的人身伤害赔偿》，陈永强、徐同远、王文胜等译，中国法制出版社 2012 年版，第 2 页。

② Christoph Henkel, “Personal Guarantees and Sureties between Commercial Law and Consumers in the United States”, The American Journal of Comparative Law, Vol.62, No.1 (2014), p.358.

（三）实证研究方法

民事法相关立法活动与司法活动，是观察民事法发展的两个主要方面。实证研究方法区别于法解释学方法，自身可随着社会需求及价值观演变不断向前发展。本书将主要采取案例研究的实证研究方法，对连带责任保证人权利规范的适用进行检视，厘清司法审判实践的存疑点与争议点，为统一法律适用解释论提供借鉴意义。案例研究成为实证研究最重要的方法之一，大陆法系专家学者也陆续通过普通法系判例进行对比探讨，这促使学者在立法自身呈现的逻辑体系外，不断关注司法审判实践中出现的案例。[①] 通过对域外审判实践案例的梳理分析，为论证连带责任保证人权利提供实证依据。

在一些涉及保证责任的案例中，本书将探究隐含在判决中的正义思想、目的考量等因素。在《担保法》《担保法司法解释》《物权法》《民法典》条文及立法理念演变阶段，会发生无法判定某种观点是否占主导地位或仅少数人持有此观点的情形。此种情形下，法官仅能根据他们的个人价值观进行评判，如果个人价值观对案件评判并没有帮助，法官只能通过推测立法目的以作出决定。[②] 本书通过对实务中众多案例的研究，对决定案件裁判的因素及法官所作价值判断进行总结并分析，为连带责任保证人权利立法提供借鉴意义，或为法律适用统一提供可行的解释论。

法律制度发展史表明，公平的要素和衡量标准在不断发生变化。

---

① 黄辉：《法学实证研究方法及其在中国的运用》，载《法学研究》2013 年第 6 期。

② ［德］卡尔·拉伦茨著：《法学方法论》，陈爱娥译，商务印书馆 2004 年版，第 8 页。

在连带责任保证相关法律制度中，应试图应用价值分析，从价值层面上追问连带责任保证人权利法律制度的意义，但价值分析的思路始终有脱离现实的危险，结合实证研究才能满足保证法律规范的时效性要求。然而实证研究亦存在不足之处，因此需要结合其他研究方法。本书将对国内外相关典型判例进行分析梳理，总结连带责任保证人权利法律实践中存在的争议及疑难点，为构建保证人权利法律体系提供实证依据。

（四）价值分析方法

法律制度是否存有价值及其价值能否最大程度发挥，需要从其适用是否便于交易的达成、满足市场变革要求，实现社会正义和人格发展进行认定。[①]法的价值始终为一个多维系统，各种不同的价值类型共存其中，每一种价值均有其现实意义。在衡量的标准当中，自由、正义、秩序等价值并无非此即彼的区别。然而，在立法不得不进行价值判断与取舍时，划分主要与次要很关键，当然不同时期、不同背景下的立法需要考虑的价值排序是不同的，不可一概论之。此外，司法审判实践中亦需用到价值分析方法。[②]

在连带责任保证人权利制度中，各方当事人存有不同的利益、诉求，何者的利益、诉求应优先满足与照顾是本书研究的核心问题。关于保证人权利立法漏洞填补的程序，应该先厘清所涉及的利益，

① 张文显、姚建宗：《略论法学研究中的价值分析方法》，载《法学评论》1991年第5期。

② ［美］E. 博登海默著：《法理学：法律哲学与法律方法》，邓正来译，中国政法大学出版社1998年版，第503页。

而后找寻可能的共同点。当涉及的价值存在冲突时，需要对价值位阶进行排序或平衡，[①]以决定保证人权利立法的价值取向。探求连带责任保证人权利制度的价值取向及其适用原则，将为立法的完善及解释论的统一提供重要方向。本书以利益平衡论为研究视角，通过对赋予连带责任保证人何种权利，权利行使的要件及限制进行研究，以达到保证价值充分发挥的目的。

纯粹的价值分析方法在连带责任保证人权利规范研究中，仍需注意与其他的研究方法相结合，一方面价值判断会随着时间与空间变化，另一方面价值判断随着主体不同而发生变化，如不同的法律适用者。多种研究方法的结合不易造成观点的偏颇、绝对化，连带责任保证人权利规范体系建立，关涉众多价值的判断与利益的衡平，价值判断不是本书唯一的研究方法，却是不可缺失的重要研究方法之一。是否需要对连带责任保证人进行立法保护及赋予其何种权利，对此存在不同多元诠释，若简化为一个视角，连带责任保证人权利体系分歧程度就可能加剧。本书以多理论视角与多元诠释方式，确立连带责任保证人权利。

四、本书研究的主要内容

本书将围绕如何完善我国连带责任保证人权利规范体系进行研究。从应然层面而言，若要实现保证制度的体系化，应在《民法典》中增加填补制度空白的连带责任保证人权利规则，促使保证制度的体系完善，同时修订相关条文，以解决条文间冲突及体系不协调的问题。

---

① [美] 迈克尔·D. 贝勒斯著：《法律的原则——一个规范的分析》，张文显、宋金娜、朱卫国等译，中国大百科全书出版社 1995 年版，第 13 页。

此外，从解释论的角度解释现有规范，使《民法典》合同编保证合同制度与《民法典》其他制度相协调。

（一）赋予连带责任保证人权利的理论基础与构建

研究连带责任保证人权利立法，需要正确把握连带责任保证债务的性质。关于保证债务的性质，学说上一直存有分歧，有学说认为，保证人并不负个人债务，作为债务只存在主债务人的债务；另有学说认为，保证人负与主债务同一内容的债务。① 本书将对连带责任保证的性质进行研究，厘清连带责任保证与连带债务之间的关系，因其性质将决定保证人地位、保证人享有的权利及救济方式，对保证人至关重要。

保证制度如何回应当今社会最活跃的融资领域的发展，需要从各方利益平衡角度明确保证人的权利范围。连带责任保证人权利的性质、本质及其蕴含的价值判断、取舍，构成了国内外保证立法设计的根本，尤其应当注意的是，无论采取何种立法例，过度维护保证人或对其保护不充分，均可能致使保证本应发挥的信用增进功能优势无法体现。关于融资担保中保证人权利设计要实现的目标存在较多争论，效益最大化、促进融资、保护金融的稳定与发展均构成欲实现目标。

本书将从利益均衡上考察我国当前制度存在的不足与缺陷及其对保证功能发挥的影响，分析赋予连带责任保证人权利的价值理念。此外，民事领域中的诚信原则、公平原则同样构成了保证人权利立

---

① ［日］我妻荣著：《新订债权总论》，王燚译，中国法制出版社2008年版，第398—399页。

法的基础，探究这两项原则对保证当事人的要求与限制，成为本书研究的又一重要内容。如立法及司法审判实践违背上述两项原则，制度的设计及裁判一开始即将最终风险与最大风险分配给保证人，社会将无人愿意充当保证人，保证制度就无法发挥促进融资实现的功能。

（二）保证人对债权人权利：从消极防御到积极利用

基于保证合同的单务性，我国立法未赋予保证人对债权人的请求权，只规定了保证人对于债权人请求时享有的防御性权利。立法规定的保证人对债权人的权利包括保证人的形成权、抗辩权及一些与抗辩性质相似的权利。由于保证合同的从属性质，保证人可向债权人行使主合同中债务人拥有的权利。同时，保证人作为保证合同的一方主体，拥有债务人通常享有的权利。此外，法律还赋予保证人专属抗辩权。本书将主要针对学界及司法实务界疑难点问题，如保证人形成权、抗辩权行使法律效果、保证期间抗辩权、主合同变更抗辩权进行研究。

保证人由于债权人的故意或疏忽行为，无法向主债务人或者其他共同担保人实现全额追偿时，为了防止债权人的过错给保证人造成损害，债权人对于保证人清偿主债务的请求权应全部消灭或部分消灭。若保证人清偿了主债务，则享有对债权人的损害赔偿请求权。[①]上述保证人对债权人享有的损害赔偿请求权，即为域外立法或判例

---

① [德] 克里斯蒂安·冯·巴尔、[英] 埃里克·克莱夫主编：《欧洲私法的原则、定义与示范规则：欧洲示范民法典草案》（第4卷），于庆生、温大军、胡琳等译，法律出版社2014年版，第1231页。

支持的保证人可积极行使的权利，本书将重点对该国内立法缺失权利进行研究。

在连带责任保证中，由于保证人的存在，债权人通常不积极行使自己对主债务人的权利，然而当保证人履行了主合同债务后，主债务人往往已经转移资产，保证人损失难以全额收回。因此，赋予保证人对债权人损害赔偿请求权的意义重大，使得保证责任回归其本质，促使债权人积极行使对主债务人的权利而获清偿。本书将围绕保证人损害赔偿请求权发展价值、适用情形等进行较为深入的研究，并对债权人是否承担对保证人的义务进行探讨，以建立保证人对债权人从消极防御到积极利用的权利体系。

（三）保证人对主债务人权利：事前救济与事后救济相结合

保证人对主债务人的事后救济性权利，即保证人清偿主合同债务后，有权向主债务人追偿，本书将对赋予追偿权的法理依据、行使追偿权的要件、追偿权的法律效果等方面进行探讨，特别是司法实务中的难点问题，如违背主债务人意愿而提供保证担保，保证人怠于通知、怠于履行抗辩等过错对保证人追偿权的影响。在域外立法例中，大多国家立法或学理在承认保证人对主债务人享有追偿权的同时还享有代位权。我国《民法典》出台前，立法未规定保证人享有代位权，但学者多认为保证人依据代为清偿理论享有代位权。《民法典》第700条的规定，是否意味着立法肯定了保证人的代位权？本书将对我国现行立法是否赋予了保证人代位权进行探讨，并对赋予保证人代位权意义、代位权与追偿权法律效果差异、代位权行使构成要件及行使效力范围进行分析。

在保证人未清偿主合同债务前，若主债务人财产严重恶化，大多国家立法赋予了保证人相应的救济手段。在大陆法系国家立法中，有的赋予保证责任除去请求权、有的享有追偿权预先行使。英美法系有不安之诉制度，如美国一些州的法律规定了要求主债务人提供担保的权利。我国保证人对主债务人的追偿权具有事后救济性，但追偿权预先行使仅适用于主债务人破产时范围过于限制，且《民法典》进一步限定了破产情形下保证人的追偿权适用。由于我国立法价值取向存在的欠缺，主债务人肆意违约、转移资产，保证人解除担保义务或预先实现追偿权难度较大，即在保证人利益遭受损害的情形下，还没有完善的制度进行充分的补救。本书将就上述域外立法中保证人享有的权利进行系统阐释，探究其立法价值、适用情形及实现方式。

主债务人的财产，具有保障债权内容实现及保有债权实质价值的重要意义，当主债务人的行为有害债权实现，在保证人未清偿主合同债务，是否会被债权人要求承担责任仍旧未明确时，在该种情形之下，保证人能否预先行使撤销权，应为本书重视权利内容之一。本书将就以下内容进行研究：撤销权的行使主体是否仅限于其债权已发生的情形？依将来可能存在的债权行使撤销权是否为对债的相对性的突破？撤销权运用范围过宽是否影响交易安全？撤销权行使对交易安全的不利影响与保证人的保护如何做到平衡，在价值衡量上应趋向何者，或给予何种限制条件下保证人方可预先行使债权保全中的撤销权？

本书重点研究内容之一为构建以连带责任保证人对主债务人的追偿权预先实行与债权保全中的撤销权为核心的事前救济体系，探究建立保证人对主债务人事前救济必要性及法律基础，并对事前救济适用情形进行探讨。同时，对保证人是否享有代位权问题进行分析，并与代位权建立对混合共同担保人之间追偿权法律基础认定相关问题分析相结合，以建立符合我国现有连带责任保证人权利体系的完整制度。

（四）保证人对共同担保人权利：以追偿权为核心的解释论

我国立法对保证与物的担保的实现顺位、债权人放弃一方担保时对另一方担保人的影响、担保人是否相互间享有追偿权等问题的规定经历过立法演变过程。保证与物的担保清偿主合同债务的顺位是一个重要问题，关系到共同担保立法体系与逻辑内在的一致性。厘清该问题，将为其他问题的解决提供逻辑依据与统一方案。尽管《民法典》对保证与物的担保并存时的债权实现规则进行了规范，但仍存在模糊性与逻辑缺陷：债权人实现债权的选择权是否会受到连带责任保证或一般保证的影响，承担主合同义务后的担保人能否要求其他担保人分担？在承认追偿权的基础上，如何确定可追偿的份额？在债权人放弃物的担保或保证时有何影响？本书将就上述问题进行研究。

共同担保人是否享有内部追偿权，学者之间分歧较大，立法上存有不明确或矛盾冲突之处，司法审判实务中亦出现不同判决。《民法典》与《物权法》在字义上均未规定担保人之间是否享有追偿权，然证成共同担保人之间是否享有追偿权，不能简单地从文义解释，而应当从法理基础、价值取向、法律体系等进行综合分析，才可以对该问题进行合理的解释。无论是连带关系的类推适用，还是以代位权效力范围解释担保人之间相互追偿权，均需以解释论来明晰，在不违背《民法典》整体确立的体系及逻辑情况下，综合司法审判实务经验，是成本最低的选择。赋予共同担保人之间相互追偿权，可最大程度缓和各担保人的利益冲突，将担保人承担的不利益分散减少。本书的重点研究内容之一是从解释论的角度对共同担保规则进行分析与研究，以期对共同担保制度增进共识。

关于各担保人应当承担的追偿份额算定问题，学说及司法实务存有较大争议，有人数分配说、比例分配说、区分说等。实际上，域外立法例对该问题的规定也不一致，并未达成共识。本书将就各种学说之间的优势与不足进行比较分析，建立兼顾公平合理与方便高效的算定规则，解决责任分担规则中的算定份额难题。域外立法将哪种类型的行为视为对担保权的侵害，关涉对保证人权利与债权人义务的划定，我国立法并没有再作进一步的解释。本书将通过域外立法经验及司法实践疑难问题总结，探讨混合共同担保中，债权人损害担保权益的情形，并分析由此对其他担保人产生的影响。

第一章

连带责任保证人享有权利的理论基础与构建

连带责任保证人所拥有的权利，为保证人基于保证合同以及保证人与主债务人、保证人与其他担保人的法律关系而产生的，由此，权利产生的基础不仅仅源于保证合同的内容与性质，亦是由法政策、法律原理所决定的。对于连带责任保证人享有权利的理论基础，既要把握现存制度设计缺陷对保证制度价值和功能发展的影响，又要结合连带责任保证的本质与规范的实质理性，探究赋予保证人权利的价值判断。

第一节　保证人权利立法现状与存在问题

自《担保法》至《民法典》施行以来，保证作为信用增进措施，为债权人债权保全及债务人融资实现发挥了积极作用，但在立法与司法实务中仍存在诸多问题。一方面，立法有缺失或冲突；另一方面，学理及司法实务对法律解释存有分歧。此外，保证立法与融资担保实务亦产生了不适。为构建连带责任保证人权利规范体系，首先需分析现存立法存在的问题、对司法审判实践适用法律进行检视，以发现立法缺失并解决立法的矛盾与冲突。

一、保证人权利规定的立法演变与发展

我国《担保法》立法注重通过保证转移风险分配来确保债权实现的作用，而缺失对相关利益的平衡。司法适用中则反映出《担保法》对许多重要问题规定不详、简陋与缺失，因此最高人民法院出台了《担保法司法解释》，以补充完善《担保法》的相关规定。《民法典》的出台在一定程度上解决了多部法规同时存在如何适用的问题，且为适应融资实践的需要，修订保证规则或新增保证人权利的一些规定，体现出对保证人权利保护的关注。

（一）《担保法》对保证人权利的规定

我国关于人的担保与物的担保最初均规定于《担保法》中，其中第二章为保证的相关规定。该章第一节对保证进行了定义，并对

保证人的资质进行了较为详细的规定。其中第7条的规定引起了学界及司法实务较大争议，争议点包括是否不具有清偿债务能力的主体不得成为保证人，如何认定清偿债务能力，清偿债务能力以何时为判定点。[①] 第二章对保证合同的内容及保证方式进行了规定，第17条规定了一般保证人享有的先诉抗辩权及其权利行使的限制。同时，第19条规定了连带责任保证的推定，该条的立法本意在于，由于当时我国经济社会的实际现状，经济往来中主债务人逃避债务情况时有发生，因此将连带责任推定作为一种常态，以促进债务人主动清偿主合同债务，同时，保证人责任的加重也促使其对主债务人履约能力的监控，最终保障债权的获偿。[②] 第三节对保证责任进行了具体规定，主要为保证人享有的权利规定。

在《担保法》中，保证人对债权人的权利规定主要为依据保证合同从属性而赋予的，如第5条规定的主合同无效，担保合同无效。第21条规定了保证担保范围的从属性。第24条规定如发生没有经过保证人的书面同意而更改、变动主合同内容的情形，保证人的保证义务终止，该条款规定在《担保法司法解释》中作出了重要修订。第22条规定对于债权转让，保证人责任维持；而第23条规定的债务承担，保证人责任终止。保证人基于保证合同的相对独立性而享有的权利包括保证合同无效、可撤销情形下的权利；第26条规定了债权人主张权利受保证期间的限制。对于保证期间的规定，《担保法》

---

① 陈祥军:《试谈保证人的资格》，载《当代法学》2000年第4期；李晓桃:《保证人资格与适格的保证人》，载《当代法学》2003年第2期。

② 全国人大常委会法制工作委员会民法室编著:《中华人民共和国担保法释义》，法律出版社1995年版，第25页。

《担保法司法解释》以及出台后的《民法典》作出了不同的规定。

关于保证人对主债务人享有的权利，《担保法》仅确立了追偿权及追偿权的预先行使，其中追偿权的预先行使为保全措施，适用于保证人未履行主合同责任，主债务人破产情形下，保证人可以申报债权。在大多数国家立法例中，保证人在履行主合同清偿义务前便享有提前向主债务人采取救济措施的权利。[①] 我国对保证人追偿权预先行使的适用情形立法延续至今，法律未作出修改，与域外立法中的适用情形相比，其适用范围较为有限。之后《民法典》相关司法解释对主债务人破产情形中追偿权的预先行使作了进一步限缩，实质上几乎已经不承认保证人可预先行使追偿权。

在《担保法》对共同保证的规定中，第 12 条明确规定了保证合同并未约定担保的份额的，共同保证人为连带责任关系，且保证人有权向其他共同保证人追偿。该条规定明确了共同保证人之间承担连带责任的推定，同时担保人之间享有相互追偿权，[②]《民法典》对此作出了重大变更。关于混合共同担保，《担保法》第 28 条规定了保证人仅负担补充性责任，即物的担保责任优先。因此，在债权人放弃物的担保情形中，保证义务相应免除，之后《担保法司法解释》作出了重大修订，对该条款进行了限制与完善。

（二）《担保法司法解释》对法律的完善

通过总结司法实务中存在的问题与学界中较大争议的问题，《担

---

① ［德］克里斯蒂安·冯·巴尔、［英］埃里克·克莱夫主编：《欧洲私法的原则、定义与示范规则：欧洲示范民法典草案》（第 4 卷），于庆生、温大军、胡琳等译，法律出版社 2014 年版，第 1240 页。

② 刘贵祥：《民法典关于担保的几个重大问题》，载《法律适用》2021 年第 1 期。

保法司法解释》对保证人权利作出了重要变更与完善。在保证人对债权人的权利中，第 8 条关于保证人对保证合同无效是由于主合同发生无效事由引起时是否承担责任，采纳了过错责任的归责原则，并确立了保证人有过错的情况下承担责任的份额。[①]第 7 条关于主合同有效保证合同无效情形中，确立了保证人依据债权人在保证合同效力作用上是否存在过错承担责任的规则。《担保法司法解释》第 14 条明确了保证人不得以无清偿能力为由不履行合同义务，这一规定实质上使《担保法》第 7 条规定已无适用空间。关于主合同变更情况，《担保法司法解释》修改了《担保法》规定，第 30 条对变更内容作出了限定，此外，确立了主合同的变更不得加重保证人责任的原则，否则保证人按原主合同承担保证责任。第 24 条规定，基于保证人享有的先诉抗辩权实质内容，赋予其免责抗辩权。[②]《担保法司法解释》第 32 条分别规定了当事人未约定和约定不明时的法定保证期间，因债权人对债权实现与保障的关注度不同，法律对勤勉尽责的债权人给予了更长期间的保护。[③]

关于保证人对主债务人的追偿权诉讼时效，《担保法司法解释》进行了新增规定。第 43 条规定了保证人追偿权行使范畴，采用严格遵循保证合同从属性质立法例，保证人不应向主债务人主张高于主合同债权范围的数额，主债务人权益得以平衡与保障。关于保证人追偿权的预先行使，《担保法司法解释》增加了一项对保证人更为有

① 程啸:《论〈民法典〉第 702 条上的保证人抗辩权》，载《环球法律评论》2020 年第 6 期。

② 曹士兵著:《中国担保诸问题的解决与展望——基于担保法及其司法解释》，中国法制出版社 2001 版，第 1193 页。

③ 崔建远:《论保证规则的变化》，载《中州学刊》2021 年第 1 期。

利的规定，即是债权人的原因，保证人于主债务人破产情形时不能预先受偿的，保证义务相应解除。该规定体现了《担保法司法解释》对保证人与债权人权益的平衡，赋予债权人权利的同时加强其谨慎处理与保证有关债务的义务。

《担保法司法解释》增加了连带共同保证内部追偿权的相关规范，第 20 条规定了保证人相互追偿权行使的前提条件，即对其他保证人主张权利之前首先要对主债务人主张，其他保证人仅承担补充责任。此外，对共同保证人之间可追偿的份额，司法解释亦作出了明确，保证人之间没有约定份额的，平均分担，该规定忽视了保证人之间承担保证责任份额不同的情形。[①] 在混合共同担保中，《担保法》规定了保证人对物的担保的补充责任，《担保法司法解释》对此进行了限定，即只有物的担保是主债务人设立时，方能适用《担保法》的规定，后《物权法》对混合共同担保中债权清偿顺位作出了变更与明确。《担保法司法解释》增加了混合共同担保人之间拥有追偿权的规定，同时规定了债权人放弃担保物为保证人免除相应责任情形之一。可以认为，《担保法司法解释》对混合共同担保规则作出了比《担保法》更完善的规定。

（三）《民法典》平衡保证人与债权人利益新规定

《民法典》立法在重视发挥保证的债权保全与促进融资的功能上，在一定程度上开始重视各方当事人的利益平衡。在保证人对债权人的权利方面，变更了《担保法》对保证方式推定的规定，推定上以

---

① 高圣平：《特殊情形之下保证期间的计算三论》，载《法学杂志》2021 年第 4 期。

《物权法》规定一致。关于担保物权被放弃的规定，《民法典》第409条、第435条规定了主债务人设立的担保物权被债权人放弃的，其他担保人可相应免除担保责任，该规定亦与《物权法》规定一致。

二、《民法典》保证人权利制度存在的主要问题

我国《民法典》的出台虽然在某种程度上对保证制度进行了完善，但规定依然欠缺完整性，未赋予保证人关键性权利，与域外对保证人权利保护规定相比，我国保证人权利规范体系尚待完善。对部分从《担保法》实施后一直存在的争议问题未予明晰，重要问题则规定不详、简陋与缺失，同时《民法典》体系内权利规定存在冲突与矛盾，严重影响了法律的确定性与可预见性，导致司法实践无法有效适用。基于此，民法学者与实务界普遍要求对保证制度进行整体性的、全局性的完善。

（一）保证人权利法律体系的不完善

保证法体系的重要性至少体现在以下三个方面：一是实际应用，即保证立法与司法审判实务对法律适用的衔接；二是保证法律体系的内部一致性；三是保证法与其他私法之间的关系。[①]若只是关注孤立的单个法条，就不可能完整理解法律的本质。[②]体系对发现法律

---

① Geoffrey C. Hazard, Jr., "The Restatement Of Suretyship Introduction", William And Mary Law Review, Vol.34, No.4 (1993), p.986.

② ［奥］凯尔森著：《法与国家的一般理论》，沈宗灵译，中国大百科全书出版社1995年版，第3页。

和理解法律的意义是重大的。《民法典》的体系性主要表现在两个方面：其一，从法典编撰体例上讲，此种立法具有较大的象征意义，将《民法典》之前规定得过于分散的保证、抵押、质押、留置和定金集中在一起并且重新编纂，将保证放在《民法典》合同编中，增加保证合同一章，它使人的担保获得与物的担保同等的立法地位。其二，从实质上讲，此种立法具有较大的实际意义，《民法典》对保证制度的立法摆脱了《担保法》《担保法司法解释》《物权法》适用的疑难问题，保证制度体系化构建通过完善《民法典》实现，避免法律适用上的矛盾。

我国《民法典》对《担保法》《物权法》规定的担保制度进行了整体性的、全面性的立法，此种立法意义重大，在一定程度上解决了各部法律间的冲突，但依旧存有体系不完善之处。例如，立法例上并未体现完整的保证人对主债务人的权利、对债权人的权利、对共同担保人的权利体系构建。在对主债务人权利立法中，体系上缺少保证人承担主合同清偿债务前的权利；在对债权人权利立法中，体系上缺少保证人对债权人损失赔偿请求权的立法；在对共同担保人权利立法中，体系上亦缺少如何算定各担保人追偿份额，债权人损害担保物权行为承担何种责任的立法等。

保证制度除在《民法典》合同编体系内，其相关规定还涉及《民法典》物权编，保证的强制执行通常还出现在破产程序中，因此与《企业破产法》产生关联性，同时，执行程序的相关规范亦组成了保证规定在诉讼法方面的延伸，保证相关法规与众多的法律规则交叉，这是具有复杂性的原因。就保证制度内部规则而言，由于实务的需求或立法的缺陷，制度修订体现的理念也不断变更。保证法律体系的完善通常是通过重新审视那些对其解释受到阻碍、限制或不合时宜的制度来实现的。[①] 我国《民法典》存在连带责任保证人权利保护规范缺失、法理基础选择缺乏妥当性、制度逻辑不清晰、体系缺陷等问题，需要完善。

（二）保证人各项权利规定的缺失

我国历来对保证制度立法价值判断存有偏向，重视保证能够转移风险来保障债权人利益不受损害，却忽视了保证促进资金融通的重要作用。立法价值的不完善体现在法律的体系上为保证人相关权利的缺失。《担保法》实施后，保证人制度规范主要围绕其义务与责任、成为保证人的条件等约束保证人的安排，对于如何分散与缓和保证人的风险与责任，维护其权益的救济措施较为少见。《民法典》的规定在一定程度上是立法的进步，但整体立法仍旧偏向于对债权保全实现这一担保功能的保障，保证人享有的关键性权利未予明确或存在缺失。

民法赋予保证人对债权人的权利，多属消极性、抗辩性、防御性的权利，并无请求给付的积极性权利。当债权人存在某些损害保证人的积极行动，或者严重疏忽，如能赋予更多保证人履行主合同义务前的抗辩权，对于债权人积极地行使债权有很大的促进作用。[②] 在债权人放弃部分担保权或消极行使对主债务人的追索权，致使保证人无法从主债务人或其他担保人处全额获偿的，应赋予保证人对

---

① Michelle Cumyn, "Responsibility For Another's Debt: Suretyship, Solidarity, And Imperfect Delegation", McGill Law Journal, Vol.55, No.2 (2010), p.211.

② 何美欢著：《香港担保法》（上），北京大学出版社 1995 年版，第 51 页、第 75 页、第 79 页。

债权人损害赔偿请求权。[①] 我国《民法典》对上述连带责任保证人可享有的对债权人的权利存有立法缺失。虽各国存有不同的法律制度，但其折射的法学原理应是趋同的，因此必须调整法律思维方式，并认识到相同的问题也在不同司法管辖区呈现，只是通过不同的工具来进行处理。[②]

保证人代位债权人向主债务人追偿损失，不论是通过保证人的性质论证，还是从《民法典》的直接规定得出均不产生疑问。主债务人仅仅拥有履行清偿义务后的追偿权、代位权，这对于保证人的保护是不足的、被动的。对于承担保证义务前可享有的权利，我国立法并未明确规定，仅在追偿权的预先行使上体现了，但与域外立法中追偿权预先行使适用情形相比较，我国立法对追偿权的预先行使适用情形仅限于主债务人破产情形下。[③] 此外，对于域外立法例中保证责任除去请求权、对主债务人行使债权保全中的撤销权等，我国立法并未规定。[④]

《民法典》出台前，有学者认为，混合共同担保规则的现行立法是不妥当、不符合逻辑的，且立法存有缺失，有必要重新制定相应的规则以健全立法。[⑤] 法律解释上的冲突应借由立法予以明确，部分

---

① 叶名怡:《混合担保中债权人过错对保证责任之影响》，载《法商研究》2016年第4期。

② [奥] 伯恩哈德·A. 科赫、[奥] 赫尔穆特·考茨欧主编:《比较法视野下的人身伤害赔偿》，陈永强、徐同远等译，中国法制出版社2012年版，第3页。

③ 程啸著:《保证合同研究》，法律出版社2006年版，第429页。

④ 史尚宽著:《债法总论》，中国政法大学出版社2000年版，第480页；姜淑明:《保证人的权利及其救济》，载《法学杂志》2005年第2期。

⑤ 凌捷:《混合共同担保若干争议问题研究》，载《政治与法律》2016年第6期。

学者撰文称立法应肯定混合共同担保人之间的内部追偿权。[①]从立法例的发展来看，不可否认我国立法在不断完善，但混合共同担保中保证人权利保护相关规则仍属缺失，如担保人之间可否追偿、如何追偿均存在争议。《民法典》第392条并未规定担保人之间是否可以相互追偿，更未确定担保人之间相互可追偿的份额。此外，关于保证人代位权的条款，仅规定了保证人享有债权人对主债务人的权利，并未规定保证人是否享有债权人对其他担保人的权利。《民法典》对共同担保人利益平衡未作任何规定，与学理及司法实务长期争论未定不无相关。对于共同保证而言，《民法典》未出现《担保法》规定的连带责任推定，同时删除了共同保证人相互享有追偿权的规定。

虽然《担保制度司法解释》对上述问题进行了部分厘清，但学界依然存在诸多质疑。[②]根据《担保制度司法解释》第13条的规定，于同一份文书上签章，体现了连带承担清偿义务的意思表示，因而可向其他担保人追偿。该解释依然存在漏洞，推定担保人承担连带责任的情形是否仅仅限于司法解释明确列举的情形，担保人为其他担保人提供担保知情，且有共同承担连带担保的意思，但未于同一份文书上签署，是否认定担保人存在连带清偿的意思，解释未予明确。对此，有学者认为，立法明确了共同担保人之间以相互不享有

---

① 高圣平:《担保物权司法解释起草中的重大争议问题》，载《中国法学》2016年第1期；程啸:《混合共同担保中担保人的追偿权与代位权——对〈物权法〉第176条的理解》，载《政治与法律》2014年第6期；黄忠:《混合共同担保之内部追偿权的证立及其展开——〈物权法〉第176条的解释论》，载《中外法学》2015年第4期。

② 贺剑:《担保人内部追偿权之向死而生：一个法律和经济分析》，载《中外法学》2021年第1期；叶金强:《〈民法典〉共同担保制度的法教义学构造》，载《吉林大学社会科学学报》2021年第3期。

追偿权为原则，因此，担保人之间分担损失的意思表示应明示，才能赋予该意思表示相应的法律效力。[①]上述学者的观点，认为共同担保的意思表示需要同时通过书面形式表示，是否符合民法一般原理，值得探讨。

（三）相关法律之间的冲突与矛盾

《物权法》《担保法》《担保法司法解释》对共同担保均有规定，但具体规定存有较多矛盾与冲突，司法审判实务中存在大量同时援引上述规定的情况，审理结果也出现不同，需构建共同担保的统一规则。[②]虽然我国《民法典》将保证相关制度编撰成章，避免了《担保法》《担保法司法解释》《物权法》之间适用的争议问题，但有关规定相互之间仍存在不协调甚至效力冲突的问题，如此亦将产生解释的必要性。解释的目的是消除某个矛盾、确立一项规范相对于另一项规范的优先地位或揭示各种规则之间的相互关系。[③]为解决其适用中的有关问题，最高人民法院出台了《担保制度司法解释》，其中的有些规定已超越了担保的原则性规定，甚至与担保的原则是相互冲突的。冲突与矛盾产生的原因是立法未构建保证体系，以及对保证原理认识不一。

从《担保法》到《民法典》等多部民事立法中，在人保和物保共

---

① 刘贵祥：《担保制度一般规则的新发展及其适用——以民法典担保制度解释为中心》，载《比较法研究》2021 年第 5 期。

② 汪洋：《共同担保中的推定规则与意思自治空间》，载《环球法律评论》2018 年第 5 期。

③ ［德］卡尔·拉伦茨著：《法学方法论》，陈爱娥译，商务印书馆 2004 年版，第 194 页。

存情况下的责任承担，立法机关持有的见解与价值判断发生改变，司法解释亦突破了上位法而在某些关键与存疑问题上修订有关立法，致使学界争执不断，法律实践当中裁判适用与解释存在分歧和混淆。关于混合共同担保规则，《物权法》未对此前立法的冲突和缺陷进行解决和完善，《民法典》沿用了《物权法》规定，共同担保相关争论并未停止。《民法典》第 392 条对人的担保责任与物的担保责任采用平等主义模式，然而衔接本条及第 700 条进行体系解释及司法解释，不仅条文间存在矛盾，司法解释亦突破了《民法典》采纳的原则与体系。

关于共同保证，《民法典》第 699 条规定的并未明确担保份额的情形中，债权人有权要求任一保证人清偿主合同债务，最高人民法院专家学者认为此为连带共同保证之意，该条并未实质性修改《担保法》的规定。[①] 而根据《担保制度司法解释》的规定，连带共同担保需明确约定，推定的情形仅限于在同一份文书上签字，司法解释与《民法典》规定可推定的成立连带共同保证相冲突，司法解释的规定在一定程度上背离了《民法典》的相关规定，没有很好地解决两者之间的复杂关系，可视为司法解释的不足之处。

三、司法实践中法律适用之检视

我国《民法典》对保证制度规定的缺失、不完善，法规之间的相互冲突，既影响了保证制度内在结构与逻辑的统一性和协调性，也妨碍了当事人与法官之间对保证制度的具体适用。司法实务缺乏统一的适用标准与尺度，对自《担保法》实施以后即对延续至今法律未解决的问题产生较大的解释论分歧。适用者对保证相关法律解

---

① 刘贵祥:《民法典关于担保的几个重大问题》，载《法律适用》2021 年第 1 期。

释的方法、价值判断、逻辑依据的侧重点亦不断发生演变与相互借鉴。

（一）尚未统一的法律适用

法律学术界长期存在一个缺陷，即未从运行的层面上来审视法律体系。[①] 在司法审判运行中，表现出适用具体保证相关法规不统一，相同案件援引法条产生差异，导致同案不同判的结果。司法裁判仅对过程中的参与者产生法律约束力，然而裁判为上级司法机关作出时，其影响效力更深远。但实践中，关于保证制度疑难问题，较高一级法院所作判决亦同时产生法律适用差异，产生不同的判决结果，难以为下级法院援引适用。在美国，对于保证法律的适用，亦未形成统一。普通法和《美国统一商法典》相互冲突，而法典也在不断发生变化，普通法被重述。[②]

法律的抽象性需要法官通过价值判断得以具体化，而法官价值判断与选择随时空发生变化。当保证相关法律适用存疑时，很大程度上取决于法官如何适用与选择法律。立法仅在适用过程中被大多数情况认可为规范的前提下方能发挥其应然作用。虽然保证制度的司法解释在一定程度上完善了立法体系与内容，但当它对法律文本内涵进行修改并造成相互间冲突时，司法机关应否创设及是否有权设置新规范即被公众质疑。[③] 若每一位法官都在创制新的法律，则现

---

① ［美］理查德·A. 波斯纳著：《英国和美国的法律及法学理论》，郝倩译，北京大学出版社 2010 年版，第 65 页。

② Wilhelm, Suzanne, “Taking Suretyship Seriously”, Oklahoma City University Law Review, Vol.18, No.1 (1993), p.90.

③ ［德］罗伯特·霍恩、［德］海因·科茨、［德］汉斯·G. 莱塞著：《德国民商法导论》，［英］托尼·韦尔英译，楚建译，谢怀栻校，中国大百科全书出版社 1996 年版，第 66 页。

行法律的稳定性与预见性将受到挑战。

司法实务中的法律适用尚未统一，究其根本原因在于有关保证法规的不明确或缺失，同时法律的立法理念变化导致法律变更，从而使可预测性降低。《民法典》出台后，法律适用的存疑可以分为以下两种情况：第一，有两个规范都可能适用，为了不使二者对立，有必要选择一个规范（矛盾的情况），如保证期间、共同保证、混合共同担保等问题的法律适用；[①] 第二，对出现问题的情况，没有可以直接适用的规范（欠缺的情况），如保证人是否拥有对主债务人的代位权，《民法典》规定的债权人放弃主债务人设定的担保物权，保证人可相应免责，但并没有对“放弃”作进一步的解释，何种情形视为放弃未明确。如上，在单个文本（条文）之间产生积极抵触和消极抵触或缺漏的情况下，如果不采用解释的方法对这些条文进行调整，那么在具体案件中将无法适用法律。[②]

（二）分歧较大的解释论

关于实体法的解释，通常首先从明确法条的文义着手。法律的适用离不开文义解释，但同时应认识到文义解释的缺陷。法律解释应尊重立法想要达到的目标和发挥的价值。[③]《民法典》出台后，对保证法律制度的解释，可侧重使用不同的解释方式，法官对此的选

---

① 参见北京市第二中级人民法院（2021）京 02 民初 188 号民事判决书；上海市第一中级人民法院（2021）沪 01 民终 12427 号民事判决书。

② ［日］大村敦志著：《民法总论》，江溯、张立艳译，王轶校，北京大学出版社 2004 年版，第 56 页。

③ 刘得宽著：《民法总则》（第 4 版），中国政法大学出版社 2005 年版，第 24 页。

择存在较大分歧，导致出现不同判决，如共同担保领域。[①] 通过解释法律能够降低不确定性，却不能彻底消除疑虑。[②] 法律解释是反复论证的过程，不应轻易得出结论，并应根据价值判断明确法律的含义。大陆法系通说坚持认为，法学方法论并不能精确出适用于所有情形统一的解释方式的先后顺序，纵使解释论点相互矛盾，也并未形成正式、理性的位阶顺序。因此，解释者在解释时应说明其选择解释标准的理由。[③]

通常情况下，字义解释是解释的开始，但字、句在不同的场合可以有不同的意义，对有关规定所处的上下文联系，往往能为准确理解这一规定提供进一步启示。由此，在解释中，必须首先考虑与立法整体性一致的意思，即体系解释。[④] 若条文无法通过文义或体系解释标准确定，立法者的思想如何确定，可能的处理方式是历史解释。但立法者不可能都考虑周全，而且往往有意识地将这些问题交给司法机关和法学理论去回答。在这种情况下，目的标准就具有决定性的意义。保证法律上体现的目标，如公平、效率、安全等价值应如何实现成为关键。探究法律规范基础的法律原则，主要是为了尽可能避免某些评价上的矛盾。在保证合同纠纷中，如果根据某一规范的基本思想或原则，应对某些事实作出相同的评价，但是在法

---

① 参见吉林省高级人民法院（2019）吉民申118号民事裁定书；广东省东莞市中级人民法院（2020）粤19民终6351号民事判决书。

② ［美］哈特著：《法律的概念》，张文显、郑成良、杜景义等译，中国大百科全书出版社1996年版，第126页。

③ ［德］卡尔·拉伦茨著：《法学方法论》，陈爱娥译，商务印书馆2004年版，第221—222页。

④ 黄立著：《民法总则》，中国政法大学出版社2002年版，第42—43页。

律上对它们进行了区别对待，或者那些从原则出发是重要的区别被忽略了，那么这时就会产生这种评价上的矛盾。此类矛盾的存在违反了公平的基本要求，即“对相同的东西应同样对待”“对不同的东西应不同对待”。

法律存在“缺漏”时，法院常常会创设法律。对什么情况下存在这样的缺漏，又需要理由。在保证法律制度中，应严格区分立法缺漏与立法并不承认保证人享有该项权利。法律在一定程度上是由法院填补法律中的缺漏发展起来的，这一解释过程与对准则的内容进行具体化的过程并无二致。这种解释不但针对个别的规范，而且针对法律规则的整体，作超出词义范围的解释。某种解释或法律发展一旦被审判实践普遍承认，那么这种解释或发展就成了事实上适用法的一个组成部分。这种法虽然不具有形式上的法律效力，但为法院所实际适用。①此外，相互冲突的利益抉择，价值判断即产生。②保证法律关系涉及的价值判断包括利益平衡、公平原则、诚实信用原则等，对于何种价值应优先考虑，《民法典》出台后，在司法审判实践中也产生较大分歧。③

通过对保证法律规范的解释，首先确认了适用的规范；其次可能创造了规范，发现规范的欠缺。④保证案件的特殊性在于，其相似先

---

① ［德］卡尔·拉伦茨著：《德国民法通论》(上)，王晓晔、邵建东、程建英等译，谢怀栻校，法律出版社 2002 年版，第 107 页。

② ［美］E. 博登海默著：《法理学：法律哲学与法律方法》，邓正来译，中国政法大学出版社 1998 年版，第 503 页。

③ 参见江苏省南通市中级人民法院（2021）苏 06 民终 3154 号民事判决书；浙江省金华市中级人民法院（2021）浙 07 民终 5599 号民事判决书。

④ ［日］大村敦志著：《民法总论》，江溯、张立艳译，王轶校，北京大学出版社 2004 年版，第 56—58 页。

例存在多种判决结果，法官应参考的先例具有不确定性，法律规范还不断受到司法裁判的扩充和改变。法官依法理为裁判时，应注意于法之最高目的，以实现法的理念。此外，法的一般原则、道德的评判标准、学说争论、司法判例等可能构成解释依据的均应受到重视。同时，上述依据并非仅指国内法上的依据，仍需从比较法上寻求解决相似情形下更为合理的规范或路径。[①]

互相冲突的利益应依据法律的目的加以衡量、决定，只有吸收目的解释的法解释才是完整的解释过程。[②]自《担保法》实施以来，我国立法将保证视为债权保全的重要手段，制度设计缺少对保证人权利的维护，保证人与债权人利益呈现出相互冲突的立法模式。利益衡量是分析相关当事人之利害得失的做法，站在各当事人的立场上进行情况判断。随着社会变革，利益衡量变得有力起来。但是，利益衡量论并不主张法律体系的所有部分都是这样流动地存在，大部分法律规范是稳定的。但是，在最近的法律理论中，也有人更彻底地主张法律的流动性、暂时性。该主张在理论上也许是正确的，但是实际上不能否定法律秩序稳定与可预见的重要性。个案的合理性始终为法律适用的目标，从某种意义上说，利益衡量具备普遍意义[③]，而我国保证制度利益衡平一直处于存有较大分歧的状况，《民法典》出台后的司法审判实务亦反映出该问题[④]。法官在案件审理过程中，对于事实本身，结合法律的适用规则，对相互冲突的各方利益

① 史尚宽著:《民法总论》，中国政法大学出版社 2000 年版，第 52—53 页。

② 杨仁寿著:《法学方法论》，中国政法大学出版社 1999 年版，第 71 页。

③ [日] 大村敦志著:《民法总论》，江溯、张立艳译，王轶校，北京大学出版社 2004 年版，第 103—104 页。

④ 参见最高人民法院（2021）最高法民申 2980 号民事裁定书。

进行衡量与取舍，以作出合理、适当的个案裁决。[①]

第二节　保证的功能优势与发展趋势

保证的功能在于保障了债权的实现，同时便利与促进了资金的融通，保护了交易的安全。无论是债权人忧虑债权无法受清偿，以保证契约作为债权清偿的手段；还是债务人因无财产可供担保，通过保证契约途径取得融资，保证在融资领域有其不能被取代的重要性。民法传统理论认为，物的担保方式与人的担保方式相比，较能保障债权的获偿，债权人更愿意选择物的担保方式。时至今日，保证制度具有的功能优势与发展趋势，促使其成为比物的担保更为普遍适用的担保方式。

一、对债权的保全功能

保证制度对于契约发展、市场交易、融资实务来说必不可少，保证人提供的担保虽对于债权人仅为普通债权，但在实现债权时，在主债务人全部财产上又增加了另一“债务人”的全部财产，在客观上扩大了债权人所能强制作用的责任财产之范围，很大程度上分散了债权无法实现的风险，同时对主债务人产生了清偿债务的心理压迫，保证对债权的保全功能成为保证发展的核心与保证制度设计的出发点之一。

① 张利春著:《日本民法解释学中的利益衡量理论研究》，法律出版社 2013 年版，第 521—522 页。

（一）增加清偿债务之责任财产

各类债不可避免地出现在社会中，因有债的存在，交易才得以顺畅运转。债务人若均能在社会交往中以诚信遵守契约条款为履行，债权人亦如约接受履行，则各类债权的最终目的通过契约的效力得以达成。若债务人未以契约为给付，债务人之全部财产应抵偿全部之债务。债权的价值与债务人所拥有的资产密切相关，所以各国立法大多确立了代位权与撤销权两项保护债权人的制度。[①] 市场交易中必须注意的是债权最后有无获得足额清偿。[②] 保证制度存在的功能之一即确保主合同的完全履行，保障债权人的权利。保证担保成立了一项可能存在的债权，扩大了担保债权实现的责任财产，增加了债权受偿机会。[③] 债权人签署保证协议，不仅对债务人享有债权，还对第三人享有担保权益。

从债权人的角度来看，保证关系的目的是提供两个以上可以请求其履行义务的主体，这种安排增加了履行义务的可能性。在典型的两方合同中，债务人对债权人负有义务，债权人承担债务人无法履行义务的信用风险。在每一种情况下，承诺的权利人都要承担义务人无法履行承诺的信用风险。在三方保证交易中，主债务人违约时，信用风险转移到必须履行义务的次债务人。保证的经济功能体

① ［日］我妻荣著：《新订担保物权法》，申政武、封涛、郑芙蓉译，中国法制出版社 2008 年版，第 1 页。

② ［日］我妻荣著：《债权在近代法中的优越地位》，王书江、张雷译，中国大百科全书出版社 1999 年版，第 23 页。

③ 吴瑾瑜：《保证契约与善良风俗——以债务人之无资力父母、配偶或子女为保证人之契约为例》，载《台北大学法学论丛》2008 年第 4 期。

现在，分散债权人所有（或至少大部分）因主债务人无法履行而产生的信用风险。[①]但最终主债务人仍有履行或承担履行费用的法律义务。保证安排为债权人提供了两个可以追偿的义务人，使其免受重大经济损害。在保证交易中，债权人唯一的信用风险是主债务人和保证人均违约，但与可靠的保证人签署保证协议，可以大大降低这种风险。[②]

尽管金融机构可能将现金出借给他人以获取利息从而取得经营利润，但也存在未来不能收回本金的风险。如果可以减少未偿债务的风险，理性的金融机构放贷意愿将显著增加，同时借款人就获得的资金亦可进行生产经营。然因将来债务人的财产可能减少，还可能通过各种手段逃避主合同债务清偿，所以债权人债权的实现难以保障。保证作为信用增强工具之一，改变商事当事人之间风险分配。[③]因此，具有降低风险功能之债权担保制度被广泛地运用。实现市场主体利益得到较大满足的经济结果可以利用许多法律手段，然而，所有这些形式都有一个核心描述，即债权人可以向主债务人要求清偿债务，也有权要求第三人清偿债务。[④]

---

① Neil B. Cohen, "Striking the Balance: The Evolving Nature of Suretyship Defenses", William and Mary Law Review, Vol.34, No.4 (1993), pp.1026–1027.

② Bae, Frank S. H., and Marian E. McGrath, "Rights of a Surety (Or Secondary Obligor) under the Restatement of the Law, Third, Suretyship and Guaranty", Banking Law Journal, Vol.122, No.8 (2005), pp.787–788.

③ Dolan, John F, "Letter of Credit Undertakings and Suretyship Contracts: Did the Fifth Circuit Slip in Express Blower, Inc. v. Earthcare, LLC", Banking Law Journal, Vol.129, No.4 (2012), p.295.

④ Neil B. Cohen, "Striking the Balance: The Evolving Nature of Suretyship Defenses", William and Mary Law Review, Vol.34, No.4 (1993), p.1027.

（二）心理压迫促使债务之清偿

连带保证契约是我国金融实务的常态，连带责任保证人之清偿责任普遍被债权人视同连带债务的债务人，被债权人视为将债权无法实现之风险分散到保证人上。在近亲或关联公司担任保证人情况下，可防止主债务人将财产移转近亲或关联公司。[①] 即使在财产转移的情况下，债权人亦可通过对保证人的债权请求权实现债权清偿，分散了主债务人恶意转移责任财产的风险，一定程度上弥补了保证担保的缺陷。即使保证合同是一种风险转移工具，也必须区别于保险合同、赔偿合同和物保合同等其他风险转移工具，每种类型的风险转移机制所涉及的权利和责任都有重要区别。因此，对当事人来说，选择合适的工具是必要的，以承担预期风险和避免不可预见的后果。[②]

近亲、公司实际控制人、公司高管或关联公司提供保证，可提高主债务人命运与共的危机感，促使其更谨慎地经营。因为主债务人与保证人的关系，主债务人会关心保证人的福利，将更尽力地防止债务不履行状况的发生。[③] 增加保证人对主债务人造成的心理负担原理同样适用于保证人，保证人因存在可能承担最终债务的风险，在主债务人可能发生减少责任财产的情形下，将对主债务人偿债能

---

① 吴瑾瑜：《保证契约与善良风俗——以债务人之无资力父母、配偶或子女为保证人之契约为例》，载《台北大学法学论丛》2008 年第 4 期。

② Ricardo Antaramian, "Suretyship Agreements And The Enron Surety Bond Litigation", Florida State University Business Review, Vol.4 (2004), p.204.

③ 吴瑾瑜：《保证契约与善良风俗——以债务人之无资力父母、配偶或子女为保证人之契约为例》，载《台北大学法学论丛》2008 年第 4 期。

力进行积极的维护与监控，以作出相应防御性措施，减少不利益的承担。

利用主债务人与保证人的关联性，将有效降低债权人监控成本。如父母更了解子女的生活状态及偿债能力，母公司对子公司的经营情形与财务状况、董事对公司财务与业务事项的了解优于放款的债权人，虽然保证担保防止不了保证人故意迟延履行或不履行主合同债务，但其适用依然普遍存在于实践中，保证被认为是担保债务的最初始和最普遍的方式。[①] 担保是每笔商事交易的基本要求。从古罗马保证人人身质押向保证人财产责任的转变并没有削减保证在现代商业实践中的重要性，甚至是现实必要性。[②] 同样地，担保物权的设定，债权人直接掌握了主债务人具体的特定财产，也有对主债务人财产的监控支出降低的功能。[③]

二、促进债务人融资的实现

担保史发展的现代化标志之一为其角色的转换，从保障与维护交易的安全到促进与推动资产的融通，成为企业融资的又一个重要方式。自债务人角度观察担保制度对债务人亦有较大利益存在。保证是对主债务人信用的补充，是对债的效力的增强，因有保证的提

① William H. Woods, Historical Development of Suretyship from Prehistoric Custom to a Century's Experience with the Compensated Corporate Surety, in Edward G. Gallagher, The Law of Suretyship (2nd edition), American Bar Association, 2000, pp.3–7.

② Wilhelm, Suzanne, "Taking Suretyship Seriously", Oklahoma City University Law Review, Vol.18, No.1 (1993), p.88.

③ [德] 曼弗雷德·沃尔夫著:《德国物权法》，吴越、李大雪译，韦伯文化国际出版有限公司 2006 年版，第 321 页。

供，主债务人可以获得借贷资金的概率增加，且可得到较低利率、较长期限或其他更优惠之借贷条件，促进资金融通，此为保证制度不可忽视之社会功能。

（一）促进资金融通之社会作用

担保制度是社会经济发展及信用体系构建的产物，某种程度上维护了基本的交易安全。保障债权获偿应始终受到关注，因为它有助于增进资金不断流动，流向使用价值更高处，从而推动经济发展与社会创造。随着社会的发展，需资方与用资方结合，[①]任何信贷的发放都起因于借贷双方的需求。保证是推动资本快速流通、发展产业多元化必不可少的主要制度性工具。担保的存在不仅提高了债权清偿可能性、维护了金融秩序，更重要的是，担保制度已成为社会正常运转的保障制度之一。[②]

从保证发展之观察及立法动向分析，如果融资交易中缺少保证担保，金融机构或资财雄厚的自然人将现金借出意愿较低，此时对出借资金能否如期偿还的忧虑是毋庸置疑的。当公司与公司之间进行大额贸易，或公司承揽了大型项目时，均会对合同价款不能如期获取而承担的风险进行评估，因此在交易中选择合作伙伴时，一些未进行过合作或未建立起信用的对手将被排除在外。由此，如有商业计划然而资金却严重缺乏的自然人或初创型公司，只有在能够提

---

① ［日］我妻荣著：《债权在近代法中的优越地位》，王书江、张雷译，中国大百科全书出版社 1999 年版，第 51—52 页。

② ［日］近江幸治著：《担保物权法》，祝娅等译，沈国明、李康民校，法律出版社 1999 年版，第 2—4 页。

供实物作为担保的情况下才可获得必要的资金，因而社会中的创新驱动和经济发展可能受到限制，缺少经济活力的国家，其综合实力发展必然会放缓。

正是社会对资金融通需求的扩大，保证制度发挥了更大作用。当借款人的信用较弱、为负或不存在时，对于这种不确定性，债权人的常规反应是提高利率，或者，债权人可能迅速拒绝贷款申请。但另一个久经实践的解决方案是让资金雄厚或信用较好的第三方在交易中充当保证人。[①] 从社会经济发展角度来看，保证担保债权实现的功能仅仅为违约的救济手段，推动经济发展的是促进资金融通的功能。通过保证担保的设定，提供债权人清偿的担保，使资金有余者乐于贷款给资金需求者，从而达到融资目的，让有限资源作较大运用，促进经济发展。

（二）债务人信用不足之补充

支撑金融世界的是“信用”，当债权债务关系建立时（如金钱借贷或贸易赊账），债务人通常是值得信赖的，并被认为有责任和有能力偿还或付款。债权债务关系的确立，意味着债权人给予债务人一种信任，即债权人确认债务人能在未来偿付其所欠债务。因此，债权始终是建立在债务人自身的信用上存在的，若债权得以清偿，债务人的信用增加，随着信用的不断增加，获得融资的可能性更高；而若债权未获清偿，债务人的信用降低，其再次融资时不免会受到不

---

① Hackett, David E, “Guaranteed Confusion: The Uncertain Validity of Suretyship Defense Waivers in California”, Loyola of Los Angeles Law Review, Vol.41, No.3 (2008), p.1097.

利的影响。

信用是现代所有经济活动的中心，几乎所有的企业都是依靠银行或者供应商的信用维系和发展的，即基于对债务人清偿能力及清偿意愿的信任。经济活动中各式各样的借贷频繁发生，然而，不管是融资领域还是实物交易领域，只要债务人一方存有期限的利益，债务人就需要凭借其较高或符合要求的社会信用，债权人方有出借金钱与共同交易的意愿、动力。否则如债务人信用不足，恐无法获得信贷或交易机会。提高或增强债务人的信用成为担保制度出现与发展的根基。①

信用对债权人来说终究是有风险的，尤其是想到债务人可能出现破产的情况，债权人常对其给予债务人的信任产生怀疑，他们不得不采取防范措施。保证通常以保证人财产产生的信用保障主债务的清偿。②所以，保证是对债务人信用的补充。对债务人来说，保证关系为其与债权人进行业务提供了足够的信用，否则，债务人可能无法取得与债权人交易的资质。③总之，信用的给予需要相应外来的保护机制，即担保。信用贷款发放人须承担信用贷款借用人无法清偿债务的风险，于是他需要寻求降低风险的工具与手段，并为此设立担保，担保因此成了信贷业的支柱。④

---

① 郭明瑞著:《担保法》，法律出版社 2010 年版，第 5 页。

② 王泽鉴著:《民法物权》(第 2 版)，法律出版社 2010 年版，第 377 页。

③ Bae, Frank S. H., and Marian E. McGrath, "Rights of a Surety (Or Secondary Obligor) under the Restatement of the Law, Third, Suretyship and Guaranty", Banking Law Journal, Vol.122, No.8 (2005), p.787.

④ [德] 曼弗雷德·沃尔夫著:《德国物权法》，吴越、李大雪译，韦伯文化国际出版有限公司 2006 年版，第 321 页。

（三）融资工具缺乏之弥补

建立有效、透明及高效率之担保制度，应为当前社会经济活动领域之重要课题。[①]信贷发放人所获得的担保形式越稳当，贷款安全收回的风险越小，此外，借贷的利率或许因此而降低，另外的担保措施要求或许减少甚至不需要。[②]在域内外此前通行的融资方式中，贷款人经常依借款人本身已具备的资信能力和资产负债状况决定是否提供贷款，并以借款人和其他有关实体提供的资产和信用担保作为安全保障。在实践中，实物资产的担保贷款通常会要求债务人拥有合适的并且尚未过多预设负担的财产。

通过对债务人或第三人的财产设定可消除债权平等性原则的权利，对债权人保护更有利，即担保物权的优先性。在债权人未享有担保物权的情况下，若债务人的财产有脱离，那么不论是基于该财产被其他债权人主张，还是债务人主动放弃或转让该财产，债权完全受偿概率将降低。因此，债务人财产免受其他债权人的强制执行至关重要，同时，必须对债务人为逃避债务而恶意处分财产的行为有所规制。[③]然而，和花费时间与金钱对债务人财产进行监控相比，在财产上设定担保为最优方式，即使该担保标的物被让与，担保物权具有的追及效力，亦不影响债权人权益。

---

① 谢再全著:《民法物权论》(中)，中国政法大学出版社 2011 年版，第 611—612 页。

② [德]曼弗雷德·沃尔夫著:《德国物权法》，吴越、李大雪译，韦伯文化国际出版有限公司 2006 年版，第 321 页。

③ [德]迪特尔·梅迪库斯著:《德国债法总论》，杜景林、卢谌译，法律出版社 2004 年版，第 619 页。

然而，当企业无法为借贷设定足额的担保标的物时，企业能够顺利获得融资的可能性大大降低，且获得的融资条件可能是不友好的。那些没有不动产，即轻资产运营的企业，其信用资力难以获得普遍认同。现今，随着融资需求的扩张，企业发展已逐步出现实物资产层层抵押的困境，因此仅仅使用实物担保的企业亦呈现减少趋势，人的担保因此成为一种重要的融资工具。无论是在小额消费借贷还是在大额生产经营贷款中，保证的使用领域逐渐扩大。在国家政策支持产业发展的过程中，在信贷的发放和收回方面，仍然需要选择完善并运用好人的担保方式这一工具。[①] 因此，保证被广泛应用于各种商业交易中。从复杂的商业贷款到最简单的债权债务关系，保证人通常是唯一能够促使贷款人为潜在不像贷款人希望的那样有信用的债务人提供资金的主体。[②] 在许多贷款交易中，保证合同是一个非常重要的工具，为扩大企业信贷创造了一种有吸引力的方式。[③] 此外，人的担保方式对担保人融资能力的不利影响小于物的担保方式。[④]

三、对物保方式不足的替代与补充

随着融资实践的发展，传统的物的担保方式出现了较多弊端，

---

① ［日］我妻荣著：《新订债权总论》，王燚译，中国法制出版社 2008 年版，第 397 页。

② Wilhelm, Suzanne, “Taking Suretyship Seriously”, Oklahoma City University Law Review, Vol.18, No.1 (1993), p.88.

③ Hackett, David E, “Guaranteed Confusion: The Uncertain Validity of Suretyship Defense Waivers in California”, Loyola of Los Angeles Law Review, Vol.41, No.3 (2008), p.1119.

④ 沈达明编著：《法国 / 德国担保法》，对外经济贸易大学出版社 2015 年版，第 5 页。

设立及实现担保物权程序复杂、耗时，实现成本高，且根据物权法定原则，物权设立种类、内容法定，严重不适应金融的发展，遭到较多批判。然而，保证在当今市场中存在其独特的优势，为担保权设定之低成本、高效率的保证担保，此方式对物的担保方式进行了有益补充与替代。

（一）保证担保设立及实现程序的便捷灵活

由于担保物权的排他性，需要确立公示制度。[①] 此外，物权在交换经济时代，乃交易客体并具高度之流通性，则将物权之种类和内容公示，便于交易当事人了解交易标的所有权归属及权利负担状态，达成促进交易迅速并兼顾维护安全之公共利益。[②] 不动产权益以登记作为公示要件，较为健全；而动产权益向来以占有作为公示要件，此固有省时省事、简捷方便之优势，且因动产种类繁多，难以采取登记或其他公示方法统一，然占有之公示方式无从正确、完整公示物权内容，如学者所言，此成为妨碍交易安全的致命伤。[③] 占有公示功能之不完善，有先天之局限性，但确有低成本之优势。[④] 有学者提出，要建立登记为基本统一之公示方式时，首先，最重要的是设立统一之登记机构，分散之登记机构无从实现登记制度登记之高效率、低成本及查阅之便捷性。其次，登记信息过于简化，将形成公示内容

---

① ［德］曼弗雷德·沃尔夫著：《德国物权法》，吴越、李大雪译，韦伯文化国际出版有限公司 2006 年版，第 321 页。

② 谢在全著：《民法物权论》（上），中国政法大学出版社 2011 年版，第 33 页。

③ 谢在全：《担保物权发展之动向》，载《法令月刊》2018 年第 5 期。

④ Thomas W. Merrill, Ownership and possession, in Yun-Chien Chang (Ed.), Law and Economics of Possession, Cambridge University Press, 2015, p.19.

不足，反增加查询翔实信息的费用。[①]

不同于担保物权设立的诸多强制性规定，保证担保之所以具有优势，是因为它的设立相对简单，没有形式上的要求，不需要公示（与物的担保方式相比，物的担保通常与登记制度和更严格的形式要求相联系），以及它的灵活性（作为债权法的体系之一）。[②]保证设定便捷，债权人与保证人意思达成即设立，在当今市场交易中占据重要地位，有较强的活力。保证合同无须公证，不产生相关费用。保证人由债务人提供，债权人不需要花费时间或费用。但有学者对此种观点持有异议，主张保证提供需要收取的费用和设立反担保措施要比物的担保多，并认为物的担保设立的复杂程序是获得更大利益应付出的代价，[③]此实质为担保物权对债权保障功能上相对于保证担保的优势。

担保物权的实现效率与保证相比周期较长，程序烦冗。物的担保实现多需要通过拍卖流程，这将给债权人带来额外的成本。此外，当主债务人处于破产程序中时，保证人依旧需要清偿债务，且债权人可以立即请求保证人履行义务，无须等候债权的登记与确认。在跨国贸易中，若债权人与物保人分属不同国家，提供的担保标的物通常位于海外，担保物权的执行往往会经历繁杂的法律程序，成本

① 谢在全:《担保物权发展之动向》，载《法令月刊》2018 年第 5 期。

② Kocsis，Imola，and Marcin Olechowski，“Suretyship in German and Polish Law: A Comparative Analysis”，Review of Central and East European Law，Vol.31，No.3（2006），p.331.

③ 沈达明编著:《法国 / 德国担保法》，对外经济贸易大学出版社 2015 年版，第 5 页。

较为高昂。因此，国际贸易中广泛使用保证担保方式。[①]进入20世纪，在典型的债权人（银行）要求客户提供的担保中，保证占重要地位。[②]为使债权人债权实现更为便捷，债权人银行通常与保证人订立书面协议，主债务人到期不清偿债务，保证人须同意债权人就该账户存款直接划扣。

（二）物权法定原则的缺陷

由于物权的对世性，物权的种类和内容是社会大多数主体通常认可的、统一的、具有可识别性的，而不是交易双方经由契约任意设定的，其种类和内容必须用法律来规定。[③]物权这种被赋予强大保护的权利，相反也会对交易安全构成较大的威胁。立法强加保护的权利，其行使若不加以必要限制，则可能造成行使权利相对方的利益受到损害，造成新的权利义务不均衡，立法的价值取向此时需要进行再一次调整。因此，立法强调物权法定原则的重要性是权利义务平衡的体现。

物权具有对世效力，如果任由人们以协议的方式设定繁杂的、不同的物权，必定影响交易的稳定性与持续性。因此，依法界定物权的种类和内容并予以公开至关重要，可达到社会公众普遍明晰物权的内容和体系的效果。[④]既从交易安全的要求出发，也有限定物权

---

① 程啸著：《保证合同研究》，法律出版社2006年版，第16页。

② 沈达明编著：《法国/德国担保法》，对外经济贸易大学出版社2015年版，第7页。

③ [日]田山辉明著：《物权法》（增订本），陆庆胜译，齐乃宽、李康民校，法律出版社2001年版，第5页。

④ 郑冠宇著：《民法物权》，新学林出版股份有限公司2010年版，第23页。

种类、明确物权内容的必要。[①]法律规定乃为保护公益所为之规定，为强制性规范，若违反物权法定原则，应为无效。[②]但应注意，违背物权法定原则的契约是否会导致契约整体无效，应视该约定是否将导致合同目的不能实现。

物权的内容尽管由立法规范，但法律所规定之物权种类和内容不可能符合经济发展永远之需要。从社会发展角度观之，必要的权利应该受到法律的规范，以满足社会的需求，然而立法在起草之初并不是全面的，且在随后的实施过程中也可能出现不能顺应交易需要和市场发展新形势的问题。[③]物权法定原则在带来权利安定性的同时，当事人之间自行创设的物权种类及内容应属无效，物权的发展空间受到了相当局限，恐难以因应快速的经济发展[④]，难免形成与社会脱节之现象[⑤]。

（三）担保物价值减损的弊端

有学者提出，在融资实务中，采纳人的担保或物的担保均各有利弊，较难选择排序，这成为不同债权人在不同情况下选择可能不同的重要成因。[⑥]与物的担保方式相比，人的担保的不安定性、不确定性是不可否认的。保证与质押、抵押等担保形式的重要区别为，

---

① ［日］近江幸治著：《民法讲义Ⅱ：物权法》，王茵译，渠涛审校，北京大学出版社2006年版，第7页。

② 郑冠宇著：《民法物权》，新学林出版股份有限公司2010年版，第25页。

③ ［日］田山辉明著：《物权法》（增订本），陆庆胜译，齐乃宽、李康民校，法律出版社2001年版，第5页。

④ 李淑明著：《民法物权》（第5版），元照出版有限公司2009年版，第5页。

⑤ 谢在全著：《民法物权论》（上），中国政法大学出版社2011年版，第36页。

⑥ 张民安著：《法国民法》，清华大学出版社2015年版，第501页。

保证具有明显的人的属性，而后两者中此种性质则呈现递减趋势。[①]若担保标的物的价值不丧失，对债的担保的功能将无影响。因此，人的担保的效力一直以来被学理及实务普遍认为远不如物的担保。[②]

人保之担保价值视保证人个人之清偿能力而定，[③]保证人的财产可能或多或少非自愿地消失；物保之担保价值在于担保物之市价，不动产担保或许会因房地产市场低迷而贬值，而质押的设备亦可能因老旧或过于专业而价值减少。因此，债权人可能担忧实现担保物权时，价值比预期减少，即使是这样，人的担保亦避免不了此种担忧，因为保证人的信用可能降低。对担保物价值的评估存在许多漏洞，当主债务人或第三人为确保债权实现设立的财产价值低于被担保主合同未清偿债权时，该财产的担保则不能确保债权的完整受偿。[④]

在设定担保时，债权数额可能已经确定，也可能未确定，立法上通常有最高额担保这一担保类型。在债权数额已经确定的情形下，债权人基于债权获偿保障考虑，人的担保与物的担保通常预期能满足债权的实现，两种类型的担保并无较大区别。然而，在债权金额尚未确定的情况下，如设定了最高额担保，由于保证人以其所有资产承担最高额担保之债权，且保证人为债务人之一，债权人可不断进行追索；但物的担保仅以设定的物的实现价值承担，担保标的物如果本身价值不高或价值在不断减损，对不断累加的债权金额适应性

---

① [日]我妻荣著：《新订债权总论》，王燚译，中国法制出版社2008年版，第398页。

② [德]曼弗雷德·沃尔夫著：《德国物权法》，吴越、李大雪译，韦伯文化国际出版有限公司2006年版，第320页。

③ 杨淑文：《论连带保证与连带债务》，载《台湾本土法学杂志》2001年第8期。

④ 张民安著：《法国民法》，清华大学出版社2015年版，第501页。

较差，最终无法满足债权人的全部债权实现。[①]

第三节　赋予保证人权利的价值判断

价值判断在立法及司法审判实务中的作用在于指导立法者及法律适用者何者更应被考虑、被重视的问题，从而制定规范与作出裁判。不同立法背后体现的价值判断不同，同一立法也可能经历价值判断的演变。保证人权利的赋予，应探究权利所依赖之目的和考虑价值论方面，其最佳可能规则的基本理论，必须容纳多种价值，当冲突与矛盾产生时，立法者及法官需要作出妥当的平衡或选择。

一、诚信原则及商业合理性原则对保证契约的监督

诚实信用在解释和发展保证人权利规则，以及填补法律漏洞方面扮演着重要的角色。这一原则也与保证合同的解释、默示同意条款的确认、创设暗示性条款以补充合同规则的不足等相关。行为是否符合诚实信用原则，在一定程度上取决于当事人双方在保证合同中所达成的协议，诚信原则及商业合理性原则对契约起着监督作用。

（一）诚信原则之规范功能

诚信义务并非一项具体义务而更像一些义务的总括，其内涵可以通过对诚信的界定来理解。《美国统一商法典》买卖编对诚信的

---

① 沈达明编著：《法国/德国担保法》，对外经济贸易大学出版社2015年版，第5页。

解释包含了诚信的主客观判断标准，主观标准即行为人的动机是否诚实和守信；客观标准即不应违反有关公平交易的合理商业准则。①忠于事实即不为不实表示，不失实陈述要求各方于谈判或订立合同中作出的承诺是确切可靠的。若任何一方不打算信守承诺，或者不打算按照自身所说的去做，或者并不真正同意自身所表达的意见，则其就作出了不当的承诺。②债权债务关系是建立在个人之间相互信任的基础之上的，从这个角度来看，可以说是诚信原则的典型体现。③权利的行使有时会与诚信原则要求不符，契约中一方当事人在权利行使过程中不遵循基本的诚信原则时，通常会被认定为滥用权利。④《美国统一商法典》第1—201条第2款第20项表述："善意"指事实上的诚实，⑤此处主要指不为损害交易方的行为。契约签订及履行的重要动因在于获益，此项目标要求交易双方应有最低限度的信任，即便对方当事人试图尽可能多地为自己获取利益也不例外。⑥

在民法领域中，被各国普遍确立的原则之一为诚实信用原则⑦，

---

① 王军、戴萍编著：《美国合同法案例选评》（第2版），对外经济贸易大学出版社2006年版，第226页。

② ［美］迈克尔·D. 贝勒斯著：《法律的原则——一个规范的分析》，张文显、宋金娜、朱卫国等译，中国大百科全书出版社1995年版，第224页。

③ 邱聪智著：《新订民法债编通则》（下），中国人民大学出版社2003年版，第254页。

④ 刘得宽著：《民法总则》（第4版），中国政法大学出版社2005年版，第368—369页。

⑤ 《美国统一商法典》，潘琪译，法律出版社2018年版，第8页。

⑥ ［美］迈克尔·D. 贝勒斯著：《法律的原则——一个规范的分析》，张文显、宋金娜、朱卫国等译，中国大百科全书出版社1995年版，第223页。

⑦ 曾世雄著：《民法总则之现在与未来》，中国政法大学出版社2001年版，第38页。

该原则属于贯穿整个民商事法领域始终的基本原则[①]。其原理依据是，按照诚信原则确定契约各方的权利义务，会敦促各方更好地执行契约。[②]诚实信用义务的确立可以为契约订立各方履行提供原则性及方向性指导，建立起公平的市场交易秩序和违约的评价标准。因此，立法者期待各方的经济活动是符合诚实信用原则的。[③]但是，诚实信用并不是简单的利益权衡，两者欲达到的目的存在不同，且依据诚信原则作出的判断与决定应当是客观的，因此法官不应强加过多的个人主观成见及价值观念。

诚信原则作为司法审判实务中最重要的原则之一，不仅具有补充、检验法律的功能，亦为法律解释之基础。[④]具体体现在以下几个方面：其一，法具体化机能。法典不能设定所有具体情况，因此不得不借助法律原则进行解释。诚实信用原则是民法中用于弥补法律规范漏洞的工具，成为契约执行的补充依据。[⑤]诚信原则作为法官审理案件时常考量的原则，为法律如何更周详且具体地适用提供了标准。[⑥]民法适用的一般原则是诚实信用原则，它允许消除适用法律中

---

① 美国法学会、美国统一州法委员会著：《美国〈统一商法典〉及其正式评述》（第1卷），孙新强译，中国人民大学出版社2004年版，第27页。

② 傅崐成著：《美国合同法精义》，厦门大学出版社2008年版，第93页。

③ [德]克里斯蒂安·冯·巴尔、[英]埃里克·克莱夫主编：《欧洲私法的原则、定义与示范规则：欧洲示范民法典草案（全译本）》（第1卷、第2卷、第3卷），高圣平、付俊伟、梅夏英等译，法律出版社2014年版，第586页。

④ 杨仁寿著：《法学方法论》，中国政法大学出版社1999年版，第138页。

⑤ 邱聪智著：《新订民法债编通则》（下），中国人民大学出版社2003年版，第255—256页。

⑥ [日]内田贵著：《契约的再生》，胡海宝译，中国法制出版社2005年版，第179页。

的空白，并阻止权利的行使。[①] 其二，正义衡平机能，即基于法规外所确立的基本命题正义衡平而做的对法的修正。其三，法修正机能，即诚信原则有弥补立法规定及立法形式缺陷的作用，在这些方面诚信原则可以修改立法条款的现有内容。[②] 其四，法创设机能，即当现行法滞后于社会需求时，创设适用之法律。[③] 因此，有学者认为，诚实信用实为法律规范发生之背后依据。[④]

有学者认为，诚实信用原则的功能是修正制定法和合同，[⑤] 其不仅在规定行使权利或履行义务的立法方面起着重要作用，还具有如下的合同监督功能：一是补充契约的功能。主要指依据诚信原则，契约中任何一方当事人不得损害对方当事人本应享有的权利，即创设相关从属性义务。二是调整契约的功能。诚信原则可以成为解释合同的准则，旨在明晰与理顺合同的内容，其中合同可撤销的理论及情事变更原则均为可运用该原则解释的体现。[⑥]《国际商事合同通则》关于合同的效力、艰难情形等诸多规范中，大多涉及诚实信用原

① Kull Irene, "Unfair Contracts of Suretyship—a question about the horizontal effect of fundamental rights or about the application of contract law principles", Juridica International, Vol.12 (2007), p.44.

② 刘得宽著:《民法总则》(第 4 版)，中国政法大学出版社 2005 年版，第 370 页。

③ 林诚二著:《民法理论与问题研究》，中国政法大学出版社 1999 年版，第 8—9 页。

④ 邱聪智著:《新订民法债编通则》(下)，中国人民大学出版社 2003 年版，第 254 页。

⑤ [德] 迪特尔·梅迪库斯著:《德国债法总论》，杜景林、卢谌译，法律出版社 2004 年版，第 122—124 页。

⑥ [日] 我妻荣著:《新订债权总论》，王燚译，中国法制出版社 2008 年版，第 31—32 页。

则的适用，这是维护国际贸易正常秩序的重要保障。①

在违反诚信原则要求时，原则上存在两种惩处方式：第一种方式是禁止受保护一方的对手行使某种权利或运用某种救济，通常表现为容许解除契约，从而导致信赖被“真正地”保护。此外，法院并不会强制执行违背诚信原则的条款。②第二种方式是虽然立法承认了违反义务一方享有的权利，但权利获得后应对守约方造成的损失负损害赔偿责任。由此，落空的信赖通过损害赔偿的方式获得了弥补。③由于违反诚信原则的一方将遭受不利益，大多数国家规定了当事人不得对该项义务排除或限制。如《美国统一商法典》规定，交易各方不能排除诚信原则的适用，该原则实质成为一项强制性的义务，各方都应该遵守。④

（二）诚信原则在保证人权利来源中的体现

诚实信用原则或公平概念中的实体要素是指当事人的义务不得产生与诚实信用原则相反的结果，即保证合同在内容上必须符合诚实信用原则及合理性原则。不能合理接受的事情可被视为严重不公平。就一项义务而言，合理性应由善意行事的人在相同情况下通常认为合理的行为来判断，即考虑到义务的性质、交易的日的、所涉活动或专业

---

① 张玉卿主编：《国际统一私法协会 UNIDROIT 国际商事合同通则》（2004），中国商务出版社 2005 年版，第 97 页。

② Henry R. Cheeseman, Business Law（4th edition）, Prentice Hall, 2001, p.384.

③ ［瑞］贝蒂娜·许莉蔓－高朴、［瑞］耶尔格·施密特著：《瑞士民法：基本原则与人法》（第 2 版），纪海龙译，中国政法大学出版社 2015 年版，第 103—104 页。

④ 吴兴光、蔡红、刘睿、盛琨著：《美国统一商法典研究》，社会科学文献出版社 2015 年版，第 19 页。

领域的惯例和做法以及其他情况。因此，合理性原则涉及诚信原则，这允许保证合同被定义为一种基于诚信、合理和普遍可接受的合同。①

诚实信用要求债权人尽可能限制因主债务人不履行债务而可能产生的损失，② 在债权人控制范围内的若干因素，可能增加保证人履行债务的预期成本。如给予主债务人延期履行义务的时间，或对主合同其他条款进行变更、损害担保物权；或者从事妨碍对主债务人采取进一步行动的行为。在上述行为中，即使债权人的行为减少了从主债务人那里获得债务清偿的可能性，只要保证人具有偿付能力，权利人的最终收益将不受影响。然而，债权人的行为减少了保证人通过追偿或代位权从主债务人获得的可能的赔付，损失最终落在保证人身上。③ 若一方履行义务或行使权利的成本极低，由于其故意或怠于行动，给另一方的利益造成重大损害，与比例原则不相称，是违反诚信原则的体现。

诚信原则不仅可以补充立法规定之不足，还可以在一方滥用权利的情况下规范合同的效力。④ 在决定签署保证合同之前，潜在的保证人必须评估随之而来的风险。他必须确定主债务人在到期时是否

---

① Kull Irene, “Unfair Contracts of Suretyship—a question about the horizontal effect of fundamental rights or about the application of contract law principles”, Juridica International, Vol.12 (2007), p.40.

② ［德］克里斯蒂安·冯·巴尔、［英］埃里克·克莱夫主编：《欧洲私法的原则、定义与示范规则：欧洲示范民法典草案（全译本）》（第 1 卷、第 2 卷、第 3 卷），高圣平、付俊伟、梅夏英等译，法律出版社 2014 年版，第 586 页。

③ Neil B. Cohen, “Striking the Balance: The Evolving Nature of Suretyship Defenses”, William and Mary Law Review, Vol.34, No.4 (1993), p.1032.

④ 邱聪智著：《新订民法债编通则》（下），中国人民大学出版社 2003 年版，第 255—256 页。

有意愿和能力清偿债务；此外，他是否能够从主债务人处实现追偿。所有这些都是保证人在签订保证协议之前必须考虑的一部分。然而，如果在评估后，债权人的行为将对保证人产生不利影响，保证人可能蒙受不利益。对债权人没有损害的行为，可能对保证人造成严重损害，这显然是不公平的。例如，如果债权人同意免除主债务人债务，以换取部分偿付，然后要求保证人履行剩余的债务，而保证人没有任何机会得到偿还。为了保护保证人不受这种损失，保证抗辩应运而生。保证抗辩是由债权人的作为或者不作为损害保证人对主债务人的权利而触发的。①

最高限额连带责任保证契约如未定期间，则连带责任保证人应就最高限额内，连续发生之债务负连带保证责任，此即连带保证人之责任范围极为广泛，更应侧重于对连带保证人之保护，日本学理及实务判例以“诚实信用原则”为论点，认为应该斟酌交易之一般习惯、债权人与主债务人之间交易之具体态样、经过、债权人于交易时为确保债权之应注意程度、连带保证人认识之程度，以及其他一切情事依据诚信原则，在合理范围内应该限定连带保证人之责任，并赋予连带保证人于特别情形下享有一定之解约权。② 因此，当主债务人经营状态恶化，而将其所有担保物出卖后，如债权人未经征询连带保证人之意见，又对主债务人提供融资时，则应当否定债权人要求连带保证人对上述融资履行连带保证债务。

---

① Bae, Frank S. H., and Marian E. McGrath, “Rights of a Surety (Or Secondary Obligor) under the Restatement of the Law, Third, Suretyship and Guaranty”, Banking Law Journal, Vol.122, No.8 (2005), pp.798-799.

② 张铭晃：《连带保证诉讼时效抗辩援用权之实证分析》，载《司法周刊》2005年第7期。

诚信原则在保证契约中，不仅体现为对债权人的要求，也体现为对保证人的要求。在主债务人对债权人享有抗辩权时，保证人亦不得违反诚信原则。在诚实信用原则下，没有人能够因自己的违法或者违背良俗行为而产生请求权。在美国法院判例中，当保证人应债权人的请求偿还债务，有法院认为保证人至少必须进行调查，以确定主债务人所主张的抗辩是否有效；有法院选择了一种更普遍的方法，要求保证人给予主债务人与保证人同等的利益；还有一些法院采用过失标准来确定保证人是否仍然有权获得追偿权；另有法院要求将“合理注意”和“善意”结合起来，而有法院认为只有在保证人有“不当动机”的情况下才失去获得赔偿的权利。[①] 此外，为防止主债务人和保证人进行两次履行而产生的不利益，不论保证成立基础法律关系为何，保证人有义务于履行主合同前后进行通知。未进行通知致使主债务人受损时，保证人的追偿权将相应受到制约。虽然并非所有国家法律都规定了保证人的通知义务，但共同认可的是，若清偿后没有通知主债务人，造成了主债务人的损失，保证人将失去追偿的权利。为此，一些国家有专门的法律规定，保证人必须将债权人的请求或保证人的清偿设想告知主债务人，以避免发生不当支付。在德国，保证人有义务尊重主债务人的利益，因为后者通常是委托人。因此，保证人有义务将债权人的履行请求立即通知主债务人，并询问主债务人是否有抗辩存在。[②]《意大利民法典》《日本民法

---

① Harris, Troy L, “Good Faith, Suretyship, and the Ius Commune”, Mercer Law Review, Vol.53, No.2 (2002), pp.587–588.

② [德]克里斯蒂安·冯·巴尔、[英]埃里克·克莱夫主编：《欧洲私法的原则、定义与示范规则：欧洲示范民法典草案》(第4卷)，于庆生、温大军、胡琳等译，法律出版社2014年版，第1245—1246页。

典》均规定了保证人在未预先通知的情况下进行清偿，主债务人可以主合同中享有的权利对抗保证人。[①]

二、公平价值在保证契约法律中的基础

民法追求实现的基本理念是权利和义务合乎公平正义，因此，法律的解释必须考虑到所有可能影响民事权利和义务的要素，自由、安全、公平和效率四大原则构成了民事立法的基础，公平观念则构成了许多规则的基础，没有它，这些规则将无法得到充分解释。保证人权利立法体现着法律所追求的公平价值，若公平价值与其他价值发生了冲突，则公平价值具有首要考量地位。

（一）公平原则之内涵及其在民法中的地位

法律是一门应用科学，公平不但存在于法律文本中，而且存在于法律的解释和实际执行中，对法律制度要素的分析必须考虑到它的动态。[②]尽管公平本身并不是一个规则，但公平观念构成了许多规则的基础，没有它，这些规则将无法得到充分解释，甚至立法有直接追求公平的倾向。[③]公平是一种调整关系和规制行为之制度的公平，即试图通过社会的法律秩序化而获得的公平。根据合同法法理，合

① 《意大利民法典》，陈国柱译，中国人民大学出版社 2010 年版，第 337 页；王融擎编译：《日本民法：条文与判例》（上），中国法制出版社 2018 年版，第 372 页。

② Kull Irene, "Unfair Contracts of Suretyship—a question about the horizontal effect of fundamental rights or about the application of contract law principles", Juridica International, Vol.12（2007），p.41.

③ ［英］Hugh Collins 著：《合同法》（导读本），丁广宇、孙良国编注，中国人民大学出版社 2006 年版，第 321 页。

优待，学者认为这并非不公平，原因之一是保证人通常被视为没有得到好处或代价的人，大多数情况下，保证人除了使主债务人获得本来无法获得的信贷成为可能之外，没有从交易中获得任何利益；在某些情况下，保证人可能获得间接经济利益，如控股股东为公司融资进行担保、商事主体间维持合作关系进行担保等。无论保证人担保的诱因是什么，因主债务人不能履行对债权人和保证人的义务的，最终的履行成本由保证人承担。① 另一个原因是，担保文件通常由债权人草拟，反立约人条规因而适用，② 即对保证合同解释时，做有利于保证人的解释。

有学者提出，在欧洲私法中，公平理念的适用领域之一是保证合同，体现了合同法一般原则和规则与保障基本权利的需要。③ 债权人利用优势谈判地位，在当事人之间的保证合同中肆无忌惮地设置条款，致使保证的从属性原则丧失，保证人成为债务人之一，立法设计中债权人本应承担的风险亦转移至保证人。④ 在保证法律制度设立时，公平原则要求对民事主体提供均等保护，体现了立法对公平的关注目的，维持市场稳定及实现合理分配效果。⑤ 在法律方面，

---

① Neil B. Cohen，“Striking the Balance：The Evolving Nature of Suretyship Defenses”, William and Mary Law Review, Vol.34, No.4（1993）, p.1030.

② 何美欢著：《香港担保法》（上），北京大学出版社 1995 年版，第 36 页。

③ Kull Irene，“Unfair Contracts of Suretyship—a question about the horizontal effect of fundamental rights or about the application of contract law principles”, Juridica International, Vol.12（2007）, p.37.

④ ［德］罗尔夫·克尼佩尔著：《法律与历史——论〈德国民法〉的形成与变迁》，朱岩译，法律出版社 2003 年版，第 165 页。

⑤ ［英］Hugh Collins 著：《合同法》（导读本），丁广宇、孙良国编注，中国人民大学出版社 2006 年版，第 322 页。

没有比允许一个债权人压迫一个谨慎的保证人而解放主债务人带来更有害的后果，法官应当警惕这种权利，这通常会受到不良动机的影响。①

存在于各国保证法律制度中的普遍规定是，保证人清偿主合同债务后，享有对主债务人的追偿权，且代位债权人享有的权利。同时，债权人的行为不应损害到保证人前述两项权利的完整行使，此亦为各国承认之一般性原则。损害保证人的这两项权利，即造成了保证人与债权人之间权利义务的失衡，基于公平原则，债权人行使权利不应使保证人处境变差，若保证人的权益因此而减损，有两种方式可以对其救济，即主合同清偿责任的免除及赋予保证人一项债权人违反义务的损害赔偿请求权。此为法律强加给债权人保护其自身利益的义务，在实践中，两种救济方式均可达到大体一致的结果。② 只有赋予保证人对债权人滥用权利的救济，才能实现保证价值的充分发挥。

立法除了保证人与债权人之间权利分配的公平，在保证人与保证人之间、保证人与其他物的担保人之间，也应体现公平观念。有学者提出，如果双方主体依据合同均负有债务，适用于一方主体的原则也适用于对方，因为该类原则的特殊设计与适用，是为确保合

---

① Johann Andreas Dieckmann, “The Normative Basis of Subrogation and Comparative Law: Select Explanations in the Common Law, Civil Law and in Mixed Legal Systems of the Guarantor’s Right to Derivative Recourse?” The Tulane European and Civil Law Forum. Vol.27 (2012), p.77.

② [德]克里斯蒂安·冯·巴尔、[英]埃里克·克莱夫主编：《欧洲私法的原则、定义与示范规则：欧洲示范民法典草案》（第4卷），于庆生、温大军、胡琳等译，法律出版社2014年版，第1233页。

同履行的有效性提出的。[1]其中一个例子是，在多数保证人中，履行了清偿责任的人应有权向其他保证人主张本应分担的份额。先清偿主合同债务之共同保证人不应因债权人的选择而承受所有的不利益。公平原则可以为共同担保制度提供价值判断基础，[2]此亦成为论证共同担保人相互追偿权的法理基础之一。

三、保证契约中当事人利益平衡原则的加强

法律通过调整私人自治出现的利益失衡，维持法律关系的持续性与稳定性。基于保证合同促进资金融通之社会机能，当债权人行使权利之际，与保证人之法益发生冲突时，立法及司法审判实务应立于具体衡平的立场调整，平衡各方当事人的权利义务关系，使保证制度真实发挥信用放大的功能，实现社会资金利用率的不断提高。保证立法的设计出现任何一方的利益失衡，均可能造成制度的不完善。

（一）利益平衡原则之价值及其决定因素

人们对利益内涵和本质的认识不断深入，利益诉求与冲突也不断增加。对冲突的利益给予平衡，实质上即价值判断的过程。社会要求的是能够在复杂利益关系中借助主体的行为取得平衡点或者实现衡平保护的精巧、灵动的法律机制，而不是基于事实判断的简单、

---

① ［德］克里斯蒂安·冯·巴尔、［英］埃里克·克莱夫主编：《欧洲私法的原则、定义与示范规则：欧洲示范民法典草案（全译本）》（第1卷、第2卷、第3卷），高圣平、付俊伟、梅夏英等译，法律出版社2014年版，第66页。

② 沈森宏：《混合共同担保的偿债顺序》，载《华东政法大学学报》2017年第4期。

刻板的法律条文。利益衡量是价值判断的内容，任何立法背后都体现了价值的判断与取舍。[①] 近代法的生命在于其体系性，但是，不能仅仅在逻辑方面，还应该在价值方面寻求体系性，私法中很多规范，只有把它们同价值准则相联系，才能理解其意义。[②]

利益衡量法进行如下追问，在相对立的利益中，何种利益受到保护而使何种利益受到损失，以这样的分析为前提，应该考虑优先保护哪种利益，将哪种利益放在后面。立法背后总隐藏着特定利益，有时为保护特定主体的利益，有时为维护公众的特定利益。之所以产生法律纠纷，亦是因为相互间冲突的利益无法调和，需要中立第三方进行评判。因此，法院在具体裁判过程中，需对所涉及各方利益进行协调，并探究适用法律背后所保护的利益，[③] 如无法律可适用，或适用某法律会导致个案无法实现正义，法官将依据价值判断来取舍应保护何者利益，以实现公平。

除立法过程中需对利益平衡考量外，利益的平衡与调和，亦为法律解释的重要任务之一。法律的解释本身是复杂的，其本质是通过权衡不同的甚至对立的价值及利益，得出妥当的、合理的结论。适用法律的法官在司法审判实务中常常需要对法律进行解释，尤其是立法存有冲突或缺失之处，因此，法官在进行法律解释时要遵从利益平衡，利益衡量论所提倡的平衡众利益、兼顾众论的“综合

---

① 陈光华著:《物权变动要件论》，知识产权出版社 2008 年版，第 26—27 页。

② [日] 大村敦志著:《民法总论》，江溯、张立艳译，王轶校，北京大学出版社 2004 年版，第 103 页。

③ [德] 卡尔·拉伦茨著:《德国民法通论》(上)，王晓晔、邵建东、程建英等译，谢怀栻校，法律出版社 2002 年版，第 97 页。

衡量”的法律思维则与现代法律思维的精神契合，[①] 贯穿法律适用始终。

（二）利益平衡原则在保证当事人之间的适用

由于保证法律关系涉及多方主体利益及多个合同关系，各方利益可能是冲突的，也可能是共存且相互增进的，保证法律关系的维护需各方主体利益在某种层面上实现均衡。从罗马法开始，保证法律法规即在持续调整当事人之间利益的平衡。[②] 在各国担保法改革过程中，坚持“利益平衡”成为改革的精神，坚持主债务人、担保人与债权人权利并重，不过度牺牲主债务人与担保人利益。[③] 我国《民法典》对以往立法的修订或新增，一定程度上也体现了利益平衡原则对立法者的影响。

保证合同提高了主债务人与债权人达成业务的效率，因为它减少了债权人对于签订主合同的顾虑。但是，保证合同成立后，法定权利、法定责任不仅属于保证人，也属于当事人各方（保证人、主债务人、债权人），这些权利与责任的性质和范围影响各方可能寻求的救济。[④] 在保证三方关系中，虽然主债务人的负担和利益基本保持不变，但由于保证人的存在，债权人的负担和利益的平衡有了显著

① 张利春著：《日本民法解释学中的利益衡量理论研究》，法律出版社 2013 年版，第 522 页。

② 陈洁蕾：《保证的罗马法基础与法典化构建》，载《比较法研究》2019 年第 4 期。

③ 李世刚著：《法国担保法改革》，法律出版社 2011 年版，第 22 页。

④ Ricardo Antaramian, “Suretyship Agreements And The Enron Surety Bond Litigation”, Florida State University Business Review, Vol.4 (2004), p.204.

改善。债权人的唯一信用风险是主债务人和保证人都不清偿债务的风险。保证人承担了主债务人违约的最终信用风险，但在与债权人双方间的权利和义务的对等安排方面是扭曲的。[①]有学者提出，保证契约的起草几乎在每一个方面都有利于债权人，因此不可忽视保证法的一些基本原则。[②]然而，大陆法系通过判例的发展，不断寻求保证人与债权人利益新的平衡。其中一个例子是对保证人缺乏对主债务履行有关信息获取的保护，债权人由于没有此项通知义务，并没有给予保证人在取得信息上的方便。另一个例子是各国保证制度逐渐尝试限定连带责任保证的使用，因为其妨碍了立法者关于平衡保证人和债权人权利义务目标的实现。[③]

主债务人和债权人都希望从主合同中获得利益，有偿保证人希望因承担保证债务而获得金钱利益。一个非有偿的保证人，若没有任何有形的收益，却有可能承担较大损失，法律应赋予其权利。[④]债权人和保证人的权利义务平衡主要由预防工具与补救工具两种途径达成。预防工具主要包括保证人对债权人请求履行主合同义务的抗辩权等；而补救工具则主要为针对保证人承担清偿责任后的权利，包括保证人对主债务人的追偿权、代位权，保证人对债权人的损害赔

① Neil B. Cohen, “Striking the Balance: The Evolving Nature of Suretyship Defenses”, William and Mary Law Review, Vol.34, No.4（1993）, p.1028.

② Pretorius, J. T, “Suretyship and Indemnity”, South African Mercantile Law Journal, Vol.13, No.1（2001）, p.95.

③ 沈达明编著:《法国 / 德国担保法》，对外经济贸易大学出版社 2015 年版，第 16 页、第 18 页。

④ Bae, Frank S. H., and Marian E. McGrath, “Rights of a Surety（Or Secondary Obligor）under the Restatement of the Law, Third, Suretyship and Guaranty”, Banking Law Journal, Vol.122, No.8（2005）, p.788.

偿请求权等。此外，不同担保人之间的利益亦应得到平衡。由于债权人的过错，担保债权实现的总财产减损，导致每一共同担保人应承担的份额增加。[①]立法需要在规定债权人对担保物权的自由处分权利的同时，对这一权利行使可能产生的外部损害予以适当限制，以调和不同利益关系人之间的利益平衡。《民法典》第409条的立法目的主要是保护共同担保人的利益。[②]基于担保合同从属性原则，在债权人放弃担保主债务履行的其他担保的情况下，担保人被给予特定的保护。[③]在其他担保不当地失去、放弃、损害时，有关担保义务按损失的程度解除；如无损失，担保人的义务不受影响。[④]

第四节　保障保证制度法律价值和功能的发挥

保证制度对保障债权的实现起到了重要作用，保障了交易安全；同时是资金需求人融资的有效方式和社会资金利用率提高的法律手段，促进了资金融通。此两项功能的社会意义无法取代，因此，需要不断健全保证担保制度的妥当性与有效性。其法律价值与功能的发挥，有赖于保证法律规范对保证规范实质理性、保证责任本质及

---

① 汪洋：《共同担保中的推定规则与意思自治空间》，载《环球法律评论》2018年第5期。

② 孙宪忠、朱广新主编：《民法典评注：物权编》，中国法制出版社2020年版，第186页。

③ Kocsis, Imola, and Marcin Olechowski, "Suretyship in German and Polish Law: A Comparative Analysis", Review of Central and East European Law, Vol.31, No.3 (2006), p.349.

④ 何美欢著：《香港担保法》(上)，北京大学出版社1995年版，第62页。

保证契约价值的实现与回归，以最大限度增加经济价值或满足各方合理的期待，既不妨碍自由交易，又无损于交易安全。

一、保证规范实质理性的实现

引用经济学之原理及方法，对保证契约之本质、成立、履行、违约、救济等作研究分析，有其实质的贡献。保证规范的实质理性，即通过经济学分析保证契约运行之社会效果，辅助建立保证契约法的理论依据，诸如立法对债权人与保证人应当确立何种范围的保护，才能达到保障交易秩序、促进融资便利的目的。若没有保证人支持，资金利用率低，经济增长将受到极大影响，因此，可以说保证制度的良好运行是整体经济的重要支柱。经济目的理性是在制定立法过程中许多争论和决策背后的原因，总体而言，民事立法的规则意在促进经济福祉的发展，这也是检验立法介入的正当性的标准。契约当事人不仅承担每个独立的债务，还承担财物的移动和分配，构成一个具有社会意义的协同体。此类情形主要体现在租赁土地或房产等持续性的使用法律关系以及委任、保证等基于彼此信任的法律关系中。①

各国合同法理论基本坚持了单一目的论，使契约的履行能够最大程度发挥经济效益。②最大限度增加经济价值，可以认定为保证规范实质理性目标。在保证契约的订立以及确立契约条款中，保证

---

① ［日］我妻荣著：《新订债权总论》，王燚译，中国法制出版社2008年版，第31—32页。

② ［美］迈克尔·D. 贝勒斯著：《法律的原则——一个规范的分析》，张文显、宋金娜、朱卫国等译，中国大百科全书出版社1995年版，第172页。

人期待主债务人承担债务，主债务人因保证的提供获得了融资，债权人因主债务人的清偿获得债权的实现，各方均从契约中获得利益，并因而使保证价值提高。如果保证人的期待是错误的，并因此遭受损失，导致债务最终并未解决，社会总财富并未增加，则会造成社会更大的成本与损失。应注意，保证合同中的条款由于受到相对利益的影响，意思一致达成平衡可能性较低，因此，立法应更主动地确保这种非互惠合同中的利益平衡问题。债权人有义务对债务人采取行动，如同主合同没有设定担保一样，债权人会为自身利益行事，特别是减少任何损害。①

有学者提出，若允许保证债务免除，将主债务不能清偿的风险转移给债权人，违背了竞争性经济规律，②任何一个完全行为能力人，应该有能力辨识保证契约的经济风险，并基于该认识自由决定是否承担保证债务。只有为求更高的法益，才能否定保证契约的效力。不容忽视的是，保证契约除可降低债权人先为给付的风险外，更是实现债权的重要工具。保证人权利无法维护，而其义务却不断加强，致使社会上无主体愿意提供担保，不仅会让保证契约在金融实务中的功能与重要性丧失殆尽，也会使无财产可供担保者不能通过保证契约途径取得融资。因此，经济的发展要求立法根据市场经济的需要，从保证人利益的角度出发，完善保证制度的社会功能，构建一个较为科学合理的保证制度。

---

① ［德］克里斯蒂安·冯·巴尔、［英］埃里克·克莱夫主编：《欧洲私法的原则、定义与示范规则：欧洲示范民法典草案》（第4卷），于庆生、温大军、胡琳等译，法律出版社2014年版，第1235页。

② 吴瑾瑜：《保证契约与善良风俗——以债务人之无资力父母、配偶或子女为保证人之契约为例》，载《台北大学法学论丛》2008年第4期。

在保证关系中，保证人对债权人积极维护债权产生合理期待，债权人侵害保证人权益时，判定保证人履行清偿责任，保证人将成为实现他人福利的纯粹工具，缺乏基于通常人从客观理智上可以合理接纳的正当理由。在立法及司法实践中，保证规范实质理性的实现，应注重对保证人合理期待的保护。保证人因保证地位本身而获得随附的权利和抗辩，保证的地位是由保证的实质而不是其形式决定的。正是保证人在三方关系中的角色或地位为其提供了对债权人、主债务人享有的重要权利和抗辩。①

二、保证责任本质的回归

关于连带责任保证与连带债务的区别和联系，学术界有不同认识，其合理的界定决定了连带责任保证人可享有的权利与应履行的责任。此外，基于保证的从属性质，也影响与决定了保证人特定权利的拥有与实行，同时，保证人的不同权利也在一定程度上反映了保证的从属性。立法与司法实务回归保证责任从属性本质，对保证人权利体系的构建具有重要意义。

（一）连带责任保证与连带债务关系之厘清

针对保证债务的性质，学术界一直有不同观点。有学说认为，保证人并未负担单独的债务，实际上的债务仅存在于主债务人身上。然而，该理论在试图阐释主债务人的一切权利或行为将影响保

① Bae, Frank S. H., and Marian E. McGrath, "Rights of a Surety (Or Secondary Obligor) under the Restatement of the Law, Third, Suretyship and Guaranty", Banking Law Journal, Vol.122, No.8 (2005), p.792.

利[①]。保证人不是共同债务人，而是一个与主债务无关的债务人。设定连带责任保证，结果相同。[②]保证债务的从属性质，决定了保证人与主债务人的不同，虽然二者承担的责任范围可能不完全一致，保证人履行的债务或许少于主债务，并且仅在特定条件下才需要履行义务，但并不影响保证的从属性质。

连带责任保证与连带债务的关系如何，决定了保证人应然享有的权利，有学者认为，连带责任保证与连带债务不是毫不相关的制度，连带责任保证是债务产生的成因之一，然连带债务是债务的一种形式，连带责任保证可产生连带债务。[③]也有学者认为，连带债务虽然是债务的一种表现形式，但与产生债务的法律行为，如违约、侵权等完全不同，不应混淆成因与结果。尽管如此，即使产生连带债务的成因有所差异，仍然需要承担连带债务的法律效果。连带责任保证债务也为连带债务的一种，但由于成因之间的差异，法律适用也产生了区别。[④]

连带债务关系中，虽然每一项债务均有欲达到的共同目的，但各项债务又都有其独立的法律地位。保证债务和主债务之间，前者是后者履行的担保手段，因此有主次关系。关于连带债务人的内部责任，债务人依约定或法定进行分担，区别于保证法律关系，主合同债务人需承担所有最终责任。每个连带债务人同时是整体的债务

① 史尚宽著:《债法各论》，中国政法大学出版社 2000 年版，第 939 页。

② 沈达明编著:《法国 / 德国担保法》，对外经济贸易大学出版社 2015 年版，第 160—161 页。

③ 郑玉波著:《民法债编各论》(下)，三民书局 1981 年版，第 874 页。

④ 林诚二著:《民法债编各论》(下)，中国人民大学出版社 2007 年版，第 275 页。

人和他那部分债务的债务人，共同债务人清偿属于自己的债务。[①]保证人并非产生主债务合同的当事人，只有在主债务人未能履行其义务的情况下，保证人才会承担责任，而且保证人履行的是主债务人的义务，而不是他自己的义务。立法剥夺了连带责任保证的补充性，但未剥夺其从属性[②]，连带责任保证是由保证债务核心性质的从属性而产生的效力，这一点与一般保证债务完全相同[③]。若将连带责任保证视为保证人与主债务人负连带债务，就违背了保证设立的目的及本旨。[④]

（二）保证从属性之特性

连带责任保证债务虽然为与主债务相区别的单独债务，但与主债务有相同的给付内容，[⑤]并从属于主债务。保证契约的从属性是为了保障主合同履行这一目的而产生的各类性质的总括，对保证人施加高于主合同剩余未偿付债务的责任与此目的相抵触。学者们大多认同，保证的最明显特征即从属性。从属性原则对保证立法起着决定性的影响作用，被普遍认为是欧洲民法的一项原则，主要目的是维

① Michelle Cumyn, "Responsibility For Another's Debt: Suretyship, Solidarity, And Imperfect Delegation", McGill Law Journal, Vol.55, No.2 (2010), p.229, p.234.

② Ricardo Antaramian, "Suretyship Agreements And The Enron Surety Bond Litigation", Florida State University Business Review, Vol.4 (2004), p.206.

③ [日] 我妻荣著：《新订债权总论》，王燚译，中国法制出版社 2008 年版，第 441 页。

④ 林廷机著：《保证》，三民书局股份有限公司 2010 年版，第 79 页。

⑤ Kevin Patrick McGuinness, The Law of Guarantee (2nd edition), Carswell Thomson Professional Publishing, 1996, pp.25-26.

护保证人利益。[①]保证的从属性为连带责任保证区别于连带债务的关键，[②]连带债务中各债务处于同一层次，而由于保证具有的从属性特征，连带责任保证中保证人责任与主债务人责任不属于同一层次。

《欧洲示范民法典草案》第Ⅳ.G–1：101条对从属保证的定义为，为担保主合同履行而对债权人所负的债务，且只有在主合同应当清偿时并在清偿限度内才需要进行清偿。[③]保证责任的从属性亦决定了保证人可以援引主债务人的抗辩来减少或驳回债权人的债权。[④]正如有学者所言，保证的从属性是法律技术上的简化技巧。[⑤]保证人拥有抗辩权的理论依据实质上恰恰是源于保证之债的从属性质。由此，保证的承担不应重于主合同债务人的责任，否则将明显与从属性原则相矛盾。[⑥]

保证以保障主债权的实现为目的，保证契约之成立，以主债务之成立为前提，此即保证成立上的从属性。故主债务因违反法律强制性规定、公序良俗而无效者，即使对保证契约独立观察，该保证

---

① ［德］克里斯蒂安·冯·巴尔、［英］埃里克·克莱夫主编：《欧洲私法的原则、定义与示范规则：欧洲示范民法典草案》（第4卷），于庆生、温大军、胡琳等译，法律出版社2014年版，第1175页。

② 陈洁蕾：《保证的罗马法基础与法典化构建》，载《比较法研究》2019年第4期。

③ ［德］克里斯蒂安·冯·巴尔、［英］埃里克·克莱夫主编：《欧洲私法的原则、定义与示范规则：欧洲示范民法典草案》（第4卷），于庆生、温大军、胡琳等译，法律出版社2014年版，第1093页。

④ Michelle Cumyn, "Responsibility For Another's Debt: Suretyship, Solidarity, And Imperfect Delegation", McGill Law Journal, Vol.55, No.2 (2010), p.225.

⑤ 陈自强著：《无因债权契约论》，中国政法大学出版社2002年版，第44页。

⑥ 陈洁蕾：《保证的罗马法基础与法典化构建》，载《比较法研究》2019年第4期。

契约并非未成立，唯保证债务仍不发生；或主债务之产生有可撤销的情形，在主债务人撤销契约以前，保证人可以拒绝履行主合同债务，即保证债务从属性之体现。[①] 各国法律大多规定，为将来的债务承担保证都是可能的。不同之处在于对未来责任的确定程度，在一些国家的法律中，如果义务是可确定的就足够了，一些国家还要求保证人的责任以预先确定的固定数额为上限。然而，作为一个先决条件，未来的义务必须是可确定的。[②]

保证责任的范围是由保证的从属性质决定的，保证担保债务的金额不应高于主合同债务金额，其他应承受之条件亦不应重于主合同债务。若有上述情形发生，应当依据主合同债务进行调整。[③] 保证人义务的效力和范围原则上取决于主合同义务的效力和范围，这种关系使保证人能够提出因主合同而产生的抗辩。此外，保证债务跟随主债权的消灭而消灭，然而即使主合同被解除，债权人依然可主张损害赔偿，因此，若主债务人于合同终止或解除情形下需要承担恢复原状之责，保证人“代负履行责任”而非“代为履行责任”，其责任并未同时解除。[④]

---

① 林诚二著:《民法债编各论》(下)，中国人民大学出版社 2007 年版，第 226 页。

② Kocsis, Imola, and Marcin Olechowski. “Suretyship in German and Polish Law: A Comparative Analysis”, Review of Central and East European Law, Vol.31, No.3 (2006), p.342.

③ [美]戴维·达德利·菲尔德著:《纽约州民法典草案》，田甜译，王莹莹校，中国大百科全书出版社 2007 年版，第 254 页。

④ 林诚二著:《民法债编各论》(下)，中国人民大学出版社 2007 年版，第 227 页。

三、通过规则实现保证契约价值的调和

保证制度具有保障债权实现及促进融资的功能，因此，保证制度具有安全价值、效率价值和秩序价值，且应当坚持效率价值与安全价值并重。[①] 此外，保证制度降低交易风险的功能，可以达成制度的秩序价值。通过完善的保证规范，以实现保证契约多种价值间的协调。安全价值、效率价值、秩序价值这三种价值的实现是统一整体，不应过分地强调某一价值的实现而轻视另一价值，否则，保证规则价值取向将存有偏颇，最终导致保证法律规范的不完善及司法审判实务的混乱。

救济债权损失是保证制度安全价值的首要体现。由于主债务人丧失偿债能力，债权人将遭受损害，而主债务存在保证的情形下，可以向保证人主张主合同债务的履行，债权可以高效、及时地获偿，减少或防止了损失的出现。由于债权的效力延伸至保证人的所有财产，债权人获偿能力加强。因主债务人在订立契约后，其资产及信用可能发生不利于债务清偿的变化，而保证契约的签署可以显著地增进主债务人的信用，防止因主债务人财产不足以清偿带来的债权不能获偿的风险。

对公平价值的强调与重视，也意味着对效率价值进行关注。在某种程度上，虽然保证立法体系设计考虑到了最大程度上对效率价值这一目标的促成，然而在分配各方权利、义务和责任时必须同时兼顾公平价值。资金融通是一国经济发展水平的重要标志，担保的

---

① 许明月：《论现代担保市场法律规制的理念与模式》，载《中国法学》2013年第6期。

成立以信用契约为媒介，推动资金流动通常是借助保证的担保方式实现，提高主债务人的信用。保证担保方式促进了社会资金向最有利用价值的地方不断转移，体现了其效率性。由此，通过完善的规则，可实现保证契约多种价值的调和。

本章小结

保证制度为融资实务必不可少的制度之一，分散了债权无法实现之风险，同时对主债务人产生了清偿债务的心理压迫，保证对债权的保全功能成为保证发展的核心与保证制度设计的出发点之一。从债务人角度观察担保制度对债务人亦有较大利益存在。保证是对主债务人信用的补充，是对债的效力的增强，因有保证，主债务人融资之机会大增，且可获得低利率或其他较优之融资条件，促进资金融通，此为保证制度不可忽视之社会功能。围绕着融资实践的兴盛，物的担保方式弊端不断显现，设立及实现担保物权程序复杂、耗时，实现成本高，且物权法定原则要求的物权设立种类、内容法定，严重不适应金融的发展，遭到较多批判。然而，保证却不断显示出其较强的适应性，为谋担保权设定之低成本、高效率的保证担保，保证担保方式对物的担保方式进行了有益补充与取代。为完善保证制度的社会功能，在设计相关规范时，重视对保证人的合理保护成为关键。

我国《民法典》的出台虽然在某种程度上对保证制度进行了完善，但规定依然欠缺完整性，未赋予保证人关键性权利，与域外对保证人权利保护的规定相比，我国保证人权利规范体系还有待完善。

对部分从《担保法》以来一直存在的争议问题未予明晰，重要问题规定不详、简陋与缺失，同时《民法典》体系内权利规定存在冲突与矛盾，严重影响了法律的确定性与可预见性，导致司法实践无法有效适用。司法实务缺乏统一的适用标准，对自《担保法》实施以来即延续至今法律未解决的问题产生较大的解释论分歧。

保证人权利的赋予，应探究权利所依赖之目的和考虑价值论方面，其最佳可能规则的基本理论，必须容纳多种价值，当冲突产生时，立法者及法官须对冲突的价值目标作出适当的权衡和角色定位。诚信原则在保证人权利相关规则的设计与适用上发挥着重要作用。该原则亦与保证合同的解释、弥补当事人意思瑕疵等相联系。行为是否符合诚实信用原则，在一定程度上取决于当事人双方在保证合同中所达成的协议，诚信原则及商业合理性原则起着对保证契约的监督作用。民法以私权之权利义务符合正义臻于公平为基本理念，保证人权利立法体现着法律所追求的公平价值，当公平价值与其他价值冲突时，公平价值具有优先考量地位。立法者在审视社会中的利益状况和利益对立的基础上作出利益衡量亦即评价的决断。法律适用不应仅仅从法条文义上进行纯粹的逻辑推理，更应重视的是通过价值判断对冲突的利益进行重新分配。基于保证合同促进资金融通之社会机能，当债权人行使权利之际，与保证人的利益产生冲突时，应平衡各方的利益关系。

保证法律价值与功能的发挥，有赖于保证法律规范对保证规范实质理性、保证责任本质及保证契约价值的实现与回归，以最大限度地增加经济价值或满足各方合理的期待，既不阻碍自由交易，又无损于交易安全。通过经济学分析保证契约运行之社会效果，帮助建立保证契约法理论应有之适当界限，最大限度地增加经济价值可被认定为保证规范实质理性目标。连带责任保证并非保证人与主债务人承担连带责任而仍然是一种保证，立法应回归连带责任保证本质，完善保证人的权利规范体系。任何对现存状态的批评都涉及何为更好之安排问题，立法和司法实践作出正确的选择，需要以正当合理的原则为指导。

第二章

连带责任保证人对债权人的权利：从消极防御到积极利用

连带责任保证人对债权人的权利分为主合同中债务人对债权人所享有的权利和保证人本身所享有的权利。传统合同法理论认为，保证合同为单务性质合同，因此，保证人对债权人并无请求给付之积极性权利，而仅是消极防御的权利，如保证人的形成权、抗辩权。保证人承担清偿责任后，本应享有对主债务人的追偿权与代位权，如果债权人侵害这些权利，致使保证人追偿权与代位权落空，立法是否赋予保证人对债权人的损害赔偿请求权，关系连带责任保证人利益的平衡。

第一节　保证人享有的主债务人之权利：基于保证合同从属性原则

基于保证合同的从属性原则，主债务人对债权人所享有的抗辩也属于保证人享有的权利，可在债权人提出履行请求时予以拒绝，此为保证人享有的主债务人与债权人关系的衍生性抗辩。所谓主债务人的抗辩，包括主债务人享有的与主债务的发生、消灭或履行有关的权利。权利未发生之抗辩，包括主债务之原因行为无效与原因事实未发生，权利不发生，自无主债务，则保证债务当然不发生；权利已消减之抗辩，如因清偿而消减主债务，保证责任亦消减；拒绝给付之抗辩，包括延期性之抗辩及永久性之抗辩。而关于主债务人享有的形成权，保证人能否行使，各国有不同的立法模式，我国《民法典》亦新增了对该问题的规定，以完善保证人权利立法。

一、权利障碍抗辩与权利消灭抗辩

保证人享有的主债务人的权利障碍抗辩及权利消灭抗辩足以使债权人请求权归于消灭。权利障碍的抗辩，在于主张请求权根本未发生。关于权利消灭的抗辩，是指某种原因的发生，债权人与债务人之间已经存在并且已经发生法律效力的债权债务关系终止。在主合同中，主债务人享有的上述权利，保证人亦可行使，使债权人请求权消灭。

（一）权利未发生抗辩

当主债务契约不成立、不生效、无效或被撤销时，主债务并未发生，保证债务当然亦未发生，如债权人向保证人行使权利时，保证人可否认保证债务之存在。① 保证人行使主债务人对债权人的抗辩权，实质在于作为主债务基础的法律行为是否有效，以及旨在免除责任或减少债务。② 由于保证人的责任取决于主债务人的责任，因此保证人可提出主合同无效抗辩。③ 根据英美法中判例产生的原则，保证人所拥有的权利是在保证合同生效时即享有，而不是在保证人履行主合同债务后才享有。④

如保证合同签订时，保证人对于主合同无效知情，德国学界及实务界均认为，此时并非需要保证人承担主合同给付义务，只是为主债务人不当得利产生的责任担保。⑤ 日本法规定保证人于订立保证合同时知情的，推定其承担同一标的的独立债务。⑥ 而在德国法中，由于无法律行为能力人所订立的法律行为是无效的，根据从属性原则，保证也没有发生效力，独立于保证人因过失而知情或不知情。⑦

---

① 林诚二著：《民法债编各论》（下），中国人民大学出版社 2007 年版，第 238 页。

② ［俄］E.A. 苏哈诺夫主编：《俄罗斯民法》（第 3 册），丛凤玲译，中国政法大学出版社 2011 年版，第 799—800 页。

③ Ricardo Antaramian, "Suretyship Agreements And The Enron Surety Bond Litigation", Florida State University Business Review, Vol.4（2004）, p.209.

④ 董安生主编：《新编英国商法》，复旦大学出版社 2009 年版，第 349 页。

⑤ 杨淑文：《论连带保证与连带债务》，载《台湾本土法学杂志》2001 年第 8 期。

⑥ 《日本民法典》，王爱群译，法律出版社 2014 年版，第 79 页。

⑦ Kocsis, Imola, and Marcin Olechowski, "Suretyship in German and Polish Law: A Comparative Analysis", Review of Central and East European Law, Vol.31, No.3（2006）, p.342.

我国台湾地区民事相关规定认为，如果保证人知道自己欲担保的主合同被撤销，却仍愿意提供担保，那么就应当解释为，即使主合同被撤销，保证责任依旧存续。我国台湾地区有学者认为，保证人明知可撤销事由而提供保证，有独立承担负债的意思，不得再向主债务人追偿。① 新规定采取了完全不同之理念，其基本原理是严格遵从保证发生的从属性原则，主合同不产生效力，保证合同亦不产生效力。若保证人对主合同被撤销事由不知情，则保证合同当然随主合同不产生法律效力。②

在保证人代负恢复原状责任后，《欧洲示范民法典草案》第Ⅳ.G–2：113条规定，保证人向主债务人的追偿，以主债务人从与债权人的交易中获得的利益为限。③ 即使主债务人承认债权人的债权，保证人权利亦不受影响，④ 原因在于保护保证人对于能够继续主张保证生效时主债务人所享有的任何权利的预期，此亦为各国、各地区立法所确认。保证人享有这些权利和抗辩基于的基本原则是，负有履行义务或支付履行费用的是主债务人，而不是保证人。⑤ 主债务人

① 郑玉波著：《民法债编各论》（下），三民书局1981年版，第831页。

② 林诚二著：《民法债编各论》（下），中国人民大学出版社2007年版，第228—229页。

③ ［德］克里斯蒂安·冯·巴尔、［英］埃里克·克莱夫主编：《欧洲私法的原则、定义与示范规则：欧洲示范民法典草案》（第4卷），于庆生、温大军、胡琳等译，法律出版社2014年版，第1251页。

④ Kocsis, Imola, and Marcin Olechowski, "Suretyship in German and Polish Law: A Comparative Analysis", Review of Central and East European Law, Vol.31, No.3 (2006), p.353.

⑤ Bae, Frank S. H., and Marian E. McGrath, "Rights of a Surety (Or Secondary Obligor) under the Restatement of the Law, Third, Suretyship and Guaranty", Banking Law Journal, Vol.122, No.8 (2005), p.793.

因保证法律关系的存在从中获益，不应由保证人承担主债务人获益带来的不利益，才能体现保证的本质。

（二）权利已消灭抗辩

对于权利未发生的抗辩，即对方的请求权不存在；而对于权利消灭的抗辩，是指某种原因的发生，债权人和债务人已经存在并且已经发生法律效力的债权债务终止，债权人不得再请求债务人对其清偿。当主债务已因清偿、代物清偿、提存、混同、抵销或免除而消灭者时，保证债务因其为从债务，原则上亦随之消灭，保证人自可据此向债权人行使抗辩权。

1. 债权人对主债务免除对保证人效力

凡是债权人自愿免除主债务人债务的，同样解除了保证人的债务。[①] 在英美法中，基于公平原则与对等原则，如债权人全部免除或部分免除主要义务人责任，次要义务人将因从属债务所依赖的主债务变更而不产生责任，保证人也应如此。[②] 在这种情况下，保证责任解除的理由是保证人丧失了代位权和追偿权的救济。基于保证从属性原则，债权人不得强制保证人偿还债务。[③] 保证人不承担比主合同中债务人更严厉的责任，否则就违反了保证从属性原则。[④] 通常，主

---

① Christoph Henkel, “Personal Guarantees and Sureties between Commercial Law and Consumers in the United States”, The American Journal of Comparative Law, Vol.62, No.1 (2014), p.356.

② 许明月著:《英美担保法要论》，重庆出版社 1998 年版，第 49—50 页。

③ Wilhelm, Suzanne, “Taking Suretyship Seriously”, Oklahoma City University Law Review, Vol.18, No.1 (1993), p.99.

④ 沈达明编著:《法国 / 德国担保法》，对外经济贸易大学出版社 2015 年版，第 38 页。

债务人责任的免除发生在债权人接受部分主债务的支付以换取剩余债务的免除。如果债权人因此从主债务人处获得的利益比在破产程序中获得的更多，则可能对保证人有利。但如果在没有免除的情况下，可以从主债务人处获得更多，则对保证人是有害的。[①]

《美国统一商法典》第3—605条第1款建立在《美国保证法第三次重述》的基础上，表述了有权执行票据的人解除主义务人责任的效力。第3—605条第1款规定，如果有权强制执行票据的人，全部或部分解除了主义务人的义务，则（1）如果次义务人已作出付款，主义务人基于该付款对次义务人承担的义务不受影响。（2）除非解除条款规定，有权强制履行票据的人，保留对次义务人强制履行票据的权利，否则，次义务人将和主义务人在同等程度上被解除票据的任何尚未履行的义务。[②] 该法条中对次义务人权利义务的规定，事实上类似于保证人所处法律地位，借鉴了《美国保证法第三次重述》的相关立法。[③] 根据《美国保证法第三次重述》，债权人对主债务人责任的免除，将同时免除保证人责任，除非保证人同意继续承担责任或债权人保留对他的权利。[④] 因此可以认为，在美国法中，债权人免除主债务人债务，除非另有约定债权人保留对保证人的权利，否

① Neil B. Cohen, "Striking the Balance: The Evolving Nature of Suretyship Defenses", William and Mary Law Review, Vol.34, No.4 (1993), p.1034.

② 《美国统一商法典》，潘琪译，法律出版社2018年版，第275—276页。

③ 美国法学会、美国统一州法委员会著：《美国〈统一商法典〉及其正式评述》（第2卷），李昊、刘云龙、戴科、高圣平译，中国人民大学出版社2005年版，第153页。

④ Bae, Frank S. H., and Marian E. McGrath, "Rights of a Surety (Or Secondary Obligor) under the Restatement of the Law, Third, Suretyship and Guaranty", Banking Law Journal, Vol.122, No.8 (2005), pp.799-800.

则保证人责任解除。该规则是妥当的，否则给予主债务人的责任解除就是不稳定的：它从有权执行票据的人那里获得免除，但要对次债务人就同样的数额直接负责，只要次债务人后来履行了他对票据付款的次要债务。

根据《美国统一商法典》第3—605条第1款的规定，当事人可以通过在免除的条款中包括一项相反的声明来排除该规则的适用。在免除的条款中纳入了一项简单的声明表明当事人旨在“免除主债务人而不是次债务人的责任”或者有权执行票据的人“保留了其对次债务人的权利”时，可以避免对次债务人责任的解除。尽管在免除中有阻止根据第1款第（2）项的规定解除次债务人的责任的表述，但该免除在其他方面将导致次债务人遭受损失的范围内，第1款第（3）项仍然解除了次债务人对有权执行票据的人承担的义务。该规定的基本原理是，对主债务人义务的免除变更了次债务人为之缔约的经济风险。该风险可以通过两种方式来增加：第一种方式是，通过免除主债务人的责任，有权执行票据的人就排除了主债务人在未来的付款会减少次债务人债务的可能性。第二种方式是，如果免除未实现对次债务人的追索权的保留，该免除就消灭了次债务人就其在未来作出的付款向主债务人提出请求的权利。本款规定的解除阻止了被增加的风险对次债务人造成损失。而且，允许主债务人和有权执行票据的人协商免除将创设一种债权人和债务人采取机会行为的不当风险。[①] 根据《美国统一商法典》第3—605条第7款的规定：

---

① 美国法学会、美国统一州法委员会著：《美国〈统一商法典〉及其正式评述》（第2卷），李昊、刘云龙、戴科、高圣平译，中国人民大学出版社2005年版，第156—157页。

“如果解除义务或延期的条款规定，有权强制履行票据的人，保留对次义务人强制票据的权利，则该义务解除或延期，即保留次义务人的追索权。次义务人的追索权，如同该义务解除或延期未发生一样，继续存在。”[①] 在债权人减轻或减免主债务人义务的行为给保证人造成损失的限度内，保证责任将被解除。但是，免除主债务人的协议保留保证人对主债务人权利的，债权人将仍然有权要求保证人承担责任。[②] 即当有权执行票据的人保留对保证人权利时，必须同时保留保证人对主债务人的追索权，就好像免除未被授予一样。[③] 债权人保留对保证人的权利，实际上是将不公平强加给了保证人，此时，必须允许双方改变另一方的基本权利。[④]

2. 破产、和解、重整程序中保证债务从属性例外规定

在破产程序中，债权不能获得清偿的，视为消灭。该情形下债权人是否可以转而要求保证人清偿？有学者认为，依民法原理，只要主债务人可以拒绝履行剩余主合同债务，保证人亦可以拒绝债权人履行请求。[⑤] 因此，保证的从属性成为“阻碍债权人主张权利”和

---

① 《美国统一商法典》，潘琪译，法律出版社 2018 年版，第 279 页。

② Bae, Frank S. H., and Marian E. McGrath, “Rights of a Surety (Or Secondary Obligor) under the Restatement of the Law, Third, Suretyship and Guaranty”, Banking Law Journal, Vol.122, No.8 (2005), p.802.

③ 美国法学会、美国统一州法委员会著：《美国〈统一商法典〉及其正式评述》(第 2 卷)，李昊、刘云龙、戴科、高圣平译，中国人民大学出版社 2005 年版，第 163—164 页。

④ Daniel Mungall Jr. and Samuel J. Arena Jr., “Effect on Surety of Obligee's Release of Principal: A Critical Look at the Rules in the Restatement”, Defense Counsel Journal, Vol.70, No.3 (2003), p.340.

⑤ 林廷机著：《保证》，三民书局股份有限公司 2010 年版，第 38—39 页。

“维护保证人利益”的制度性工具。[①]在英美法中，主债务人获得的破产债务免除，不能被保证人作为抗辩事由提出。[②]《欧洲示范民法典草案》第Ⅳ.G-2：102条保证义务的从属性条款规定，保证人承担的责任范围不应超过主合同债务，但在主债务人破产的情形下，或其他依据法律规定可以减轻主债务的情形下，主债务金额比原主合同债务金额减少，保证人承担的责任不变，即超过了主合同剩余债务。[③]我国法律亦有相关规定，即在主债务人破产情形下，保证人应承担的主合同完整清偿义务并不受任何影响。

若依破产程序达成和解，主债务人被免除了一定比例债务时，立法及司法审判实践出现了较大分歧。《日本破产法》规定此时保证人责任不受影响，且保证人即使清偿了主债务人被免除的债务部分，也不能取得追偿权是日本判例的观点。[④]我国台湾地区破产相关规定亦如此，即保证人仍须向债权人作全部清偿，清偿后对于主债务人因和解而免除之数额，不得行使追偿权；同时，保证债务仍独立存在，不随同消灭。主债务人依公司法完成公司重整而免责之部分，效力

① Sjef Van Erp, “Surety Agreements and the Principle of Accessority—Personal Security in the Light of a European Property Law Principle”, European Review of Private Law, Vol.13, No.1（2005）, p.317.

② Michael H. Rubin, “Ruminations on Suretyship”, Louisiana Law Review, Vol.57, No.2（1997）, p.586.

③ ［德］克里斯蒂安·冯·巴尔、［英］埃里克·克莱夫主编：《欧洲私法的原则、定义与示范规则：欧洲示范民法典草案》（第4卷），于庆生、温大军、胡琳等译，法律出版社2014年版，第1172页。

④ ［日］我妻荣著：《新订债权总论》，王燚译，中国法制出版社2008年版，第430页。

不及于保证，保证人于清偿后亦不得行使追偿权。[①]其法理依据为，主合同债务始终存在，只是债权人无权要求主债务人继续清偿，但保证人所担保之债务不能依据从属性原则消减。

我国台湾地区司法实务上曾有相关判例，依重整计划主债务人获得债务减免之部分，保证人是否仍负保证责任？一审法院裁决观点认为，保证人对与重整有关的主债务人债务的部分放弃不再承担清偿义务。原因是在和解达成中，主合同债务被部分减免，按照从属债务不高于主债务范围的法理，保证人只对尚未被扣除的主合同债务承担清偿义务，不然保证人承担的债务将高于主合同债务，这是不合理的；再者，如果保证人依然按照原主合同全额偿付了债务，此后在向主债务人追偿损失时，主债务人经过重组取得的债务减免无法真正实现，企业重组目的也无法实现，这并不是法律的初衷。然而，我国台湾地区法院所持裁判观点与上述观点有所不同，认为保证人不受主债务人重组被减免债务的影响，依然对主合同全额清偿负责。原因是，公司法相关规定只是为了让众多的债权人接受并同意企业的重组，如果保证人依旧对主合同全额债务进行清偿，可以增加债权人接受企业重组的动力。此外，在保证人签订合同时，可以预见到将来可能发生的主债务人财产恶化，自身需要承担主合同全额清偿责任的风险，因重组发生，该结果的承受并未超出其签订合同时可预见之风险。[②]

在和解及重组中，利益相关方之间的谈判、退让、妥协，均是

---

① 林诚二著：《民法债编各论》（下），中国人民大学出版社2007年版，第229页、第230页、第237页。

② 林廷机著：《保证》，三民书局股份有限公司2010年版，第39—40页。

条规定，如果债权人对主债务人未采取行动，直到因相关时效期满而被禁止采取行动时，则保证人获得救济。① 正如永久性抗辩权理论，若诉讼时效期间已过，保证人仍可继续履行自然债。学理认为，未经主债务人同意，保证人若承担了追诉时效已过的主合同义务，则不能请求债权人返还。② 同时，因为未经主债务人同意，保证人的履行存在过失，亦不能向主债务人提出追偿。

三、形成权性质的抗辩

形成权，为权利人单方意思表示后即可改变现有法律关系。③ 由于保证的从属性特征，主债务人的形成权能否被保证人直接援引，域外出现了不同立法例，学界观点也不尽一致。如何解决主债务人形成权的人身属性与保证债务的从属性冲突，立法设计应注重保护保证人不因主债务人不行使形成权而遭受不利，以实现各方利益平衡。某人的法律行为的意思表示具有意思瑕疵时予以撤销，所以撤销权在许多情况下是用来保护当事人的决定自由的，正因如此，撤销权原则上是和意思表示者的人身相联系的。因此，学者多认为不得单独出让，在债权转移情形下，撤销权是否依旧为原权利人所享有，争议较大，按照德国学界形成的普遍性观点，为了防止原权利

① Bae，Frank S. H.，and Marian E. McGrath，"Rights of a Surety (Or Secondary Obligor) under the Restatement of the Law, Third，Suretyship and Guaranty"，Banking Law Journal，Vol.122，No.8 (2005)，p.806.

② ［德］克里斯蒂安·冯·巴尔、［英］埃里克·克莱夫主编：《欧洲私法的原则、定义与示范规则：欧洲示范民法典草案》(第 4 卷)，于庆生、温大军、胡琳等译，法律出版社 2014 年版，第 1183 页。

③ 王泽鉴著：《民法总则》，北京大学出版社 2009 年版，第 78—79 页。

人后续为阻碍债权实现的行为，必须将其视为一个整体转移。①

在处理通常被认为是对主债务人的“个人”抗辩的方法上，各地存在一定的差异，特别是在行使某些形成权性质的权利方面。②立法例基本上可分为三类，第一类立法例是统一规定，规定保证人有权拒绝债权人提出的履行主合同债务的请求。德国、日本采用此立法例，③该立法例认为，主债务人的形成权不能由保证人行使，保证人只能根据立法享有一项抗辩权。主债务人享有的撤销权与抵销权，存续期通常有限制，只要主债务人失去该类权利，保证人就无权再根据主债务人的该项权利拒绝债权人的清偿请求。④保证人因主合同中债务人拥有的形成权而主张的抗辩权，被学者认为属于一时性的反对权。⑤区别于《德国民法典》第768条的规定，保证人的抗辩性质权利将随着主合同债务人放弃撤销权、抵销权而消失。⑥

---

① ［德］卡尔·拉伦茨著：《德国民法通论》（下），王晓晔、邵建东、程建英等译，谢怀栻校，法律出版社2002年版，第664页。

② Kocsis，Imola，and Marcin Olechowski，“Suretyship in German and Polish Law：A Comparative Analysis”，Review of Central and East European Law，Vol.31，No.3（2006），p.353.

③ 程啸：《论〈民法典〉第702条上的保证人抗辩权》，载《环球法律评论》2020年第6期。

④ ［德］克里斯蒂安·冯·巴尔、［英］埃里克·克莱夫主编：《欧洲私法的原则、定义与示范规则：欧洲示范民法典草案（全译本）》（第4卷），于庆生、温大军、胡琳等译，法律出版社2014年版，第1183—1184页。

⑤ ［德］Peter Schlosser：《永久抗辩和平衡关系》，王葆莳译，载梁慧星主编：《民商法论丛》（第29卷），法律出版社2004年版，第448页。

⑥ Kocsis，Imola，and Marcin Olechowski，“Suretyship in German and Polish Law：A Comparative Analysis”，Review of Central and East European Law，Vol.31，No.3（2006），pp.353–354.

第二类立法例是抵销权与撤销权区分规定，在主债务人享有抵销权的情形下，保证人也可主张抵销权；在主债务人享有撤销权的情形下，保证人不能主张撤销权，但可拒绝债权人履行主合同债务的请求。通常情况下，仅权利人自身有权选择是否以对债权人拥有的债权来抵销相应的债务，而我国台湾地区“民法”第742条之一实质为该原则的破例处理，承认了保证人可以替代主债务人行使该项专属性权利。[①]第744条的意旨认为，民事法律行为是否生效，应由主债务人自行决定，撤销权具有属人的性质，保证人不可直接主张，但是为保护保证人的利益，应给予保证人拒绝债权人履行主合同债务的抗辩权。[②]

第三类立法例是明确了保证人可主张主债务人的抵销权，然而主债务人具有撤销事由情况下保证人享有何种权利未置明文，法国法采纳了此立法例。[③]学理持有的观点认为，抵销权原本为一项单独的形成权，然而，基于公平原则，为维护保证人权利，同时减少相互间法律程序，立法赋予了保证人该项权利。[④]关于在主债务人拥有撤销权的情形下，保证人能否直接向债权人主张该权利，或者是否有权拒绝债权人履行主合同债务的请求，于学理中颇具争议。但越来越多的学者赞成保证人拥有相应权利，但各自所持理由亦有差异。

---

① 林廷机著:《保证》，三民书局股份有限公司2010年版，第35—36页。

② 邱聪智著:《新订债法各论》(下)，中国人民大学出版社2006年版，第380页；史尚宽著:《民法总论》，中国政法大学出版社2000年版，第591页。

③ 程啸:《论〈民法典〉第702条上的保证人抗辩权》，载《环球法律评论》2020年第6期。

④ [日]於保不二雄著:《日本民法债权总论》，庄胜荣校订，五南图书出版股份有限公司1998年版，第256页。

第一种观点认为，仅当主债务人不追认情形下才能主张撤销与拒绝履行请求。如主债务人追认，则无撤销效力。第二种观点认为，保证人只能在主债务人未追认前向债权人主张撤销，然而撤销行为作出后，即使主债务人再进行追认，此种情形下保证人亦无须再就主合同承担清偿责任。第三种观点认为，保证人享有的权利并不受主债务人是否追认影响，因为保证人担保的是一个可以撤销的主合同债务。换言之，立法采纳何种观点与对保证人利益维护程度有紧密联系。有学者认为，第三种观点较为合理，然而保证保障债权实现的功能将因此而削弱。第二种观点未能解释主债务人追认之前与之后对保证人的影响，因此，第一种观点似乎是最适宜的。在保证法律关系中，撤销权的专属性不应被过分强调，保证债务的从属性应该得到肯定性适用，保证人可以拒绝债权人的请求，这在法理上是没有障碍的。①

在《民法典》出台前，我国立法对保证人是否享有主债务人形成权未作规定。对于《民法典》第702条的规定，有学者认为，在主债务人拥有抵销权与撤销权的情形中，实质上赋予了保证人拒绝债权人请求的抗辩权。②另有学者认为，保证人拒绝履行请求的权利显然不同于同时履行抗辩权等权利。③《民法典》立法例具有较大的合理性与优势，主债务人有权行使形成权而并未行使，保证人并不

---

① ［日］我妻荣著：《新订债权总论》，王燚译，中国法制出版社2008年版，第428—429页。

② 程啸：《论〈民法典〉第702条上的保证人抗辩权》，载《环球法律评论》2020年第6期。

③ 王利明：《我国〈民法典〉保证合同新规则释评及适用要旨》，载《政治与法律》2020年第12期。

履行其义务的能力，以及进一步造成各方之间无法承受的不平衡情况。主观性因素的满足要求债权人对上述事实有一个积极的认识。①

鉴于德国联邦宪法法院这一判例的重要性，有必要更详细地考虑德国法院所确定的上述要求：关于客观要件的第一个要求是，所承担的保证远远超过了保证人履行其义务的能力，这意味着，该责任与收入或财产严重不成比例。如果在签订保证合同时，保证人确定在可预见的将来不能用自己的资产支付任何款项，甚至不能支付贷款的利息，则可以假定这一点。基于契约自由原则，每个人都有权承担远超过其履行能力的义务，仅仅是不相称并不使保证违背善良风俗。因此，进一步的客观要求是：（1）保证人的决定自由被大大削弱。如主债务人强迫依赖其家庭成员承担保证，债权人有意识地利用了这一点；债权人淡化与保证相关的风险，或使风险显得很小；债权人隐瞒保证人明显不熟悉的异常严重风险信息；债权人使保证人陷入困境，例如，在支付了部分贷款后，拒绝支付剩余金额，除非有保证人承担保证，并威胁要撤销整个借贷承诺。（2）保证人与主债务人有着特殊的情感联系。在配偶、未婚夫和最近达到成年年龄的孩子的情况下，这种情感纽带是可以被推定的。②

以利用保证人与主债务人的情感联系为基础的违背善良风俗行为的指控，在下列情况下可以解除：保证人在该贷款中有自身利益；或债权人向财务负担过重的保证人请求特定保证的合法利益大于后

---

① Kocsis, Imola, and Marcin Olechowski, "Suretyship in German and Polish Law: A Comparative Analysis", Review of Central and East European Law, Vol.31, No.3 (2006), pp.343-344.

② 吴瑾瑜：《保证契约与善良风俗——以债务人之无资力父母、配偶或子女为保证人之契约为例》，载《台北大学法学论丛》2008年第4期。

者的利益。但是，不能仅根据以下事实来推定保证人的这种自身利益，比如保证人的生活水平因贷款而提高（与主债务人一起住在贷款提供的房子里）。例外情况是，保证人取得了不动产的所有权。[①]在欧洲国家的判例法中，家庭成员提供的保证可能被认定为无效的，依据有很大的不同。在德国，如果家庭成员所作的保证与其收入和财产明显不成比例，则视为无效；在英国和荷兰，只有当保证人在订立合同时没有充分了解合同所产生的风险时，家庭成员的保证才会被视为无效。[②]

（二）保证人意思表示瑕疵之撤销权

发生民法上欺诈之效果，以以下要件为必要：（1）欺诈者的故意。即诈欺意思须为故意，过失不符合要件。[③]（2）欺骗行为。不真实的事实作为真实事实进行意思表示的行为，包括虚假事实的呈现与真实事实的隐瞒。（3）须被诈欺人因诈欺而陷于错误。首先，错误仅限于意思决定动机的错误，对效果意思的存在没有影响。其次，错误要依欺骗行为发生。但是，已经陷入错误者，因欺骗行为更加深其错误程度的情况也可以。[④]（4）因错误作出了意思表示，即若无错

① Kocsis, Imola, and Marcin Olechowski, "Suretyship in German and Polish Law: A Comparative Analysis", Review of Central and East European Law, Vol.31, No.3 (2006), p.345.

② Kull Irene, "Unfair Contracts of Suretyship—a question about the horizontal effect of fundamental rights or about the application of contract law principles", Juridica International, Vol.12 (2007), p.41.

③ 郑玉波著:《民法总则》，中国政法大学出版社 2003 年版，第 355—356 页。

④ [日] 我妻荣著:《新订民法总则》，于敏译，中国法制出版社 2008 年版，第 288—290 页。

人被信任，若此信任不能获得保护，交易安全则无法得到保障。[①]

在保证实务中，非商业保证人通常通过受到欺诈的抗辩来保护自己。在法国法中，保证人需要证明其被债权人欺骗。司法审判实务对欺诈作了更广泛的解释，包括债权人隐瞒重要信息，如主债务人不可逆转的财务危机。原因是，若保证人得知此类重要信息，其可能不会作出保证承诺。同时，债权人不将此类信息传达给保证人，亦违反了诚信原则。[②]若债权人未向保证人告知保证人预见不到但确实存在的异常情况，即有可能构成默示此种情况不存在的表象[③]，如保证人在询问金融机构债权人相关问题时，金融机构的沉默也相当于一种错误陈述[④]。然而，在如下的情形中，保证人充分告知义务不是必需的。如保证人与主债务人的关系使其可以知道可能承担的风险，或事实表明即使保证人知道此类信息，依然愿意承担保证。[⑤]保证人为企业管理者的，不能援引此类欺诈抗辩，其被推定在允诺承担保证时充分了解其所管理企业的状况。[⑥]而对于保证人因受错误陈

---

① [日]山本敬三著：《民法讲义Ⅰ：总则》(第3版)，解亘译，北京大学出版社2012年版，第183—185页。

② 沈达明编著：《法国/德国担保法》，对外经济贸易大学出版社2015年版，第20—21页。

③ [英]A.G.盖斯特著：《英国合同法与案例》，张文镇、孙蕴珠、鲍忠汉等译，中国大百科全书出版社1998年版，第243—244页。

④ [美]斯蒂芬·加奇著：《商法》(第2版)，屈广清、陈小云译，中国政法大学出版社2004年版，第391页。

⑤ [英]A.G.盖斯特著：《英国合同法与案例》，张文镇、孙蕴珠、鲍忠汉等译，中国大百科全书出版社1998年版，第243—244页。

⑥ 沈达明编著：《法国/德国担保法》，对外经济贸易大学出版社2015年版，第21页。

述诱骗而签署文件的，在美国法中，保证也可能无效。[①]

日本现行债法为修订后的立法，其中针对保证部分的修订，加强了对保证人权利的重视，增加了保证契约签署时主债务人负有的信息提供义务。主债务人向保证人提供必要信息的范围涵盖主债务人的收入与支出情况、其他负债情况及财产担保情况。若主债务人违反上述立法中的强制性义务，提供的信息与实际情况有误，致使保证人对主债务人必要情况的认识产生偏颇，或债权人对主债务人向保证人的行为知情却未告知保证人，则保证契约可被撤销。[②]可以认为，此立法同时增加了主债务人与债权人的义务。

胁迫的结果，并不以剥夺表意者选择意思决定的自由为必要。但是，胁迫行为需要违法这一要件。经常出现的问题是，通过对不当行为人以起诉或告发相威胁，使其作出其他的意思表示，而实施胁迫者如果想从中获取不正当利益时，则因带有违法性而构成胁迫行为。[③]有学者认为，通常情况下，依靠胁迫获取不当利益是违法的。然而，如果目的不是获取不当利益，则通常不存在违法行为，除非胁迫所采取的手段极其欠妥。[④]因此，胁迫导致保证关系成立的情形在实务中较为少见。

---

① ［美］斯蒂芬·加奇著：《商法》（第2版），屈广清、陈小云译，中国政法大学出版社2004年版，第391页。

② 胡云红：《日本新债权法强化对个人保证人的保护》，载《人民法院报》2021年4月16日，第8版。

③ ［日］近江幸治著：《民法讲义Ⅰ：民法总则》（第6版），渠涛等译，渠涛审校，北京大学出版社2015年版，第207页。

④ ［日］我妻荣著：《新订民法总则》，于敏译，中国法制出版社2008年版，第293—294页。

二、保证合同存续之权利

保证本质为债之一种，保证合同存续期间，保证人可根据其普通债务人的身份提出保证合同时效抗辩权、抵销权等权利，以拒绝债权人提出的清偿主合同债务的诉求。保证诉讼时效期间与保证期间有共同点，均为引起权利产生、变更或消灭的法定事由，在经过一定期间后能引起相应的法律效果。但二者存在本质上的差异，保证期间的经过，债权人获得保证担保清偿的请求权消灭，而保证诉讼时效的经过，债权人的胜诉权消灭，但自然债依然存在。

若保证期间已经届满，此时债权人向保证人主张清偿主合同债务的请求权已消灭，那么，诉讼时效亦不存在。保证诉讼时效以保证责任履行请求权的存续为前提条件。保证制度立法在期间上赋予了保证人两项权利，即保证期间抗辩与诉讼时效抗辩。有学者认为，《民法典》第694条第2款的规定，意味着诉讼时效从债权人主动行使其权利时开始计算，此与诉讼时效制度宗旨不符，同时与诉讼时效制度的本质相抵触。更为恰当的规定应为，保证的诉讼时效期间从保证人拒绝承担清偿责任时起计算。①

若保证人与债权人互负债务，且债务已届清偿期，保证人可行使抵销权。保证人之债通常为金钱债务，因此债权人对保证人之债务通常为金钱债务。保证人与债权人的债权债务抵销后，保证契约履行请求权消灭。此外，契约当事人有权依据约定或法定事由解除合同。解除易发生于双务契约，而且有恢复原状或赔偿损失之问题，至于单务契约发生解除而双方互负恢复原状之情形，大多以撤销及

① 崔建远:《论保证规则的变化》，载《中州学刊》2021年第1期。

不当得利救济之。[①] 保证合同属于单务契约，保证人几乎无任何法定解除保证合同的权利，但保证契约若约定保证人于特定情形下允许解除的，保证人即有权解除契约。

第三节 保证人享有的专属抗辩权：救济方式的有益补充及有限性

基于保证合同的特殊性，为平衡保证人与债权人利益，立法赋予了保证人享有专属抗辩权，为保证法律制度中内涵的主要内容之一。保证人专属抗辩权的适用情形由立法作出专门规定，由于专属抗辩权的适用，可以使保证人全部或部分责任免除，因此出现了保证合同中约定保证人放弃专属抗辩权条款，该条款的效力判断成为各国立法与司法实务中的疑难点，亦为保证人专属抗辩权立法与适用的有限性。

一、保证人专属抗辩权适用情形

是否赋予保证人专属抗辩权，反映了立法者的价值取向，是偏向保护债权人的利益还是保护保证人的利益。保证人的此类权利重点包含保证期间抗辩权及主合同变更抗辩权。保证人于签署保证合同时，对其可能将要承担的义务与风险在某种程度上有预期与预估，因此，主合同未经保证人同意不得做出任意变更。变更主合同内容

① 林诚二著：《民法债编各论》（上），中国人民大学出版社 2007 年版，第 21—22 页。

应当视为改变了保证人原承诺承担的担保风险，保证人的责任便可相应免除。①

债权人将主债权转让，保证责任依然存续的经济意义在于，提高债权的可转让性是债权价值不降低的重要保障，债权能否获得全额清偿是需要重点关注的问题。②因保证之从属性质，担保性权利应与主债权同时自动转移，此为各国学理与立法普遍认可的，③我国《民法典》亦如此规定。《民法典》规定通知保证人成为主债权转移的新增要件，此规定有利于解决保证人未知主债权已转移，依然向原债权人承担保证责任后，各方当事人纠纷的解决。同时，受让债权人通知保证人成本较低，用较低的成本避免纠纷的发生是该立法的积极影响。各国民法大多确立了未经保证人允诺而将债务转移给第三人后，保证人无须继续负清偿责任。保证人对原债务人的清偿能力、资信状况、特别情感等存有确信。④

为维护保证人利益，其担保的范围应于保证契约生效时确定，除了根据契约约定或法律规定变动，是不应不基于保证人的意志而

---

① Ricardo Antaramian, "Suretyship Agreements And The Enron Surety Bond Litigation", Florida State University Business Review, Vol.4 (2004), p.207.

② [日]我妻荣著：《债权在近代法中的优越地位》，王书江、张雷译，中国大百科全书出版社1999年版，第23页。

③ [德]克里斯蒂安·冯·巴尔、[英]埃里克·克莱夫主编：《欧洲私法的原则、定义与示范规则：欧洲示范民法典草案》(第4卷)，于庆生、温大军、胡琳等译，法律出版社2014年版，第1178页。

④ 王利明著：《物权法研究》(下卷)(第4版)，中国人民大学出版社2016年版，第371—372页；杨明刚：《论免责债务承担》，载崔建远主编：《民法九人行》(第2卷)，金桥文化出版(香港)有限公司2004年版，第62页；程啸著：《担保物权研究》(第2版)，中国人民大学出版社2019年版，第45页。

迫使其承担不利益的。换言之，保证债务的附随性也受这一范围限制。[①] 在英美法中，起初创建了依照最严苛的法律来解释保证合同的原则。[②] 根据判例确立的一般性规则，无论主合同的变更是否使保证人受损，均不会影响责任免除规则的适用。若债权人故意侵犯保证人在订立合同时获得的权利，纵然此种侵权行为是轻微的，债权人亦失去了从属权利。[③] 保证人是受到严格保护的当事人[④]，根据“严格解释原则”，保证合同系由严格解释成立的[⑤]，在美国一些州的法律中，对主合同条款的实质性变更，无论保证人是否受益或受损，保证责任将全部解除[⑥]。严格适用从属性，无论主合同发生何种变更，也无论是否给保证人带来更沉重负担，保证责任均解除。在市场不断变化的过程中，主合同的履行往往会出现意外，与初始共识中的合同条款不完全相符，但改变也许对各方均是有益的。如果一项变动使主债务人更有可能履行主合同义务，从而保证人更不可能被要求履行保证义务，则对保证人是有利的。另外，增加主债务人负担

---

① [日]我妻荣著:《新订债权总论》，王燚译，中国法制出版社2008年版，第429页。

② G.M. Weichelt. “Contract of the Corporate Surety and Its Distinction from One of Insurance”, Chicago-Kent Law Review. Vol.9, No.2(1931), p.72.

③ 董安生主编:《新编英国商法》，复旦大学出版社2009年版，第353页。

④ Wilhelm, Suzanne, “Taking Suretyship Seriously”, Oklahoma City University Law Review, Vol.18, No.1(1993), p.97.

⑤ 傅崐成著:《美国合同法精义》，厦门大学出版社2008年版，第271页。

⑥ Christoph Henkel, “Personal Guarantees and Sureties between Commercial Law and Consumers in the United States”, The American Journal of Comparative Law, Vol.62, No.1(2014), p.357.

的变更也增加了要求保证人履行义务的可能性。①

为平衡保证人与债权人利益冲突，各国立法逐渐放弃了严格解释原则。根据善意原则不能要求保证人承担主债务人与债权人之间事后变更合同引起的主债务增加。②根据《欧洲示范民法典草案》第Ⅳ.G-2：102条第4款的规定，保证合同成立后，债权人与债务人约定提早清偿本金或变更偿债要求，导致偿债的难度进一步提高的情况下，保证人的责任不受影响。③《美国保证法重述》第37条、第39—44条规定，保证人可以在一定的情况下被解除责任，只要这些对主合同的变更是没有经过保证人的允诺做出的。保证人此时享有实质上为抗辩性质的权利，其法律效果取决于具体的情形。④如果合同的修改并未增加保证人的责任，或者甚至减少了其责任，那么保证人的责任并不因此项修改而解除。⑤如果债权人变更了与主债务人的合同条款，以致最终合同为“替代”合同或实质上是一份新合同，保证人责任即完全免除。⑥

---

① Neil B. Cohen, “Striking the Balance: The Evolving Nature of Suretyship Defenses”, William and Mary Law Review, Vol.34, No.4 (1993), p.1035.

② 沈达明编著：《法国/德国担保法》，对外经济贸易大学出版社2015年版，第164页。

③ [德]克里斯蒂安·冯·巴尔、[英]埃里克·克莱夫主编：《欧洲私法的原则、定义与示范规则：欧洲示范民法典草案》(第4卷)，于庆生、温大军、胡琳等译，法律出版社2014年版，第1172页。

④ 美国法学会、美国统一州法委员会著：《美国〈统一商法典〉及其正式评述》(第2卷)，李昊、刘云龙、戴科、高圣平译，中国人民大学出版社2005年版，第154页。

⑤ 苏号朋主编：《美国商法——制度、判例与问题》，中国法制出版社2000年版，第302页。

⑥ Bae, Frank S. H., and Marian E. McGrath, “Rights of a Surety (Or Secondary Obligor) under the Restatement of the Law, Third, Suretyship and Guaranty”, Banking Law Journal, Vol.122, No.8 (2005), p.801.

关于延长主债务的清偿期限，各国出现不同立法。通常，债权人会给予主债务人延期履行的权利。此类情形主要于主债务人不能在约定的时间内清偿契约债务时出现。显然，如果延期使主债务人能够履行（或至少在比原到期日更大的程度上履行），那么延期对保证人是有利的。然而，如果主债务人的资产在延长期间进一步耗散，其结果显然对保证人不利。[①] 在美国一些州的法律中，不管保证人是否遭到损害，保证人的责任都将解除。尽管该规则曾遭到批评，但一直得到严格适用，[②] 因为主合同履行期延长，主债务人的偿债能力可能变化，保证人将处于严重不利地位。而《美国统一商法典》中，第3—605条第2款规定，如果有权强制履行票据的人，就票据到期的一笔或多笔付款，给主义务人一段时间的延期，且相对于主义务人的义务，票据的另一当事方为次义务人，则应适用下列原则：如果延期给次义务人造成其他损失，则在损失的限度内，次义务人被解除义务；如果次义务人未根据前款被解除义务，则对于未被解除的义务，次义务人可按付款时间未曾被延期一样，向有权强制履行票据的人履行义务；或者，次义务人可认为其履行义务的时间也被相应延期，除非延期条款规定，有权强制履行票据的人保留权利，可按付款时间未曾被延期一样，对次义务人强制履行票据。[③] 通常情况下，只有第一债务人未能如期清偿才会延长履行期。然而此时，由于履行期延长可能增加成本，第二债务人可能倾向于在原履行期内付款。

---

① Neil B. Cohen, "Striking the Balance: The Evolving Nature of Suretyship Defenses", William and Mary Law Review, Vol.34, No.4 (1993), p.1034.

② [美] 斯蒂芬·加奇著：《商法》(第2版)，屈广清、陈小云译，中国政法大学出版社2004年版，第397页。

③ 《美国统一商法典》，潘琪译，法律出版社2018年版，第276—277页。

尽管其并无义务在此时承担清偿责任，但可以选择立即清偿，以避免将来可能不断增加的成本。理性的第二债务人权衡是否立即清偿取决于两个方面的对比，即履行期延长可能增加的成本与可能从第一债务人追偿回来的损失的对比。①

在英国，如果债权人延长了主债务人清偿的期限，保证人义务也便被免除了，然而，若债权人想为上述行为，亦同时通知主债务人保留对保证人权利的情况下，保证人需要履行义务。② 此外，根据《西班牙民法典》第 1851 条的规定，未经保证人同意，主债务人与债权人延长偿还期限的，保证责任解除。③ 然而，奥地利学理及司法实务界普遍认为，保证人责任不因主合同履行期延长而受影响；同时，根据法国立法规定与葡萄牙判例，延长主合同履行期不能成为保证人责任解除的理由。④ 可以推测，主债务人不仅能避免自己对主合同的违约，还可以避免触发保证人的清偿义务。因此，只有在延期会给保证人造成损失时，保证人才会被解除保证责任。主合同履行期限延长，如果主债务人的经济状况进一步恶化，保证人可能无法从主债务人那里获得赔偿，造成损失。如果变更主合同延长了债

---

① 美国法学会、美国统一州法委员会著：《美国〈统一商法典〉及其正式评述》（第 2 卷），李昊、刘云龙、戴科、高圣平译，中国人民大学出版社 2005 年版，第 161 页。

② ［德］克里斯蒂安·冯·巴尔、［英］埃里克·克莱夫主编：《欧洲私法的原则、定义与示范规则：欧洲示范民法典草案》（第 4 卷），于庆生、温大军、胡琳等译，法律出版社 2014 年版，第 1181 页。

③ 《西班牙民法典》，潘灯、马琴译，中国政法大学出版社 2013 年版，第 454 页。

④ ［德］克里斯蒂安·冯·巴尔、［英］埃里克·克莱夫主编：《欧洲私法的原则、定义与示范规则：欧洲示范民法典草案》（第 4 卷），于庆生、温大军、胡琳等译，法律出版社 2014 年版，第 1181 页。

权人而不是主债务人的履行时间，保证责任将被解除。[①]

二、保证人抗辩权行使的法律效果

由于债权人行为，可能造成保证人责任加重或损害到保证人对主债务人追偿权的，立法赋予保证人抗辩权。不同的保证人抗辩权制度之间的主要差异体现在其对债权人的限制上。对保证人行使抗辩权的法律效果有不同的立法模式，主要分为全部免除保证人责任立法模式、对有害行为免除保证责任立法模式、在损失范围内免除保证责任立法模式。针对各种不同立法模式的缺陷，学术界和实务界也提出了相应解决方案。

（一）抗辩权行使法律效果立法模式

在全部免除保证人责任立法模式中，如果债权人作出有损保证人追偿权及加重保证人责任的行为，无论是否给保证人带来（或可能带来）损失，或损失是极小的，债权人行为一经确定，保证人责任将完全免除。尽管许多对主合同变更的行为对保证人的地位是有害的，但情况并非总是如此。某些追偿权的损害，例如延长主债务人履行时间，使主债务人能够履行主合同义务，甚至可能是有益的。然而，债权人行为的无害或有益影响只能在做了事实调查之后确定，这是该模式试图避免的过程。[②] 该立法模式的重要特点，即对保证人

---

① Christoph Henkel, "Personal Guarantees and Sureties between Commercial Law and Consumers in the United States", The American Journal of Comparative Law, Vol.62, No.1 (2014), pp.356–357.

② Neil B. Cohen, "Striking the Balance: The Evolving Nature of Suretyship Defenses", William and Mary Law Review, Vol.34, No.4 (1993), p.1037.

责任的解除需要其证明因主合同清偿期延长带来的切实损失。[①] 原因是有偿关系承担保证责任的保证人比友谊或家庭关系承担保证责任的保证人更能运用法律提起辩护。此外，一个成熟的有偿保证人可能不公平地获得一大笔意外之财，因为债权人仅对主债务进行轻微的、无关紧要的改变，保证人保证责任即免除。

与对有害行为免除保证责任的立法模式不同，《美国保证法第三次重述》试图平衡债权人和保证人的需要和目的。重述修改了严格的法律原则，即在债权人的作为或不作为造成保证人经济损失的范围内，保证人将被免除保证责任，但仅在遭受损失程度内免责。[②] 因此，对构成损害的行为的救济使保证人回到了如果该行为从未发生时相同的经济地位，从这个意义上说，保证人是没有损失的。这种盈亏平衡的方法，不仅需要确定损害行为已经发生，而且要衡量对保证人造成的损害。如果债权人对主债务人责任的免除给保证人造成了损失，那么这种损失可能是由于债权人没有从主债务人身上获取履行利益作为免责的对价。因此，对保证人损失的准确计量将等同于债权人可以从主债务人处获得但没有获得的利益。延期通常代表一种让步，即在原日期不可能履行债务，同时确定延期将使主债务人能够充分改善其财务状况，以充分地履行债务。如果延期是正确的，延期将不会给保证人造成任何损失，甚至可能使保证人受益。而如果延期是错误的，在延长期间主债务人的地位恶化，

---

① 苏号朋主编：《美国商法——制度、判例与问题》，中国法制出版社 2000 年版，第 302 页。

② Bae, Frank S. H., and Marian E. McGrath, "Rights of a Surety (Or Secondary Obligor) under the Restatement of the Law, Third, Suretyship and Guaranty", Banking Law Journal, Vol.122, No.8 (2005), p.800.

保证人的损失将只是恶化的数额。

基本上，最严格的理论，全部免除保证人责任立法模式与对有害行为免除保证责任立法模式，将债权人不采取任何构成损害保证人追偿权的行为视为保证人承担责任的先决条件。在这一原则下，构成损害追偿权的行为造成的损害程度是无关紧要的。更重要的是，保证人承担义务的先行条件没有满足。另外，更现代的理论，区分保证人类型的立法模式与在损失程度内免除保证义务的立法模式则将债权人损害保证人追偿权的行为视为破坏了保证人地位的平衡。如在违反合同义务和侵权行为的情况下，债权人对不良行为造成的损害的成本负责，如果债权人行为对保证人没有造成损害，保证人无权获得救济。

《美国保证法第三次重述》采用保证抗辩的损害赔偿模式，该损害赔偿模式与《美国统一商法典》中阐述的救济理论是一致的，即如果违反者按照其义务行事，救济应使无辜的一方处于良好（但不是更好）地位。[①] 保证人因债权人对其造成很少或没有危害的行为而免除义务，虽然这种不平衡模式在短期内对保证人有利，对主债务人中立，但从长期来看，它对这两者都是不利的。毕竟，一个有一定议价能力的明智的债权人很可能回避一项风险大到需要保证人参与的交易。债权人要么坚持要求保证人放弃抗辩权，以合同形式消除对保证人的保护，要么极力利用权利保留原则等不合理的漏洞来削弱这些保护，要么完全避免交易。在最好的情况下，债权人在经济上的理性决策将减少主债务人可获得的信贷；在最坏的情况下，它

① Neil B. Cohen, "Striking the Balance: The Evolving Nature of Suretyship Defenses", William and Mary Law Review", Vol.34, No.4 (1993), pp.1048–1049.

将导致保证人受到的保护少于那些看似保护较少的模式所提供的保护。

当然，在损失范围内免除保证责任立法模式有一个明显的缺点，它需要证明并不总是显而易见的事实。在全部免除保证人责任立法模式与对有害行为免除保证责任立法模式中，为了确定保证人抗辩的存在和程度，唯一需要发现的事实是损害保证人行为的发生。一旦事实成立，保证人就完全免除保证责任。然而，在损失范围内免除保证责任立法模式下，情况更为复杂。如果发现债权人有损害保证人权利的行为，就必须确定第二个不太具体的事实——该行为对保证人的损害有多大。确定债权人是否给予了主债务人延期或免除，要比衡量这种行为对保证人的利益造成的损害容易。

鉴于确定损害赔偿的困难，除了确定损害行为之外，还要求确定损害赔偿，可能使保证人处于不利地位。《美国保证法第三次重述》通过调整举证责任来解决这些问题。根据重述法，一旦保证人确定构成损害的行为已经发生，该行为造成的损害（如果有）的举证责任的确定就会有所不同。如果保证人并非出于经济利益而承担保证责任（即如果保证人没有从事保证的业务，没有从保证中获得直接或间接的商业利益），推定损害行为给保证人造成的损失即为保证人承担的责任；然后将举证责任落在债权人身上，以证明此种损失的不存在，或数额较小。另外，如果保证人是为了经济目的而承担保证义务的，或损害保证人追偿权的行为是对主债务的非实质性变更的，举证责任由保证人承担，以证明其因债权人的行为而遭受损失或损害。如果债权人免除了主债务人的非付款义务，保证人责任就完全免除了，因为很难估计非金钱债务的免除将如何影响保证人。要求保证人证明无法用金钱衡量的损失的存在和程度将是不公平的负担。[①]

（二）对保证人责任免除限制的发展

从早期开始，美国保证法就允许保证人放弃保证抗辩，这种对契约自由的尊重几乎在每一个司法管辖区的法律中都有所体现，并明确纳入《美国统一商法典》的修订案文中。放弃抗辩权在某些商事交易中被大量使用，以至于在这些情形中很少看到不包含放弃保证抗辩的保证交易。[②]保证人放弃抗辩的存在，以及它的频繁使用，在美国法背景下应该是常见的。在全部免除保证人责任立法模式与对有害行为免除保证责任立法模式中，一旦保证人追偿权发生减损，保证人责任全部免除，债权人将面临债权无法实现的风险。许多对保证人利益的损害行为可能是无意中发生的，可能是反映出对增加主债务人催收可能性的良好商业意识的行为造成的。因此，拥有足够市场支配力的债权人，不太可能发放信贷，除非保证人不仅履行保证债务，而且放弃所有抗辩。因此，全部免除保证人责任立法模式与对有害行为免除保证责任立法模式表面上为保证人提供了极其广泛的保护，使其免受追偿权减损的损害，但实际上却带来了一种制度，在这种制度下，对保证人通常没有任何保护。

"权利保留"理论是为了减轻全部免除保证人责任立法模式与对

---

① Bae, Frank S. H., and Marian E. McGrath, "Rights of a Surety (Or Secondary Obligor) under the Restatement of the Law, Third, Suretyship and Guaranty", Banking Law Journal, Vol.122, No.8 (2005), p.801.

② Neil B. Cohen, "Striking the Balance: The Evolving Nature of Suretyship Defenses", William and Mary Law Review, Vol.34, No.4 (1993), p.1042.

有害行为免除保证责任立法模式的严重程度而发展起来的，美国绝大多数州有这一原则。根据这一原则，债权人采取的行动可能损害保证人权利的，保证人责任免除，但其可以通过在采取行动时宣布对保证人保留权利来阻止这种免除。因此，保证人也会采取行动鼓励主债务人履行义务，或采取其他行动保护其地位。《美国保证法第三次重述》规定，根据这一原则，债权人的行为将损害保证人的权利，其仅告知主债务人将保留对保证人的权利，会产生两种后果。首先，通过保留对保证人的权利，债权人保留了保证人的所有权利，如同该损害行为从未发生过一样。例如，如果债权人将贷款到期日延长一年，但保留对保证人的权利，尽管债权人给予主债务人延期，保证人仍然可以在原到期日自由偿还贷款，并立即向主债务人追偿。其次，通过保留对保证人的权利，债权人阻止了保证人的责任免责，因为根据该学说，对保证人的权利的保护如同该行为没有发生过一样，该行为不会对保证人造成损害。但该原则可能导致对主债务人的不公平，例如，债权人完全免除主债务人的债务，但保留了对保证人的权利，这并不改变主债务人对保证人按照原条件履行义务。①

在“权利保留”理论中，通知主债务人追偿权保全虽然降低了保证人因追偿权减损而遭受损失的风险，但并不一定会防止保证人遭受损失。在大多数情况下，在债权人要求保证人履行清偿义务之前，保证人不会寻求对主债务人行使其权利。如果保证人在很长一段时间后得知主债务延期或主债务人免责，在此期间主债务人的履

① Neil B. Cohen, “Striking the Balance: The Evolving Nature of Suretyship Defenses”, William and Mary Law Review, Vol.34, No.4 (1993), p.1044.

行能力下降，随着时间的推移，保证人的追偿权可能丧失实际价值。此时，债权人可以通过及时通知保证人对主债务人的延期或免责以及追偿权的保全来防止这类损失。

采用在损失范围内免除保证责任立法模式来确定损害保证人权利的行为的后果，避免了早期模式（尤其是全部免除保证人责任立法模式与对有害行为免除保证责任立法模式）对追偿权减损的严重过度反应。因此，该模式消除了法律体系设计和允许诸如放弃抗辩权理论和权利保留理论等改进手段的不利影响。如学者评论所解释，权利保留原则被废除了。[①]债权人也不需要在保证合同中加入大量关于保证抗辩的弃权条款来保护自己的利益。[②]尽管如此，尊重契约自由，重述了保留放弃抗辩权的可能性。

三、保证人放弃抗辩权效力

保证人因主债务发生微小变化而免除保证责任，容易致使保证安排对债权人无效，债权人将信用风险分配给保证人的目的无法实现。因此，债权人为维护自己的利益，不受或少受立法之强化保证人权利的影响，会在保证合同中削弱保证人权利。为平衡保证合同当事人之间的利益，立法专门赋予保证人抗辩权，保证人放弃之，其效力为何，各地有不同规定。

---

① Wilhelm, Suzanne, "Taking Suretyship Seriously", Oklahoma City University Law Review, Vol.18, No.1 (1993), p.100.

② Bae, Frank S. H., and Marian E. McGrath, "Rights of a Surety (Or Secondary Obligor) under the Restatement of the Law, Third, Suretyship and Guaranty", Banking Law Journal, Vol.122, No.8 (2005), p.800.

（一）保证人放弃抗辩权无效之规定及其法理

一般而言，保证人的抗辩权的功能为，如果债权人采取某种行为破坏了保证人的地位平衡，债权人对保证人的权利就应减少或消灭。[①]对于金融机构等主体制定的格式契约中明定的保证人某一项或几项权利的放弃或权利的全部放弃，其效力如何认定？由于带有放弃抗辩权条款的保证契约被广泛使用，贷款机构也希望相关规范性文件能确保这些条款的可执行性。但从历史上看，这些条款是否有效具有不确定性。[②]我国台湾地区“民法”修订以前，法院曾有判决认为此种约定应为有效，原因是没有明确规定保证人的权利不能放弃，基于保证的性质，保证人权利与公共秩序没有联系，因此是可以放弃的。然而司法审判实务的观点遭到学者们的批驳，认为若确认此类条款的效力，则保证责任的承担完全成为主合同债务的加入，违背了保证的性质和原则。[③]金融机构债权人通过预先拟定好的统一格式合同，可以减少每次与不同保证人洽谈合同的成本，此种情形下，保证人常常没有谈判空间，只能决定接受或不接受合同条款，若接受合同条款，可能对保证人不利，若不接受合同条款，则主债务人就失去此次融资机会。[④]若全部非强制性立法条款都可以被契约完全排斥在适用范围之外，可以说

① Neil B. Cohen, “Striking the Balance: The Evolving Nature of Suretyship Defenses”, William and Mary Law Review, Vol.34, No.4 (1993), p.1033.

② Hackett, David E, “Guaranteed Confusion: The Uncertain Validity of Suretyship Defense Waivers in California”, Loyola of Los Angeles Law Review, Vol.41, No.3 (2008), p.1099.

③ 王泽鉴著:《债法原理》，北京大学出版社 2009 年版，第 70 页。

④ 林廷机著:《保证》，三民书局股份有限公司 2010 年版，第 23—24 页。

这并不是制度规定的意旨，在保证合同中明定保证人放弃法律赋予的保证人可主张的所有抗辩，那么这类格式合同的效力将得不到认可。①

标准格式契约，乃因应不断发展之商业交易活动及形态与交易对象，为交易方便及经济考虑所设计出来之契约，若契约之内容公平，则无可责性存在，亦无加以法律强行规范之必要。民法所要规范者，乃不公平契约。在我国台湾地区，如果保证合同是由一方提前拟定的格式合同，无论保证人是否同意合同条款，只要存在可能导致保证人利益受损的重大不公平条款，该条款就不得视为合同的组成部分，对保证人并不产生法律效力。此时，保证合同无约定的，适用相关规范性文件中的任意性规定。②

民法赋予之权利，原则上可自由放弃。在保证实务中，由于融资需求的紧迫性，保证人为了增加融资获得的概率，会妥协性地接受预先放弃自身权利的要求，当此种情况发展并非个例时，会导致资金方优势地位越来越明显，用资方所处劣势地位亦越来越突出。再者，因保证合同中保证人并不能获得债权人的对待给付义务，如果立法所赋予的最基本权利都需要被迫放弃，对保证人来说则过于苛刻。为防止这类情形的发生，我国台湾地区民事相关规定借鉴了瑞士立法，③规定不得事先放弃保证人的权利。此为债编修正时新增的，以保护保证人的利益。④不论保证契约以何种方式约定保证人预

---

① 黄立:《契约自由的限制》，载《月旦法学杂志》2005年第10期。

② 林廷机著:《保证》，三民书局股份有限公司2010年版，第23—24页。

③ 邱聪智著:《新订债法各论》(下)，中国人民大学出版社2006年版，第388页;《瑞士债务法》，戴永盛译，中国政法大学出版社2016年版，第222页。

④ 王泽鉴著:《民法概要》(第2版)，北京大学出版社2011年版，第357页。

先放弃一切权利，均在禁止之列，约定无效。若保证人与债权人在保证法律关系成立后允诺放弃部分权利的，则并不在法律禁止范围内。

在格式合同条款规则的框架内，德国法院特别提出了两项具体规则：异常条款和不适当损害。[①]在保证合同中，这意味着保证人将被要求承担一项他没有预料到的义务，因为合同中规定的责任高于谈判中的责任。然而，只要保证人不考虑其责任范围，或者他（如担任董事总经理或多数持股人）能够影响主债务人公司债务的类型和规模，就不适用这一限制。即预先制定的保证合同中的条款违反《德国民法典》第307条规定的，不发生效力。[②]双方起草保证合同时通常包含一系列放弃抗辩的条款，不受法律规定的保证人享有权利的保护。起初由立法设计的债务无法清偿风险的分散功能完全变成了风险的转移。现行法仍留下契约自由的弹性空间，使得通常居于契约当事人强势一方的债权人，仍有机会经由契约约定，规避保证人主张抗辩权的风险，此一立法政策，是否符合契约正义要求，值得斟酌。

（二）契约自由原则下保证人放弃抗辩权的有效性论证

抗辩权放弃的协议虽然给保证人增加了不安全因素，但更大程度地维护了债权人的权益，然而这是市场交易主体自愿达成的对危

---

① 杜景林、卢谌著：《德国民法典——全条文注释》（上），中国政法大学出版社2014年版，第201页、第203页。

② Kocsis, Imola, and Marcin Olechowski, “Suretyship in German and Polish Law: A Comparative Analysis”, Review of Central and East European Law, Vol.31, No.3 (2006), p.347.

险负担的分配。美国一些州有所谓商事保证与普通保证之分，普通保证人受益于对他们有利的合同的“严格”解读。[①]只要保证人没有在保证合同或主合同下获得利益，保证合同一般被解释为有利于保证人。[②]在融资性担保公司中，不同的保证法律关系通常根据主债务人资信、风险评估等设定相应的担保费用，正因如此，担保公司可能同意债权人提出的放弃抗辩权要求，担保公司将通过担保费用的收取弥补将来可能承担的风险。担保公司虽然承担了更多的风险，但可能收到更高的担保费用，在经济效率与风险负担间的选择，应交由担保公司决定。

在英美法中，保证人拥有的对主债务人、债权人的权利，其能够放弃[③]，即保证人确实可以放弃保证抗辩[④]。原因在于保证是一种合同，保证人有在合同中放弃保证抗辩的自由。放弃保证抗辩后的保证人无权获得如果他没有放弃保证抗辩本可以获得的责任免除。有学者指出，立法通过赋予保证人行使抗辩权，使保证人获得了保护，但有时会对债权人造成严重的后果。并非所有引发保证抗辩的行为都在债权人的控制范围之内。此外，债权人可能对主合同作出的一

① Michael H. Rubin, “Ruminations on Suretyship”, Louisiana Law Review, Vol.57, No.2 (1997), p.580.

② Christoph Henkel, “Personal Guarantees and Sureties between Commercial Law and Consumers in the United States”, The American Journal of Comparative Law, Vol.62, No.1 (2014), p.354.

③ 沈达明、冯大同编著：《国际经济贸易中使用的银行担保》，对外经济贸易大学出版社 2015 年版，第 11 页。

④ Wilhelm, Suzanne, “Taking Suretyship Seriously”, Oklahoma City University Law Review, Vol.18, No.1 (1993), p.98.

些修改实际上会有利于保证人。①

关于主合同变更时的保证责任不免除条款约定，有学者认为，对于延长履行主合同债务期限，保证人既可以提前在合同中约定同意，也可以在合同履行期届满后对延长期限进行认可。只要保证人容许，就不能提出立法赋予其的抗辩权。②保证协议签署的目的是确保债权人债权的满足，如果延长主合同履行期限对主合同最终完全履行有利，那么保证人于合同中约定可延长主合同履行期限，不违背保证协议的性质，是有效的合同条款。③然而持否定观点的学者认为，保证人允诺延长主合同清偿期，只能在主合同清偿期结束时作出认可，不得提前在合同中约定同意。因为主合同履行期届满后，保证人才能具体评估其可能承担的更为不利的风险。若保证人提前约定同意主合同履行期延长条款有效，就违反了公平原则与诚信原则。④有学者质疑，诸如在主协议的根本变化以致超出缔约方在订立合同时所设想的规则时，这种弃权是否在所有情况下都是有效的。⑤在法律未进一步规定前，加强保证人预先放弃抗辩权此类定型化契约条款的审查，或许是另一解决之道。

---

① Bae, Frank S.H., and Marian E. McGrath, "Rights of a Surety (Or Secondary Obligor) under the Restatement of the Law, Third, Suretyship and Guaranty", Banking Law Journal, Vol.122, No.8 (2005), p.807.

② 郑玉波著:《民法债编各论》(下)，三民书局 1981 年版，第 867 页。

③ 杨淑文:《论人事保证之从属性与债权人之附随注意义务——兼评民法债编关于"人事保证"之增定条文》，载《台湾本土法学杂志》2001 年第 12 期。

④ 詹森林:《定型化契约条款效力之规范》，载詹森林著:《民事法理与判决研究(四)消费者保护法专论(2)》，元照出版有限公司 2006 年版，第 118—119 页。

⑤ Rafal Zakrzewski, "Indemnities and suretyship", Journal of International Banking and Financial Law, Vol.4 (2015), p.198.

第四节　损害赔偿请求权：保证人利益的最大维护

由于保证合同的单务性质，保证人可对债权人主张的权利通常为防御性的，并不能对其行使请求权。但债权人应否负有附随性义务？由于债权人的故意或过失，承担保证责任后的保证人不能实现全额追偿，亦不能通过代位债权人行使权利的，保证人的损失是否能够主张由债权人承担赔偿责任？各国对保证人的此项权利有不同立法例，学者也存在不同观点，反映了立法及司法实务发展损害赔偿请求权的价值理念。

一、连带责任保证中债权人的义务范围

在连带责任保证合同中，债权人由于保证担保的特殊性，不会基于保证人承担的义务与责任而对保证人承担同等性质的义务与责任。然而，这是否意味着债权人不承担任何的义务与责任？基于保证合同的无偿性，为平衡保证人与债权人权利，立法根据诚信原则及商业合理性原则、权利不得滥用原则等开始关注债权人对保证人的附随性义务。此类债权人的附随性义务，包含了作为义务与不作为义务。

（一）有关保证重大事实及风险的信息提供义务

在普通法下，起初债权人无论在何种情况下均不对保证人承担义务，源于对公平原则的考量，衡平法院判决中开始加入债权人的义务。[①]

---

① Oran S. Paglin, "From Favorite of the Law to Intermediate Surety: A Transformation in the Law of Suretyship", New England Law Review, Vol.23, No.1 (1988), p.68.

保证法的发展趋势表明，若债权人希望保有对保证人的全部权利，需要按照立法规范对保证人承担某些具体的义务。[①]但依照普通法形成的一般原则，保证契约并非最高诚信契约的一种，该类契约要求一方应将所掌握的相关情况提供给另一方。在保证法律关系下，立法并没有附加主债务人或债权人表明一切信息的义务。相关判例亦遵循此原则，如金融机构债权人无须将任何会对主债务人资信和担保产生不利影响的事实通知拟订立契约的保证人。[②]而我国台湾地区相关政策转向以贯彻保证债务之补充性，合理限制保证人责任为目的。目的在于督促债权人必须以主债务人为第一顺位债务人，善尽风险管控责任，随时掌握主债务人信息，否则应承受向主债务人请求清偿发生困难的不利益。

虽然债权人无须向保证人提供所有的信息，但在特定情形下，信息的提供是必要的。[③]有学者认为，如果违背了良好的道德规范，债权人即违反了信息提供义务。[④]亦有学者认为，债权人应当将与保证相关的重大事实和可能存在的风险（如主债务人曾多次违约、犯罪等）告知保证人，若债权人不作为或提供虚假信息，保证人清偿

---

① ［德］克里斯蒂安·冯·巴尔、［英］埃里克·克莱夫主编：《欧洲私法的原则、定义与示范规则：欧洲示范民法典草案》（第 4 卷），于庆生、温大军、胡琳等译，法律出版社 2014 年版，第 1210—1211 页。

② 董安生主编：《新编英国商法》，复旦大学出版社 2009 年版，第 347 页。

③ 沈达明编著：《法国 / 德国担保法》，对外经济贸易大学出版社 2015 年版，第 23—24 页。

④ Kull Irene，"Unfair Contracts of Suretyship—a question about the horizontal effect of fundamental rights or about the application of contract law principles"，Juridica International，Vol.12（2007），p.44.

主合同义务可以解除。[①]债权人有义务披露主合同中任何不寻常的特征。[②]美国消费者金融委员会提出，债权人应提供主合同，以帮助保证人了解自己担保的债务。[③]

债权人基于其与主债务人之间的契约关系，往往处于比较接近、容易掌控主债务人信息的地位，也较可能经由契约关系降低或分配风险。银行等债权人是否需要提供有关主债务人财务状况的信息、主债务人是否将资金用于预期的目的或有足够的资金以履行其自身的义务？有学者提出，银行等专业放款人可以承担更多的责任，他们有义务告知保证人主债务人的偿付能力和其他可能危及追偿权的情况。专业的贷款机构更有经验，也更有能力使用一些信息数据库。[④]根据20世纪的法国法，如融资借贷公司提供资金融通时要求提供保证的，融资借贷公司有义务提供相关信息。判例进一步明确，企业管理人和外行人作保证的都有得到信息的权利。[⑤]随着专业担保公司这一市场主体的出现，由于与债权人有着均等的谈判地位与信息优势，且能够较好地维护自身的权益，美国法院逐渐从风险分配的角度

---

① 苏号朋主编：《美国商法——制度、判例与问题》，中国法制出版社2000年版，第303页。

② Rafal Zakrzewski, "Indemnities and suretyship", Journal of International Banking and Financial Law, Vol.4 (2015), p.198.

③ Christoph Henkel, "Personal Guarantees and Sureties between Commercial Law and Consumers in the United States", The American Journal of Comparative Law, Vol.62, No.1 (2014), p.345.

④ Kull Irene, "Unfair Contracts of Suretyship—a question about the horizontal effect of fundamental rights or about the application of contract law principles", Juridica International, Vol.12 (2007), p.42.

⑤ 沈达明编著：《法国/德国担保法》，对外经济贸易大学出版社2015年版，第27页。

大利、荷兰和瑞典得到了承认。[①]

在保证的情况下规定债权人通知义务的原因是，保证人不是主合同的当事人，通常没有任何直接手段控制其演变。保证人也不能随时获得有关被担保债务的情况。保证人往往不知道债务是否处于良好状态，也不能阻止债务的变更，即使在使其承担更大责任时也是如此。然而，这样的信息对保证人可能是至关重要的，不仅在最初同意担保主债务人的债务时，而且在其后，由于保证人可以用手段影响主债务人，要求主债务人偿还债务，或完全终止保证。在保证中，通知义务的存在是对保证人不知情和缺乏控制的补偿。[②]债权人应尽力维护保证人将来损失的追偿得以实现，所以，涉及诸如主债务人财务恶化、迟延履行的此类信息，债权人应通知保证人，同时，金融债权人的此项义务要求高于自然人作为债权人的情形。[③]若保证人获取有关信息的途径便捷，如企业高管为企业提供保证，则债权人获取的信息无须通知保证人，基于保证人与主债务人之间存在的关系，保证人可以更好地了解主债务人违约的情况，也就不需要通知违约。[④]

---

① ［德］克里斯蒂安·冯·巴尔、［英］埃里克·克莱夫主编：《欧洲私法的原则、定义与示范规则：欧洲示范民法典草案》（第4卷），于庆生、温大军、胡琳等译，法律出版社2014年版，第1212—1213页。

② Michelle Cumyn，“Responsibility For Another’s Debt：Suretyship，Solidarity，And Imperfect Delegation”，McGill Law Journal，Vol.55，No.2（2010），pp.237–238.

③ ［德］克里斯蒂安·冯·巴尔、［英］埃里克·克莱夫主编：《欧洲私法的原则、定义与示范规则：欧洲示范民法典草案》（第4卷），于庆生、温大军、胡琳等译，法律出版社2014年版，第1211页。

④ Christoph Henkel，“Personal Guarantees and Sureties between Commercial Law and Consumers in the United States”，The American Journal of Comparative Law，Vol.62，No.1（2014），p.344.

为确保保证人的利益得到保护，作为一项规则，债权人必须将任何影响主合同义务的重要变化，包括主债务人履行义务能力的恶化，通知保证人。[①] 在欧洲国家中，关于违约，芬兰规定了在一个月内通知的一般义务。在荷兰，如果债权人向主债务人发出通知要求清偿，则债权人必须同时通知保证人。在一些国家，关于主债务人违约，债权人有义务通知提供担保的保证人，如法国、比利时、奥地利。在西班牙的判例中，当主合同未按期履行而可能给保证人带来不利时，债权人并没有义务通知保证人，仅仅在债权人主张保证人履行责任时，需要通知保证人。根据《欧洲示范民法典草案》第Ⅳ.G-2：107条的规定，对于有担保的债务，债权人在需要保证人履行主合同清偿责任的情形下，应当将主合同已违约的具体情况通知保证人，包括未获履行金额及其利息等信息，其目的是让保证人衡量可能存在的风险并采取相应措施。若主债务人只是未履行从属性义务造成违约，通常情况下债权人无须通知保证人。然而，若主合同未清偿的债务数额超过了主合同债务总数额的百分之五，仍需承担通知义务。[②]

在德国法中，债权人需要将主合同的附属债务（利息）的情况提供给保证人；在法国法中，债权人每年亦应将主合同本金、利息等数额告知保证人。[③]《瑞士债务法》第505条规定了债权人的通知义务，

---

① Michelle Cumyn, "Responsibility For Another's Debt: Suretyship, Solidarity, And Imperfect Delegation", McGill Law Journal, Vol.55, No.2（2010）, p.238.

② ［德］克里斯蒂安·冯·巴尔、［英］埃里克·克莱夫主编：《欧洲私法的原则、定义与示范规则：欧洲示范民法典草案》（第4卷），于庆生、温大军、胡琳等译，法律出版社2014年版，第1210—1213页。

③ 沈达明编著：《法国/德国担保法》，对外经济贸易大学出版社2015年版，第27页、第164页。

免除。[①]

（三）不损害保证人追偿权与代位权义务

英国法官金斯唐勋爵认为："接受保证的人消极，不在合理的时分要求主要债务人交代、强制执行他付款的义务，这并不导致保证人的义务解除，必须有某些损害到保证人的积极行动，或者严重疏忽，而严重的程度达到伍德衡平法院副院长在道森对劳斯案认为的默示纵容并接近欺诈的程度。"[②]金斯唐勋爵提到对保证人有损的积极行动才导致保证解除，对于何谓有损的积极行动，各国确立了一般性规则。随着保证法律多年来的发展，许多不同的制度已经发展起来，以保护保证人免受债权人的行为损害。虽然这些学说在债权人干涉保证人地位平衡的含义上往往不一致，但在干涉行为类型上却相对一致。[③]债权人有几种行为可以被解释为不当干涉保证人的地位，从而损害其保证地位的，《美国保证法重述》将这些行为区分为：从根本上影响保证人风险的行为和损害保证人对主债务人的追偿权的行为。[④]从根本上影响保证人风险的行为主要为保证人享有专属抗辩权的情形，如对主合同的变更。损害保证人追偿权的行为，如放弃

---

① ［德］克里斯蒂安·冯·巴尔、［英］埃里克·克莱夫主编：《欧洲私法的原则、定义与示范规则：欧洲示范民法典草案》（第 4 卷），于庆生、温大军、胡琳等译，法律出版社 2014 年版，第 1214 页。

② 何美欢著：《香港担保法》（上），北京大学出版社 1995 年版，第 65 页。

③ Neil B. Cohen, "Striking the Balance: The Evolving Nature of Suretyship Defenses", William and Mary Law Review, Vol.34, No.4 (1993), p.1036.

④ Bae, Frank S. H., and Marian E. McGrath, "Rights of a Surety (Or Secondary Obligor) under the Restatement of the Law, Third, Suretyship and Guaranty", Banking Law Journal, Vol.122, No.8 (2005), p.800.

主债务人提供的担保。2004 年，意大利最高法院裁定，虽然主合同清偿得到了保证人的担保，但债权人依旧需要诚信、审慎行事，必须用合理措施保护保证人追偿权的实现。①

在英美法中，债权人于处理事务时应注意避免保证人蒙受损害，如无特别困难，债权人应防止损害之发生。②法官认为，当可以轻易地把有偿债能力的主债务人或共同保证人加列为被告时，债权人仅向保证人一人提出诉讼，被起诉的保证人在衡平法上应受到保护，包括：（1）其他担保的失去、放弃、损害。假如有关保证合同另有约定其他担保的设立，在其他担保不当地失去、放弃、损害时，有关保证义务按损失的程度解除。③不当的损害，例如，债权人在主债务人违约后没有执行其他担保，把其他担保物留在债务人处；不阻止主债务人把其他担保物转移去另一个法律管辖区，在债权人失去担保物权或放弃担保物权的情况下是最明显的。④由于债权人行为损害了保证人权益，保证人责任减轻体现了侵权法的基本原则。（2）变卖担保物时的疏忽。在变卖担保物时，债权人对保证人负谨慎执行担保物的义务，法律承认债权人有义务取得担保物变卖时最好的价格。立法限制债权人的权利，并规定债权人的义务，以维护保证人

---

① 龙云丽：《保证人权利研究——以保证类型化为基础》，中国政法大学 2009 年博士学位论文，第 27 页。

② ［英］V.A. Grifith 著：《英美法总论》，姚淇清译，正中书局 1987 年版，第 71 页。

③ 何美欢著：《香港担保法》（上），北京大学出版社 1995 年版，第 78 页。

④ Christoph Henkel, "Personal Guarantees and Sureties between Commercial Law and Consumers in the United States", The American Journal of Comparative Law, Vol.62, No.1 (2014), p.351.

款项收回的权利。[①]（3）管理上的疏忽。根据判例法规则，债权人未采取必要措施维护保证人权益的，保证人的清偿责任即告终止。例如，债权人未对拟设立的担保办理登记，致使担保权益被认定为未成立，从而给保证人带来不利后果的，保证人此时无须再承担责任。[②]若债权人促使或纵容主债务人作出不利于保证人将来追偿实现的行为，或者于主合同上作出可能有损于保证人的调整，保证人的义务随之解除。[③]根据《纽约州民法典草案》第1365条的规定，保证人可因如下债权人的行为免责，即债权人故意或过失损害了保证人权利，且该种损害是必然发生的，抑或在保证人要求债权人积极为其负有义务的行为时，债权人拒绝执行的，但这两种情形均需要保证人受到损失。[④]

大陆法系，如在德国法中，债权人处理自己的事务时应承担勤勉义务，不应给保证人对主债务人的追偿实现造成障碍。[⑤]《瑞士债务法》中债权人的义务之一为维持其获得的担保[⑥]，意大利民法中亦有相似规定[⑦]。《法国民法典》规定一种实际意义较大的保证消灭原

---

① 孙鹏：《论保证与物的担保并存时之责任——兼析债权人担保维持义务之确立》，载《月旦民商法杂志》2007年第6期。

② 董安生主编：《新编英国商法》，复旦大学出版社2009年版，第355页。

③ 何美欢著：《香港担保法》（上），北京大学出版社1995年版，第59页、第62页。

④ [美]戴维·达德利·菲尔德著：《纽约州民法典草案》，田甜译，王莹莹校，中国大百科全书出版社2007年版，第254页。

⑤ 沈达明编著：《法国/德国担保法》，对外经济贸易大学出版社2015年版，第171页。

⑥ 《瑞士债务法》，戴永盛译，中国政法大学出版社2016年版，第228页。

⑦ 《意大利民法典》，陈国柱译，中国人民大学出版社2010年版，第337页。

因，若债权人的故意或过失致使保证人不能获得对债权人拥有的完整权利的代位，保证人的状况进一步处于不利，其责任得以解除。[①]在奥地利法中，债权人对保证人应尽全面的照顾义务，《奥地利民法典》第1364条规定了债权人怠于追索债务，致保证人因追偿不能而遭受损失者，应对保证人负责[②]，此类规定延伸到其他担保权利，如最高法院观点认为，债权人对所拥有的所有权保留权利应积极行使[③]。在希腊，债权人通常可以选择由何者履行担保责任，但该项权利是有限制的，债权人需要尽到谨慎义务，特别是金融机构债权人。[④]

上述所有行为都会打破保证人的地位平衡。它们或者妨碍了主债务人履行债务的可能性，损害了主债务人偿还保证人履行债务成本义务，或者破坏了保证人对主债务人的代位权的价值。虽然保证人的义务将保持不变，但这些行为损害了保证人的追偿权和代位权。因此，《美国保证法第三次重述》第37条规定，通过增加保证人履行义务的潜在成本或降低导致主债务人承担履行义务的潜在能力，从而将增加保证人的损失风险的行为称为“担保地位的减损”。[⑤]《瑞士债务法》第503条第4款亦规定，债权人如有上述行为的，保证

---

① 《法国民法典》，罗结珍译，北京大学出版社2010年版，第504—505页。

② 《奥地利普通民法典》，戴永盛译，中国政法大学出版社2016年版，第266页。

③ [德]克里斯蒂安·冯·巴尔、[英]埃里克·克莱夫主编：《欧洲私法的原则、定义与示范规则：欧洲示范民法典草案》（第4卷），于庆生、温大军、胡琳等译，法律出版社2014年版，第1238页。

④ [德]克里斯蒂安·冯·巴尔、[英]埃里克·克莱夫主编：《欧洲私法的原则、定义与示范规则：欧洲示范民法典草案》（第4卷），于庆生、温大军、胡琳等译，法律出版社2014年版，第1149页。

⑤ Neil B. Cohen, “Striking the Balance: The Evolving Nature of Suretyship Defenses”, William and Mary Law Review, Vol.34, No.4 (1993), p.1036.

人陷入破产，并且保证人只能从破产财产中获得小部分份额，则该种损害即已发生。在比利时、法国、卢森堡、葡萄牙和西班牙，债权人若存在迟延接受主债务人履行的情况，此后主债务人破产的，保证人可提出抗辩，债权人的不作为被视为不可原谅的。连带责任保证人是否享有这一权利，现在得到了大多数学者的肯定。然而，相反立法例或学说认为，在英国，债权人并不因迟延收取被担保的债权而对保证人承担责任。原因是，关注主债务履行情况应为保证人的事务，况且保证人可以随时履行主合同义务，此后再以债权人身份向主债务人主张追偿。类似见解亦存在于意大利学者观点中，并认为根据《意大利民法典》第1955条的规定，债权人仅仅迟延收取主合同的款项支付，并不能成为保证人责任减免的事由，即使债务人财产状况发生恶化或保证人风险增加为债权人所明知。[①]

三、损害赔偿请求权发展价值

基于保证契约的单务性质，债权人的故意或过失对保证人产生不利益时，保证人不享有对债权人的请求权，一直被视为是不公平的。保证人提供担保往往并不享有对价，因此若一定要让他承担主合同清偿义务，必须能够确保其可以从主债务人处获得损失的弥补。债权人损害保证人的权利，也可能破坏执行权利的实际能力。保证人承担清偿义务后，因债权人的行为，保证人无法获得立法赋予或合同约定的完整的权利时，债权人权利应受到限制。债权人的行为

① ［德］克里斯蒂安·冯·巴尔、［英］埃里克·克莱夫主编：《欧洲私法的原则、定义与示范规则：欧洲示范民法典草案》（第4卷），于庆生、温大军、胡琳等译，法律出版社2014年版，第1232—1234页。

实质上破坏了保证交易的微妙平衡，维持了对保证人的权利，又损害了保证人的地位。[①] 损害赔偿请求权是为了防止债权人不公平行使权利损害保证人利益而发展起来的。

在美国现代商业中，常常出现对诚实信用义务与保证人的赔偿权利之间的关系的诉讼，[②] 诚实信用原则适用于保证人由于债权人的故意或过失行为遭受损害的情形。尽管该原则对债权人义务的划定似乎是宽泛的，但是仅仅适用该原则，对保证人的保护依然是不足的。在德国法院所形成的判例中，认为债权人对保证人并无附随性义务，不需要为了保证人的利益而执行主债务人的财产，也没有义务维护保证人的权利。尽管如此，诚实信用原则依然是适用的，以实现公平与利益平衡，避免保证人因债权人权利滥用而行为受损。若主债务人财务状况陷入恶化是债权人的原因，保证人因此对主债务人的追偿实现可能性降低，则债权人需要承担相应的法律后果，对保证人所遭受的损害进行补偿。[③]

诚信原则包含了合同履行中分担的义务、利他主义性质的义务。一旦合同交涉事实上开始，参与者便会承担更高的注意和照顾义务。如果契约的一方存在明显的利益不平衡，应尽量避免使其陷入困境。此项原则的遵循不但可以促进合作关系，还可以使市场有序地进行

① Neil B. Cohen, "Striking the Balance: The Evolving Nature of Suretyship Defenses", William and Mary Law Review, Vol.34, No.4 (1993), p.1033.

② Harris, Troy L, "Good Faith, Suretyship, and the Ius Commune", Mercer Law Review, Vol.53, No.2 (2002), p.584.

③ [德]克里斯蒂安·冯·巴尔、[英]埃里克·克莱夫主编：《欧洲私法的原则、定义与示范规则：欧洲示范民法典草案》(第4卷)，于庆生、温大军、胡琳等译，法律出版社2014年版，第1234—1235页。

交易。[①]保证规则设计中的许多特殊规定即该原则的具体化。不导致合同相对方利益消失或明显减损的行为亦为诚信原则的要求。[②]在希腊，诚实信用原则要求债权人不仅不得为放弃债权之担保或拒绝主债务人的清偿等行为，同时负有某些积极的义务，如将主债务人资信变化通知保证人。在德国和英国，依据诚实信用原则，债权人亦负有通知义务，如债务人未按期履约的事实、主合同清偿可能存在风险的事实，债权人应通知保证人。[③]

本章小结

因保证契约的从属性原则，故保证人可主张主合同中债务人对于债权人之抗辩。然而保证人根据从属性原则享有的权利也存在例外，如在主债务人破产程序中，保证债务并不因主合同债务的减少而减少，保证的提供，正是为了预防主债务人可能发生的此种情况，对此情形的发生，保证人亦能在签署保证契约时预见。关于主债务人享有的形成权，如撤销权、抵销权具有人身属性，保证人是否可以行使，各国有不同的立法模式，学说亦存在较大分歧。不同学说

① ［美］查尔斯·弗里德著：《契约即允诺》，郭锐译，龙卫球校，北京大学出版社2006年版，第99页、第103页。

② ［德］罗伯特·霍恩、［德］海因·科茨、［德］汉斯·G.莱塞著：《德国民商法导论》，［英］托尼·韦尔英译，楚建译，谢怀栻校，中国大百科全书出版社1996年版，第151—152页。

③ ［德］克里斯蒂安·冯·巴尔、［英］埃里克·克莱夫主编：《欧洲私法的原则、定义与示范规则：欧洲示范民法典草案》（第4卷），于庆生、温大军、胡琳等译，法律出版社2014年版，第1214页。

及立法例体现了对保证人利益维护的不同。我国《民法典》新增了对该问题的规定，赋予保证人拒绝履行权利，较好地解决了主债务人形成权人身属性与保证债务从属性的冲突，避免保证人因主债务人不行使形成权而遭受不利益，以实现各方利益平衡。

保证人为一般债务人享有的权利包括保证债务本身消灭、不成立、不生效、无效、可撤销（如错误、被诈欺、被胁迫）等，保证人均可主张，大多数国家民事立法均承认保证人该类权利，亦为根据合同本身所应当享有的权利。域外司法实践中出现因违背善良风俗原则而导致保证合同无效的情形，为学者近年来的研究重点。判断保证合同违背善良风俗原则而无效需具备某些客观和主观要素。客观性要素包括保证人的决定自由被大大削弱、保证人与主债务人有着特殊的情感联系等，保证的承担远远超过了保证人履行其义务的能力，以及进一步造成各方之间无法承受的不平衡的情况。主观性因素的满足要求债权人对上述事实有一个积极的认识。此外，欺诈是保证人经常援引的意思瑕疵，已成为外行保证人最有效的保护手段。债权人隐瞒他所占有的主要信息将可能构成欺诈，若债权人为专门从事信贷业务的金融机构债权人，则更易被法院认定为欺诈的成立。同时，债权人未将知悉的可能影响保证人决策的事实告知保证人，亦违反了合同中的诚信义务，未尽到善意行事义务，保证人可以撤销保证合同。

保证人的专属抗辩权由保证契约的特殊性决定，保证债务虽具有从属性，然而，若主合同生效后，债权人与主债务人协商变更履行条款，使得担保之债务履行条件更为苛刻的，保证人责任不受影响；如果变更使主合同债务减轻的，保证人负担相应减轻。由于专属抗辩权的适用，可以使保证人全部或部分责任免除，因此出现了保证合同中约定保证人放弃专属抗辩权条款，将风险进一步推向保证人而更改法律已经进行的利益平衡安排，该条款的效力判断成为各国立法与司法实务中的疑难点，亦为保证人专属抗辩权立法与适用的有限性。保证人放弃抗辩效力如何，与保证契约的从属性原则是否同时为一项非任意性立法的判断有关。域外立法中有所谓商事保证与普通保证之分，普通保证人受益于对他们有利的合同的“严格”解读。只要保证人没有在保证合同或主合同下获得利益，保证合同一般被解释为有利于保证人。在融资性担保公司中，不同的保证法律关系通常根据主债务人的资信、风险评估等设定相应的担保费用，正因如此，担保公司可能同意债权人提出的放弃抗辩权要求，担保公司将通过担保费用的收取弥补将来可能承担的风险。担保公司虽然承担了更多的风险，但可能收到更高的担保费用，在经济效率与风险负担间的权衡，应由担保公司决定。

由于保证合同的单务性质，保证人对债权人权利为被动的、防御性的，即抗辩权与形成权，并无请求权性质的权利。然而，这并非意味着债权人无须承担附随义务，当债权人的故意或过失影响了主合同的履行，保证人因此受到损失，其可基于诚信原则获得救济，以避免遭到债权人不当行为的损害。诚信原则要求一旦合同交涉事实上开始，参与者便承担更高的注意和照顾义务，不得为可能致使合同相对方利益遭到侵犯的行为。因此，诚实信用原则要求债权人向保证人披露影响保证责任承担的重大事实及风险信息外，大多数国家法律还规定了债权人通知的义务。当保证人能及时获悉到主合同的迟延清偿，可以立即采取救济手段，避免损失的扩大。因此，相关国家立法中有关债权人通知保证人主债务人期限利益丧失的义务。在保证中，通知义务的存在是对保证人不知情和缺乏控制的补偿。债权人原本要承担之风险转嫁给无法控制该风险之保证人，显然违反平等原则。因此，域外立法多规定了若保证人无法实现全额追偿，也无法以代位债权人的方式实现损失的弥补，由债权人的故意或过失造成的，则法律后果为其请求权需受到约束，同时可能需要补偿保证人承担主债务清偿责任后的损失。债权人的行为实质上是破坏了保证交易的微妙平衡，维持了对保证人的权利，又损害了保证人的地位。损害赔偿请求权是为了防止债权人不公平行使权利损害保证人利益而发展起来的，这是法律强加给债权人保护其自身利益的义务。

第三章

连带责任保证人对主债务人的权利：事前救济与事后救济结合

大多数国家的保证立法均承认了保证人对主债务人的权利，通过此类权利的赋予，规定了主债务人承担的最终责任。在我国保证制度安排中，缺失保证人承担清偿责任前对主债务人的救济手段。保证人应当有相应救济手段。对此，域外立法多规定了保证人的追偿权预先行使或保证责任除去请求权，赋予保证人事前救济与事后救济相结合的权利。我国立法是否应增加保证人保证责任承担前对主债务人享有的权利，权利赋予的法理基础及适用情形，为学界探讨的核心。

第一节　追偿权：保证人权利体系化的基础

保证人对主债务人追偿权的圆满实现是保证人权利救济的基础，域外立法大都认可保证人的该项权利。我国《民法典》虽然规定了保证人享有对主债务人的追偿权，但是保证人享有追偿权的成立要件、法律效力等立法规定存在缺漏，导致学界以及审判实践的争议，因此须通过对其他国家立法经验的借鉴以及我国司法实践的审视对相关问题进行完善。

一、保证人追偿权的发生基础

不同国家关于赋予追偿权的法律基础有所区别，第一种模式为法律明确赋予保证人追偿权，保证人与主债务人的法律关系对此不产生影响；第二种模式根据保证人与主债务人的法律关系决定其追偿权的享有。立法虽然规定了保证人享有追偿权，然而行使追偿权是否有限定要件？保证人在向债权人清偿的过程中违反谨慎注意义务，保证人能否继续享有追偿权？是保证人追偿权的核心问题。

（一）保证人追偿权发生法律依据

保证制度通过赋予保证人权利，规定了主债务人承担最终之责任。[①] 以保证人角度观之，代为清偿主合同后并不意味着保证法律关

---

① Neil B. Cohen, "Striking the Balance: The Evolving Nature of Suretyship Defenses", William and Mary Law Review, Vol.34, No.4 (1993), p.1028.

系的结束。根据具体情况，追偿权可能是保证人衡平法上最令人满意的救济方式。[①] 追偿权的被行使对象分为两类，其中一方为主债务人。保证合同往往是为了他人的利益而签订的，这一显著特征产生了保证人权利的衡平法原则。如果主债务人拒绝履行相关义务，这些原则为保证人提供了对主债务人或主债务人财产的追偿权。另一方为连带共同担保人。在此种追偿法律关系中，已清偿主债务之保证人有权要求其他连带担保人分担。

各国在成文法或判例中均认可了保证人的追偿权，然而关于产生追偿权的法律依据有所区别，一些国家法律明确规定了保证人享有该项权利，无论保证人和主债务人的民事法律关系为何。法国立法采用此类型[②]，我国《民法典》第 700 条的规定与法国立法例相同。此外，一些国家的保证人根据其与主债务人的民事法律关系享有该项权利，日本立法、意大利立法采用此类型[③]。与上述两种立法类型不同，德国、瑞士的立法默认保证人能够根据其与主债务人的合同关系得到补偿，因此没有关于追偿权的规定，反而有代位权的规定。[④] 在英美法中，追偿权可由明示或默示两种方式产生。[⑤]《美国保证法

---

① Wilhelm, Suzanne, "Taking Suretyship Seriously", Oklahoma City University Law Review, Vol.18, No.1 (1993), p.94.

② 《法国民法典》，罗结珍译，北京大学出版社 2010 年版，第 503 页。

③ 《日本民法典》，王爱群译，法律出版社 2014 年版，第 80 页；《意大利民法典》，陈国柱译，中国人民大学出版社 2010 年版，第 336 页。

④ ［德］迪特尔・梅迪库斯著：《德国债法总论》，杜景林、卢谌译，法律出版社 2004 年版，第 424 页；郑玉波著：《民法债编各论》（下），三民书局 1981 年版，第 849 页。

⑤ 沈达明编：《准合同法与返还法》，对外经济贸易大学出版社 1999 年版，第 265 页。

第三次重述》第 22 节指出，保证人享有追偿权是双方默示的，即只要保证人清偿了主合同，主债务人默示会偿还保证人，不令保证人遭受损失。[①] 在主债务人不同意保证的情况下，返还论或不当得利论也会产生追偿权。[②] 补偿义务的理论基础是默示合同，返还义务的理论基础是不当得利。[③]

若基于主债务人的委托或在成立无因管理情况下担任保证人的，可在主合同清偿后向主债务人追偿，如成立赠与关系，则并无追偿权。[④] 如果保证人通过清偿履行了主合同义务，则主债务人因保证人的履行而受益。因此，保证人有权获得赔偿。[⑤] 基于不同法律关系成立的保证，对主债权人的追偿权范围不同。有学者认为，若保证人受委托而履行主合同债务，为主合同债务的清偿所支出费用为委任事务的处理费用，主债务人应当偿付；若没有主债务人的委托，为主合同债务的清偿所支出费用为事务管理费用，主债务人亦应偿付。上述两种费用的返还权利即为保证人追偿权的实质与核心内容。[⑥]

---

① 杨桢著：《英美契约法论》，北京大学出版社 1997 年版，第 286 页。

② Wilhelm, Suzanne, "Taking Suretyship Seriously", Oklahoma City University Law Review, Vol.18, No.1 (1993), p.94.

③ Harris, Troy L, "Good Faith, Suretyship, and the Ius Commune", Mercer Law Review, Vol.53, No.2 (2002), p.595.

④ 梅仲协著：《民法要义》，中国政法大学出版社 1998 年版，第 505 页。

⑤ Bae, Frank S. H., and Marian E. McGrath, "Rights of a Surety (Or Secondary Obligor) under the Restatement of the Law, Third, Suretyship and Guaranty", Banking Law Journal, Vol.122, No.8 (2005), pp.795–796.

⑥ [日] 我妻荣著：《新订债权总论》，王燚译，中国法制出版社 2008 年版，第 432 页。

在基于委托成立的保证关系中，法律多规定保证人支付的主合同本金、利息、必要费用，均得向主债务人主张偿付，同时自清偿主合同之日起利息亦可主张，如有损害亦得请求赔偿。① 在未受委托的情形下，依成为保证人是否违背主债务人意愿而有所差异。当成为保证人不背离主债务人意愿时，保证人可在履行义务时在主债务人获益的限度内追偿。当成为保证人背离主债务人意愿时，主债务人在当前获益范围内对保证人补偿，因此，保证人作出免责行为后到追偿时止，主债务人对债权人取得相反债权时，主债务人可依此对抗保证人的追偿。②

我国台湾地区学者亦认为，未受委任者，如保证人管理保证事务有利于主债务人且并不违背其利益者，保证人于偿付债权人后，主债务人因此而获利的，可以要求主债务人偿还所支付主合同债务。③ 为适法无因管理人对本人之债权请求权，保证人为主债务人清偿债务（管理事务）所支出之必要费用，得请求主债务人偿还；对于不法无因管理，依我国台湾地区“民法”第 177 条之规定，主债务人获有利益者，仍应在所获得利益限度内对保证人支付款项偿付。④ 在意大利法中，保证人在无因管理法律关系中的可追偿限度与法国法一致，均认为必须涵盖主合同清偿的本金数额及自清偿本金时起的法定利息。意大利通过法律规定了利息的相关规范，法国则通过

---

① 林诚二著：《民法债编各论》（下），中国人民大学出版社 2007 年版，第 246 页。

② ［日］我妻荣著：《新订债权总论》，王燚译，中国法制出版社 2008 年版，第 438 页。

③ 钱桐荪：《保证责任研究》，载《法令月刊》1962 年第 7 期。

④ 林诚二著：《民法债编各论》（下），中国人民大学出版社 2007 年版，第 247 页。

判决确立。[①]

（二）保证人追偿权行使要件：以清偿无过失为核心

关于追偿权的行使要件，首先，学者们多以保证人已清偿为出发点论证。主债务的免除是否仅在保证人实际偿付情况下，保证人才享有追偿权，若保证人通过和解等将主债务人从债务中解脱出来，保证人是否可以追偿？有学者认为在保证人通过说服债权人取得清偿减免的情况下，不能享有追偿权，被免除并不能成为追偿的基础。[②]保证人对主合同义务的履行以实际偿付为限，未发生实际偿付则不产生追偿权，尽管主债务人责任可能由于保证人被免除。[③]而相反立法例允许保证人在该类事实中的追偿权，《美国保证法第三次重述》第 22 节规定，当保证人履行了保证债务，或者与债权人进行了和解从而全部或部分地解除了主债务，主债务人负有向保证人偿还的义务。根据德国法及法国法中的相似立法，如果赠与是专为保证人而作出的，保证人仍可主张追偿权。[④]其次，保证人在清偿主合同债务过程中不能存在过失，保证人怠于通知、怠于履行抗辩等过错对于保证人追偿权将产生影响。[⑤]

---

① 参见法国最高法院第一民事庭，1977 年 4 月 26 日判例、1978 年 12 月 18 日判例，转引自：《法国民法典》（下），罗结珍译，法律出版社 2005 年版，第 1475 页。

② ［日］我妻荣著：《新订债权总论》，王燚译，中国法制出版社 2008 年版，第 384 页、第 434 页。

③ 邱聪智著：《新订债法各论》（上），中国人民大学出版社 2006 年版，第 391 页。

④ 史尚宽著：《债法各论》，中国政法大学出版社 2000 年版，第 921 页。

⑤ 高圣平著：《担保法新问题与判解研究》，人民法院出版社 2001 年版，第 298 页；程啸著：《保证合同研究》，法律出版社 2006 年版，第 287 页。

1. 保证人清偿前及清偿后的通知义务

为防止主债务人和保证人进行两次履行而产生的不利益，不论保证成立基础法律关系为何，保证人都有义务于履行主合同前后进行通知。未进行通知致使主债务人受损时，保证人的追偿权将相应受到制约。虽然并非所有国家法律都规定了保证人的通知义务，但共同认可的是，若清偿后没有通知主债务人，造成了主债务人的损失，保证人将失去追偿的权利。为此，一些国家有专门的法律规定，保证人必须将债权人的请求或保证人的清偿设想告知主债务人，以避免发生不当支付。在德国，保证人有义务尊重主债务人的利益，因为后者通常是委托人。因此，保证人有义务将债权人的履行请求立即通知主债务人，并询问主债务人是否有抗辩存在。[①]《意大利民法典》《日本民法典》均规定了保证人未预先通知下代为清偿的，主债务人可以主合同中享有的权利对抗保证人。[②]

《欧洲示范民法典草案》第Ⅳ.G–2：112条规定了保证人清偿主合同前的通知与调查义务，即保证人在履约前必须通知主债务人，并对主债务人所享有的合同抗辩事由进行调查。若保证人遗漏了通知或未主张保证人享有的权利，保证人应对自己的过失和懈怠承担相应的法律后果，其对主债务人的追偿权将全部或部分丧失。[③]该条

① ［德］克里斯蒂安·冯·巴尔、［英］埃里克·克莱夫主编：《欧洲私法的原则、定义与示范规则：欧洲示范民法典草案》（第4卷），于庆生、温大军、胡琳等译，法律出版社2014年版，第1245—1246页。

② 《意大利民法典》，陈国柱译，中国人民大学出版社2010年版，第337页；王融擎编译：《日本民法：条文与判例》（上），中国法制出版社2018年版，第372页。

③ ［德］克里斯蒂安·冯·巴尔、［英］埃里克·克莱夫主编：《欧洲私法的原则、定义与示范规则：欧洲示范民法典草案》（第4卷），于庆生、温大军、胡琳等译，法律出版社2014年版，第1244页。

文的制定是为了保护主债务人的权利。在保证人是否对其委托人负有诚信义务的问题上，美国大多数州认可了该义务。[①]《美国保证法重述》第 24 条规定保证人有责任通知主债务人他已被要求履行债务，并询问主债务人是否对债权人有任何抗辩。主债务人在合理期限内未作出答复的，视为保证人未收到主债务人可能存在的抗辩通知。[②]虽然存在对主债务的抗辩，但前提是主债务人知道保证人即将支付款项，且未将抗辩通知保证人。实践中，谨慎的保证人律师会在清偿前以书面形式与主债务人联系，询问是否享有抗辩事由，并声明，如果保证人没有收到通知，将在一定期限内清偿。主债务人享有对主债权的抗辩而不通知保证人的，虽然其可继续对债权人有抗辩的可能性，但履行义务后的保证人可以向主债务人追偿。[③]

关于保证人履行清偿义务后的通知义务，《德国民法典》第 666 条规定的受托人的告知义务，对保证人同样适用，如果保证人未履行该义务，主债务人可以进行抗辩并要求赔偿。[④]一些国家或地区，如《法国民法典》[⑤]《瑞士债务法》[⑥]《意大利民法典》[⑦]《路易斯安那民

---

① Harris, Troy L, "Good Faith, Suretyship, and the Ius Commune", Mercer Law Review, Vol.53, No.2 (2002), pp.586–587.

② Bae, Frank S.H., and Marian E. McGrath, "Rights of a Surety (Or Secondary Obligor) under the Restatement of the Law, Third, Suretyship and Guaranty", Banking Law Journal, Vol.122, No.8 (2005), pp.794–795.

③ Michael H. Rubin, "Ruminations on Suretyship", Louisiana Law Review, Vol.57, No.2 (1997), p.588.

④ 田土城、宁金成主编：《担保制度比较研究》，河南大学出版社 2001 年版，第 141 页。

⑤ 《法国民法典》，罗结珍译，北京大学出版社 2010 年版，第 504 页。

⑥ 《瑞士债务法》，戴永盛译，中国政法大学出版社 2016 年版，第 231 页。

⑦ 《意大利民法典》，陈国柱译，中国人民大学出版社 2010 年版，第 337 页。

而为清偿，因此，对主债务人抗辩权的主张，为保证人的义务。在日本判例中，[①] 采取受委任之连带保证人对于主债务人负有援用主债务时效完成抗辩之善良管理人注意义务，否则基于“诚实信用原则”即应剥夺其求偿权之见解，获得日本学界肯定之评价，裁判要旨认为，受委托之连带责任保证人可援用主债务之消灭时效却不予援用，即使事后因为其清偿而使主债务消灭，然该清偿行为并不能为主债务人带来任何利益，此与为了主债务人利益而成立保证委托契约之本旨不相符，应认为连带责任保证人对于主债务人不得行使求偿权。若主债务人对债权人存在时效到期的抗辩情形，保证人为了主债务人之利益即应该加以援用，保证人违反善良管理人之注意义务而未加以援用时，从诚实信用原则之观点，保证人基于代位清偿所为之求偿，不应允许。日本学界亦有学者认为，连带责任保证人对于主债务时效完成后所为之清偿，不应该无条件承认连带责任保证人之求偿权，应区分连带责任保证人于抛弃时效利益之际，是否知悉援用主债务人之时效利益而定，亦即，当连带责任保证人知悉主债务之时效完成却不予援用，则应否定连带责任保证人之求偿权，反之，则应肯定连带责任保证人之求偿权。亦有学者认为，主债务人通知连带责任保证人援用主债务时效完成而使债务消灭，乃系基于诚实信用原则而负担之义务，倘主债务人未通知，则连带保证人即可主张求偿权。[②]

---

① 参见日本东京高等裁判所于平成11年（1999年）5月25日之判决。转引自张铭晃:《连带保证诉讼时效抗辩援用权之实证分析》，载《司法周刊》2005年第7期。

② 张铭晃:《连带保证诉讼时效抗辩援用权之实证分析》，载《司法周刊》2005年第7期。

保证人因其履行不仅违背了自身的利益，而且可能损害到主债务人的权利，在此情况下，保证人对主债务人的追偿权或代位权都将被相应地限制，此为保证制度设计平衡点的重要内容。同时，在主债务人向债权人提出抗辩期间，作出清偿的保证人不能享有追偿权。[①] 当连带责任保证人尽其查证注意义务，即可查明主债务之抗辩权，如违反该注意义务，恣意放弃应予援用之主债务人之权利，则基于诚实信用原则之观点，自应否定连带责任保证人之任意追偿权，况且连带责任保证人之清偿，对于可援用抗辩而享受利益之主债务人而言，系属不利益之行为，如果承认连带责任保证人仍可主张追偿权，无疑是造成剥夺主债务人援用抗辩利益之结果。[②]

依据《希腊民法典》第 859 条的规定，若保证人未提出其明知或应知的且存有充分理由的抗辩，追偿权消灭。与此同时，立法也赋予了保证人证明其有合理原因未知相关抗辩的权利。[③] 一项抗辩要被认定为有充分理由，一方面，它必须对债务的有效性有决定性的意义；另一方面，它必须是保证人有权向债权人提起的抗辩，即该抗辩不是只能由主债务人主张的。此外，该抗辩必须与被担保债务有关，以便使保证人并不对未能向债权人提起保证人自身的抗辩而承担责任。根据意大利法律，同样的规则是以保证人勤勉行为的一般

---

① Harris, Troy L, "Good Faith, Suretyship, and the Ius Commune", Mercer Law Review, Vol.53, No.2 (2002), p.592.

② 张铭晃：《连带保证诉讼时效抗辩援用权之实证分析》，载《司法周刊》2005 年第 7 期。

③ [德] 克里斯蒂安・冯・巴尔、[英] 埃里克・克莱夫主编：《欧洲私法的原则、定义与示范规则：欧洲示范民法典草案》(第 4 卷)，于庆生、温大军、胡琳等译，法律出版社 2014 年版，第 1246 页。

义务为基础的。[①]《瑞士债务法》的规定最为严格，其第502条第3款规定，保证人在因未主张抗辩导致主债务人受损限度内，不得向主债务人请求赔付，除非保证人能举证自身并不存在任何过失。[②]《美国保证法第三次重述》第24节第1条e款亦规定，若其明确知道主债务人享有的权利而不主张，保证人的追偿权将不复存在。然而，如果保证人的清偿是由于其他法规的强制性规定迫使的，或者经过了反复的、妥当的商业考量决定的，即使未主张主债务人权利，依然可以行使追偿权。

保证人在诚实信用原则的要求下，有谨慎处理和尽责的义务，然而该要求仅限于妥当的范围内，不得对保证人施加极其不妥当与严苛的要求。不主张主债务人权利的保证人是否违反了权利不得滥用原则，应当综合案件情况进行分析。保证人明知主债务人的权利，但因该权利是否存在判断不充分或主债务人同意放弃主张而未提出的，均非滥用权利。对尽到谨慎注意义务且合理合法寻求利益的理性主体，不应施加不当义务。而在保证人不主张权利并无任何正当考量，且其带有恶意损害主债务人利益目的时，可以认为成立权利的滥用行为，并因此而失去追偿权。

二、保证人追偿权的行使

保证人追偿权获取条件满足后，其追偿权合理效力范围为何，与保证从属性及追偿权的法理依据相关，同时关系着保证人与主债务人利益的平衡。保证人追偿权本质上应属于债权，当保证人仅清

---

① 《意大利民法典》，陈国柱译，中国人民大学出版社2010年版，第337页。
② 《瑞士债务法》，戴永盛译，中国政法大学出版社2016年版，第228页。

偿了部分债务，其对主债务人的追偿权与债权人剩余部分的主合同债权请求权发生冲突时，产生了债权人债权优先说、债权人债权与保证人追偿权平等说争论，对保证人追偿权的行使产生了重大影响。

（一）追偿权行使效力范围

追偿权行使的法律范围与保证担保范围密切相关。基于保证的从属性原则，《欧洲示范民法典草案》第Ⅳ.G–2：104 条规定了保证担保的范围及于主债务和从属性债务，包括主债务本息、损害赔偿金、所发生合理费用。[①] 由于主合同逾期履行可能造成的罚息是无限制的，因此，债权人应履行通知义务，将相关主合同违约情况告知保证人，便于保证人及时采取措施减少逾期费用的增加，同时，保证人此时亦可以加强对主债务人财务状况的监督与核实，以防止主合同清偿后无法获得追偿的现实发生。

保证人是否对主债务人违反主合同义务造成的损害赔偿进行担保，涉及交易的实质在于是否一个人实际上承担了另一个人不履行其义务的风险。[②] 在保证实务中，仅仅对合同产生的主债务（如支付股权转让款、交付货物、偿还借款本金）进行担保是较为少见的，大多数情况下保证人将对全部主合同产生的债务进行担保，最大程度地减少债权人因主债务人的违约带来的损失。由此，在保证中，无论主债务人违约应负何种性质的责任，保证人对此的担保范围均

① ［德］克里斯蒂安·冯·巴尔、［英］埃里克·克莱夫主编：《欧洲私法的原则、定义与示范规则：欧洲示范民法典草案》（第 4 卷），于庆生、温大军、胡琳等译，法律出版社 2014 年版，第 1193—1194 页。

② Rafal Zakrzewski，“Indemnities and suretyship”，Journal of International Banking and Financial Law，Vol.4（2015），p.202.

可以涵盖在内。[①]

保证人承担清偿责任而支付相应费用时，该费用可作为事务管理费用，发生追偿权才是公平的，否则，若由保证人承担此部分必须支付的费用，意味着成为保证人是必须付出代价的。各国立法大都支持保证人可主张从偿付主债权时起就偿付金额的法定利息，如《意大利民法典》第1950条第3款的规定。[②]或许有人质疑，保证人支付给债权人的金额已涵盖主债务的利息，其再向主债务人主张偿还利益是否违反了复利不受法律支持的规定？该质疑应予以驳回，因为已偿还债务的利息，成了追偿债权的本金，而非利息，因此不构成复利的计算。

如果保证人能证明，他因主债务人不履行主债务还遭受了其他损失，则他有权就这些损失向主债务人追偿。[③]在德国，保证人能够主张与债权人庭审相关的支出，特别是主债务人所同意支出的或者事实上不可避免的费用。[④]各国对因保证责任承担发生费用计算方法不同，根据《西班牙民法典》第1838条的规定，已支出的合理费用亦为可追偿的范围，然而必须是主债务人已经得知的费用；[⑤]《日本民法典》则未规定。在我国司法实务中，对于保证人能证明的为承担保证责任支付的费用及损失，大多获得了支持。在“苏州市相城区

---

① ［日］我妻荣著：《新订债权总论》，王燚译，中国法制出版社2008年版，第414—415页。

② 《意大利民法典》，陈国柱译，中国人民大学出版社2010年版，第336页。

③ 董安生主编：《新编英国商法》，复旦大学出版社2009年版，第351页。

④ ［德］克里斯蒂安·冯·巴尔、［英］埃里克·克莱夫主编：《欧洲私法的原则、定义与示范规则：欧洲示范民法典草案》（第4卷），于庆生、温大军、胡琳等译，法律出版社2014年版，第1255页。

⑤ 《西班牙民法典》，潘灯、马琴译，中国政法大学出版社2013年版，第451页。

永大农村小额贷款有限公司等诉叶某保证合同纠纷案”[①]中，二审法院判决认为永大公司承担叶某的律师费用符合当事人之间的合同约定，也不违反法律规定，故永大公司主张其不应承担律师费的上诉理由于法无据，不予支持。此外，保证人为清偿行为所支付的合理费用应提供相应证据，否则其主张不应得到支持。

对于保证合同中约定的保证人由于违约给债权人造成的损害赔偿，保证人能否向主债务人追偿。有学者认为，由于合同相对性原则，不能向主债务人追偿。[②]另有学者认为，保证设立的初衷是确保债权人债权获得全额清偿，是主债务人的债务，并不是一项保证人自身的债务，因此，保证人清偿范围仅限于主合同约定，债权人可得到的偿还额度不能因为保证的出现而得到扩张，也不能因为保证人而取得不当的利益，[③]故保证合同中该类约定应为无效。就保证合同已向债权人支付损害赔偿金的保证人亦不得向主债务人追偿弥补所支付的款项。

（二）追偿权行使法律效果

保证人追偿权本质上应属于债权，当保证人仅进行了一部分主债务的履行时，其对主债务人的追偿权与债权人实现债权请求权同时存在，此时对何种权利更为优先保护，抑或是将两者视为地位平等，各国立法乃至学理持有不同观点，分歧较大。法国的担保法对此规定，除非另有协商约定，否则应当是平等受偿的。[④]在希腊，根据学者们

---

① 参见江苏省高级人民法院（2015）苏民终字第 00273 号民事判决书。

② 高圣平：《民法典担保从属性规则的适用及其限度》，载《法学》2020 年第 7 期。

③ 崔建远：《论保证规则的变化》，载《中州学刊》2021 年第 1 期。

④ 沈达明编著：《法国 / 德国担保法》，中国法制出版社 2000 年版，第 40 页。

的主流观点，在部分偿付的情况下，保证人的部分追偿权是与债权人剩余的债权相互竞争的，因此，债权人和保证人要按比例获得清偿。[①]

我国台湾地区学者认为，当事人约定债权人的债权优先于保证人对主债务人的追偿权受偿，符合合同相关规定的基本原则，亦未违反法律强制性规定，基于契约自由理念，此类约定是有效的。同时，此类约定也并没有对保证人负担的义务进行增加，债权人的义务也没有因此得到减免。针对我国台湾地区相关规定中确立的保证人预先放弃权利无效的规定，此类约定也并未与之冲突，因为保证人本身并无优先权，因此无所谓放弃。基于上述法理依据，此类约定是具有法律效力的，各方均应遵守该约定。[②]

在无约定债权人债权优先于保证人追偿权实现的情形下，有学者认为，若仅清偿了部分债务，两者的法律地位竞合，此时，债权人请求主债务人偿还主合同剩余债权优先。[③]根据希腊少数学者的观点，债权人的权利是优先的，只有在债权人和保证人对主债务人的权利处于同一层次时，主流观点才是合理的。但是，由于共同债务人要在全部履行完成之前一直负有责任，而债权人仍然可以就剩余部分的偿付向保证人提出请求，所以事实并非如此。[④]有学者将债权

---

① ［德］克里斯蒂安·冯·巴尔、［英］埃里克·克莱夫主编：《欧洲私法的原则、定义与示范规则：欧洲示范民法典草案》（第4卷），于庆生、温大军、胡琳等译，法律出版社2014年版，第1156页。

② 林廷机著：《保证》，三民书局股份有限公司2010年版，第26页。

③ 沈达明编著：《法国/德国担保法》，对外经济贸易大学出版社2015年版，第36页。

④ ［德］克里斯蒂安·冯·巴尔、［英］埃里克·克莱夫主编：《欧洲私法的原则、定义与示范规则：欧洲示范民法典草案》（第4卷），于庆生、温大军、胡琳等译，法律出版社2014年版，第1156页。

人视为有物的担保债权人，且在对特定物行使担保物权时，其债权才应有优先受偿性。[①]如果保证人和主债务人进行了两次清偿，债权人多获得的履行部分应返还，若保证人履行债务时无过失，其有权要求债权人首先返还其偿付部分。[②]

三、保证人追偿权的保全

保证人尚未履行清偿责任，若可能影响预期追偿权行使的事由出现，保证人是否享有救济手段？为保障保证人的利益，各国各地区对未履行清偿责任的保证人赋予了相应权利，其中一种立法例为保证人享有“保证责任解除权”，德国、意大利、瑞士等采用此立法例；另一种立法例为承认保证人对主债务人的“追偿权预先行使”，法国、日本等采用此立法例。但各国对预先行使追偿权的条件规定各有不同，且预先行使的法律效果亦存在差异，其背后体现了立法对保证人权利的保护程度。

（一）保证人追偿权预先行使之制度价值

在英美法中，当主债务人的行为侵害了保证人对主债务人履行主合同责任的期待与信任情形时，保证人被赋予某些不安救济的措施。[③]不安救济是在保证责任到期之前，针对主债务人有可能违约时，保证人可获得的救济。在英国法中，基于公平与平等原则的考量，

① 金永熙著:《贷款担保诉讼》(第2版)，人民法院出版社2002年版，第414页。

② 许明月著:《英美担保法要论》，重庆出版社1998年版，第49—50页。

③ Bae, Frank S. H., and Marian E. McGrath, “Rights of a Surety (Or Secondary Obligor) under the Restatement of the Law, Third, Suretyship and Guaranty”, Banking Law Journal, Vol.122, No.8 (2005), p.794.

保证人可以获得提前救济的权利，能够合理避免预期的损害，同时是理性经济人在订立契约时所期待的。预防救济权利源于保证人与主债务人之间默示的协议约定，即保证人有权在可能承担责任的风险发生时获得及时、合理的救济。①

在大多数大陆法系国家的法律中，如法国、德国、意大利、比利时、西班牙等，保证人在履行保证责任前便享有提前向主债务人采取救济措施的权利。上述国家学界及司法实务中普遍认为，应当保护保证人免受主债务人破产等情况出现带来的危机，因为保证人的义务来源于其友善的决策。此外，在意大利法中，保证人之所以享有权利，被认为是基于情势变更这一民事立法基本原理，允许保证人预先采取措施以避免可能遭受的不利益。②《德国民法典》第775条的立法目的即对保证人的保护，使其少受订立契约时无法预计之风险的影响，尽量避免损失无法得到弥补情形的发生。③

保证制度应尽可能地设计有助于督促主债务人履行主合同义务的条款，赋予保证人权利是以主债务人为债务履行最终主体为前提的。④保证人通过预先行使追偿权获得主债务人的支付金额或新的担

---

① ［德］克里斯蒂安·冯·巴尔、［英］埃里克·克莱夫主编：《欧洲私法的原则、定义与示范规则：欧洲示范民法典草案》（第4卷），于庆生、温大军、胡琳等译，法律出版社2014年版，第1240页。

② ［德］克里斯蒂安·冯·巴尔、［英］埃里克·克莱夫主编：《欧洲私法的原则、定义与示范规则：欧洲示范民法典草案》（第4卷），于庆生、温大军、胡琳等译，法律出版社2014年版，第1240页。

③ 陈卫佐译注：《德国民法典》（第4版），法律出版社2015年版，第306页。

④ Bae, Frank S. H., and Marian E. McGrath, “Rights of a Surety (Or Secondary Obligor) under the Restatement of the Law, Third, Suretyship and Guaranty”, Banking Law Journal, Vol.122, No.8 (2005), p.791.

保的设立，保证人可以此提前清偿主债务，使主债务人合同义务解除，提前防范最终不利信用风险的承担。若保证制度的安排基于公平原则的考量，不应由保证人承担最终的一切风险。构建预先行使追偿权规范的意义在于较好地平衡了各方主体之间的利益，保全了债权人的债权与保证人的权利，回归保证设立的本质，债务终须由主债务人承担。

（二）保证人追偿权预先行使的法定事由

各国立法多设计了保证人可以预先行使追偿权的各种情形。由于保证人追偿权保全制度的程序设计，实现了各方主体的利益平衡，保证法律关系各方主体未受不利影响。因此，通过观察各国保证相关法律，保证人追偿权保全的事由除了我国法中唯一的主债务人处于破产程序外，追偿权可预先行使的情形相对广泛与妥当。然而此类保全权利享有的先决要件是，保证人应主债务人的委托或在后者的实际或事实上的同意下提供保证，[①]即无因管理成立的保证关系中，保证人不享有追偿权的预先行使。在大多数国家，通常涉及主债务人财务状况恶化或处于破产情形、主合同履行期届满、主合同未约定履行期但签署合同已十年时间等规定为追偿权预先行使的条件。

主债务人的财务状况恶化分为两种情形，一种情形为主债务人无力清偿，无力清偿并非限于已经处于破产境地；另一种情形为主债务人财产发生大幅减少。此两种情形都严重影响主合同债权的完

① [日] 我妻荣著：《新订债权总论》，王燚译，中国法制出版社 2008 年版，第 437 页。

产程序；若保证人未对主合同进行清偿，则需要在债权人参与破产程序的情形下，保证人才能进入该程序。[①] 根据英国判例法，主债务人破产时，一般情况下，保证人并不能作为债权人登记债权，除非保证人履行了主合同义务，抑或债权人仅选择由保证人履行义务而放弃由主债务人清偿责任，否则会发生主债务人的同一债务存在不同权利人的情况。[②] 我国《担保制度司法解释》与上述英国判例法规则类似，仅在清偿了全部担保债务后，才享有主债务人破产财产的分配，司法审判实务亦严格适用了该项立法改变。[③]

（三）保证人追偿权预先行使的形式

主债务人应保证人提出的追偿权预先行使的请求，主动清偿主债务是一种选择，此外，亦可以通过向保证人偿付以实现保证人的追偿权请求。若不能通过上述两种方式满足保证人请求，主债务人也可以为保证人设定担保，乃至就保证契约的解除与债权人协商沟通。[④] 若追偿权得以提前实现，将改变各方主体的法律关系。如主债务人向保证人进行了偿付，则保证人提前获得将来需要偿付债权人的资金，主债务人的债务转移于保证人。倘若债权人此后未对保证人主张主合同债务的清偿，或未从保证人处获得债权清偿，保证人取得的财产权利属于不当利益。

---

① 沈达明编著：《法国 / 德国担保法》，对外经济贸易大学出版社 2015 年版，第 173 页。

② 董安生主编：《新编英国商法》，复旦大学出版社 2009 年版，第 356 页。

③ 参见浙江省绍兴市中级人民法院（2021）浙 06 民初 154 号民事判决书。

④ ［日］我妻荣著：《新订债权总论》，王燚译，中国法制出版社 2008 年版，第 436—437 页。

而不是约定的，它产生自保证人与债权人的关系本身。[①] 代为求偿的规则是毫无疑问的，它建立在自然理性和公正的最简单的原则之上，即履行债务的保证人应处于债权人的地位，享有债权人所拥有的所有权利，以获得偿还。这种权利更多地来自公平原则，而不是合同或准合同。[②] 一旦保证人履行了清偿义务，保证人即享有债权人对主合同所拥有的任何权利。[③] 基于公平正义原则，立法承认保证人的代位权。[④]

虽然大多数国家和地区继受了罗马法的规定，赋予了保证人代位权，但关于代位权的规范基础存在各种解释，赋予保证人代位权原因，以及它的功能为何，代位权范畴等有不同的观点。[⑤] 此代位权，学者也称其为"法定承受权"，[⑥] 实际上是原债权的法定转移，并不需

---

① ［德］克里斯蒂安·冯·巴尔、［英］埃里克·克莱夫主编：《欧洲私法的原则、定义与示范规则：欧洲示范民法典草案》（第4卷），于庆生、温大军、胡琳等译，法律出版社2014年版，第1255页。

② Johann Andreas Dieckmann, "The Normative Basis of Subrogation and Comparative Law: Select Explanations in the Common Law, Civil Law and in Mixed Legal Systems of the Guarantor's Right to Derivative Recourse?" The Tulane European and Civil Law Forum, Vol.27 (2012), p.79.

③ Bae, Frank S. H., and Marian E. McGrath, "Rights of a Surety (Or Secondary Obligor) under the Restatement of the Law, Third, Suretyship and Guaranty", Banking Law Journal, Vol.122, No.8 (2005), p.796.

④ Gregg H. Mosson, "Equitable Subrogation in Maryland Mortgages and the Restatement of Property: A Historical Analysis for Contemporary Solutions", University of Baltimore Law Review, Vol.41, No.4 (2012), p.710.

⑤ Johann Andreas Dieckmann, "The Normative Basis of Subrogation and Comparative Law: Select Explanations in the Common Law, Civil Law and in Mixed Legal Systems of the Guarantor's Right to Derivative Recourse?" The Tulane European and Civil Law Forum, Vol.27 (2012), p.56.

⑥ 黄立著：《民法债编总论》，中国政法大学出版社2002年版，第593页。

而享有，保证人代位权则是基于债权的法定转移产生，但二者均为确保保证人损失得以补偿的权利。为维护保证人利益，《民法典》确立了保证人享有的代位权与追偿权规范并存。

（一）保证人享有代位权的理论基础

保证人清偿主债务后可要求主债务人偿付损失，其通过债权的转让或与主债务人原因关系求偿即可实现损失偿还[①]，第一项即代位权，而第二项为追偿权。大多数大陆法系国家立法，如法国、意大利、日本立法均肯定了保证人的追偿权和代位权[②]；英美法系国家亦如此[③]，美国《路易斯安那民法典》赋予履行义务的保证人对主债务人享有两项独立的权利：代位权和追偿权[④]。其第 3048 条亦规定，清偿了主合同债务的保证人依法取得债权人的权利。[⑤]《纽约州民法典草案》第 1369 条规定，保证人部分或全部履行具有给付内容的裁决后，拥有债权人对债务人的所有权利。[⑥]代位权在性质上是衡平的，

① ［德］迪特尔·梅迪库斯著：《德国债法总论》，杜景林、卢谌译，法律出版社 2004 年版，第 424 页。

② 《法国民法典》，罗结珍译，北京大学出版社 2010 年版，第 503 页；《意大利民法典》，陈国柱译，中国人民大学出版社 2010 年版，第 336 页；王融擎编译：《日本民法：条文与判例》（上），中国法制出版社 2018 年版，第 420 页。

③ James O' Donovan, John Phillips, The Modern Contract of Guarantee, Sweet & Maxwell, 2003, p.656, p.753.

④ Michael H. Rubin, "Ruminations on Suretyship", Louisiana Law Review, Vol.57, No.2 (1997), p.586.

⑤ 《路易斯安那民法典》，娄爱华译，胡雪梅校，厦门大学出版社 2010 年版，第 350 页。

⑥ ［美］戴维·达德利·菲尔德著：《纽约州民法典草案》，田甜译，王莹莹校，中国大百科全书出版社 2007 年版，第 255 页。

为主合同履行提供担保时已经获得主债务人为其设立的担保，则保证人不应再享有追偿权的预先行使。[①] 一些国家的立法要求，保证人应当通过法律途径请求主债务人另行提供担保，如提起诉讼程序。[②]

第二节 代位权：对追偿权实现的强化

保证人追偿权与代位权的区别与联系，涉及对保证人基础权利性质的解释及是否赋予保证人充分的权利。各国对保证人是否享有代位权及代位权能否与追偿权兼容存在不同学说及立法。我国《民法典》出台后，确立了保证人享有的代位权，但对代位权的行使构成要件、行使效力范围、行使限制未予规定，使得代位权的适用产生诸多问题。对保证人代位权的研究，关系到连带责任保证人权利体系化构建的完善。

一、建立保证人代位权的必要性与法律基础

我国《民法典》出台前，立法仅规定了保证人的追偿权，并未规定保证人享有的代位权，但学者对追偿权与代位权权利取得、阻却行使事由、行使范围等差异进行了分析，多认为立法应赋予保证人代位权。保证人的追偿权基于保证人与主债务人的民事法律基础

---

① ［日］我妻荣著：《新订债权总论》，王燚译，中国法制出版社2008年版，第437页。

② ［德］克里斯蒂安·冯·巴尔、［英］埃里克·克莱夫主编：《欧洲私法的原则、定义与示范规则：欧洲示范民法典草案》（第4卷），于庆生、温大军、胡琳等译，法律出版社2014年版，第1243页。

关于保证人追偿权保全的诉讼请求，法院能否直接强制主债务人向债权人或保证人清偿，学界存在较大争议。在实践中，法国多数学者的观点认为，不能强制执行主债务人的责任，因为此时并不存在现实的侵害；部分学者持有的观点及法院裁决均认为，保证人的作为或不作为亦可能是造成损失发生的原因。在大多数法国学者看来，如果保证人并未履行主合同清偿义务，则无所谓补偿，且若主债务人已发生财务状况恶化无力偿还的情况，任何赔偿都将是不可能的，因此，保证人不能得到任何赔偿。[①] 在英美法中，法院可以判决要求主债务人进行清偿，且该清偿可能是满足债权人的债权实现，也可能是满足保证人追偿权的提前实现。当主债务人清偿保证人之后，主合同债务对其而言视为已偿还，然后债权人需向保证人提出履行请求。然而，只要保证人向法院提出追偿权保全诉讼请求，立法即假定保证人已经同意将对主合同进行清偿。[②]

在学理上，法国、西班牙、比利时学界多认为，物的担保或保证的设立是采取救济措施的唯一合理途径，只有此救济措施才能与追偿权保全行使目的相符。[③] 通常情况下，希望从主债务人处直接得到保障是渺茫的，然而保证人的行为会迫使主债务人去筹集资金，或至少会寻求第三方提供担保，此时财产担保较受保证人青睐。若保证人

① ［德］克里斯蒂安·冯·巴尔、［英］埃里克·克莱夫主编：《欧洲私法的原则、定义与示范规则：欧洲示范民法典草案》（第 4 卷），于庆生、温大军、胡琳等译，法律出版社 2014 年版，第 1242—1243 页。

② 许明月著：《英美担保法要论》，重庆出版社 1998 年版，第 58 页。

③ ［德］克里斯蒂安·冯·巴尔、［英］埃里克·克莱夫主编：《欧洲私法的原则、定义与示范规则：欧洲示范民法典草案》（第 4 卷），于庆生、温大军、胡琳等译，法律出版社 2014 年版，第 1239 页。

要通过协商一致即可产生转移，[①]依法律规定而继受取得债权。保证人继受原债权后，原债权之担保亦随同转移，其法律效果与债权转让相同，债权及其担保性权利一并转至保证人，但这些权利与原债权人不可分割的除外。[②]主债权转移，从属性的权利自动转移保证人[③]，债权之瑕疵亦随同转移[④]。

关于代位行使权利的内容，《德国民法典》第 774 条规定应理解为，保证人代位权行使范围包含了主债权及其从属性权利，尤其是担保性权益；《希腊民法典》第 458 条亦可类推进行解释，从属性权利可同时转移至保证人，而无论该保证是在担保成立前抑或成立后设立，以及是否由主债务人或第三人设立，比利时、法国立法的规定与此相同；根据英国法律，保证人代替主债务人清偿主合同债务后，能够以代位的方式取得债权人的所有权利[⑤]，且判例法认为，不论该权利是否由主债务人抑或由第三人提供的担保权益[⑥]。我国《民

---

① 林诚二著：《民法债编各论》（下），中国人民大学出版社 2007 年版，第 249 页。

② 林廷机著：《保证》，三民书局股份有限公司 2010 年版，第 51—52 页。

③ Johann Andreas Dieckmann. "The Normative Basis of Subrogation and Comparative Law: Select Explanations in the Common Law, Civil Law and in Mixed Legal Systems of the Guarantor's Right to Derivative Recourse?" The Tulane European and Civil Law Forum, Vol.27 (2012), p.60.

④ 林廷机著：《保证》，三民书局股份有限公司 2010 年版，第 53 页。

⑤ [德] 克里斯蒂安·冯·巴尔、[英] 埃里克·克莱夫主编：《欧洲私法的原则、定义与示范规则：欧洲示范民法典草案》（第 4 卷），于庆生、温大军、胡琳等译，法律出版社 2014 年版，第 1259–1260 页。

⑥ 董安生主编：《新编英国商法》，复旦大学出版社 2009 年版，第 350 页；沈达明、冯大同编著：《国际经济贸易中使用的银行担保》，对外经济贸易大学出版社 2015 年版，第 12 页。

法典》出台前，学理上关于我国保证人是否享有代位权分歧较大。有学者认为，《民法典》第700条规定的保证人享有债权人对债务人的权利，是可以解释出代位权的请求权基础的。[①]司法审判实践亦有认同《民法典》承认保证人享有代位权而作出的判决。[②]另有学者主张，基于文义和目的解释，“债权人对债务人的权利”包括主债权及其担保权利，混合共同担保人之间是否享有相互追偿权，可通过类推适用第700条而确立。[③]

虽然保证人可以通过单独行使追偿权来实现其损失的弥补，但立法考虑到减少保证人追偿权实现不能的风险，加强对保证人利益的维护，因此，允许原债权及其债权上担保性权利一并转至保证人，而保证人已获得的追偿权是无任何担保的债权。[④]代位权赋予保证人在追偿权下所不具备的优势。在代位权下，保证人的债权具有债权人的担保地位和债权人债权的优先权。[⑤]保证人虽然拥有追偿权，但需要另一种救济手段，主要原因为，保证人希望行使债权人此前享有的权利。可能是主债务人资不抵债，债权人的权利享有特殊的优先权，这是追偿权所缺乏的。一个最明显的例子是主债务人提供给债权人的担保，如果担保人能够利用这种担保，那么他的追偿可能

---

① 邹海林：《我国〈民法典〉上的“混合担保规则”解释论》，载《比较法研究》2020年4期。

② 参见最高人民法院（2020）最高法民申343号民事裁定书。

③ 贺剑：《担保人内部追偿权之向死而生：一个法律和经济分析》，载《中外法学》2021年第1期。

④ 林廷机著：《保证》，三民书局股份有限公司2010年版，第51页。

⑤ Bae, Frank S. H., and Marian E. McGrath, “Rights of a Surety (Or Secondary Obligor) under the Restatement of the Law, Third, Suretyship and Guaranty”, Banking Law Journal, Vol.122, No.8 (2005), p.797.

更容易实现。

（二）追偿权与代位权法律效果的差异

保证制度中的代位权规则，处理了追偿保证人、受偿债权人和主债务人之间的关系，即保证人向债权人履行债务后，有权承接债权人享有的所有权利，并为自己的追偿权利用。[①] 学界对追偿权与代位权是否存在效用上的重叠有较大分歧，现今普遍的共识是，追偿权与代位权均是基于主合同义务的履行而获得的，两者在保证人损失弥补最终实现效果上是类似的。[②] 然而，保证人追偿权与代位权两者存在权利来源方式、阻却行使权利事由、权利行使范围等方面的制度设置和法律基础差异。由于两者权利来源不同将导致偿付金额的差别，因此仅赋予追偿权或仅赋予代位权的理念与立法例均是不足取的。保证人的追偿权依据保证人和主债务人之间的法律关系获得，是一种新权利，故通常不会存在负担，并不依附于债权人的债权，其行使方式和手段也与普通债权一样；保证人代位权则是由于保证人清偿主合同债务后债权法定转移。[③]

追偿权与代位权行使权利的范围亦存在部分差异，相比于追偿

---

① Johann Andreas Dieckmann, "The Normative Basis of Subrogation and Comparative Law: Select Explanations in the Common Law, Civil Law and in Mixed Legal Systems of the Guarantor's Right to Derivative Recourse?" The Tulane European and Civil Law Forum, Vol.27 (2012), p.50.

② 陈洁蕾：《保证的罗马法基础与法典化构建》，载《比较法研究》2019 年第 4 期。

③ 张尧：《混合共同担保中担保人内部求偿的解释论》，载《法学家》2017 年第 3 期。

权可获偿范围，代位权获偿范围不包含清偿主合同债务支付的必要费用、遭受的损失以及主合同义务免除后的利息，因为该等费用原债权人均不享有。此外，追偿权可预先行使，代位权则不能。主债务人基于其与债权人之间的法律关系而提出的抗辩不受影响。[①]尽管如此，行使代位权对保证人也是有利的，基于此权利，保证人取得担保性权利[②]，避免了各种债权人应平等受偿的规则[③]，而基于追偿权无法行使原债权的从属性权利[④]。

有观点认为，追偿权与代位权要实现的目标一致，都是为了确保有权利之人请求债务人履行债务，因此二者构成了竞合关系，即请求权竞合，权利人应择一行使，[⑤]权利人可以选择对其有利的方式行使。在司法实务中，亦有判决认为保证人追偿权与代位权构成请求权竞合。[⑥]而有学者认为，代位权与追偿权不构成竞合，通说认为，代位权强化了追偿权的效力，弥补了追偿权效力的不足。[⑦]保证人承接债权人对主债务人的一切权利，并利用从债权人处取得的权利进行求偿。因为保证人从债权人那里获得了相对于主债务人的地位，所以这种偿还方式可称为衍生追偿权，该术语在德语中区分了代位

---

① Michael H. Rubin, “Ruminations on Suretyship”, Louisiana Law Review, Vol.57, No.2 (1997), p.587.

② 王泽鉴著:《民法概要》(第2版)，北京大学出版社2011年版，第360页。

③ 沈达明编著:《法国/德国担保法》，对外经济贸易大学出版社2015年版，第34页。

④ 郑玉波著:《民法债编各论》(下)，三民书局1981年版，第854页。

⑤ 孙森焱著:《民法债编总论》，法律出版社2006年版，第741页。

⑥ 参见最高人民法院（2000）经终字第267号民事判决书。

⑦ 谢鸿飞:《连带债务人追偿权与法定代位权的适用关系——以民法典第519条为分析对象》，载《东方法学》2020年第4期。

权和保证人对主债务人的原始追偿权。[①]

欧洲大多数国家都承认两种权利之间的独立性，因此，每项权利都受其特有制度的调整。虽然有部分学者认为两种诉权具有同一性，因为代位权的实现需要通过追偿权这一技术路径。但大多数学者坚持认为两类权利的产生基础存在不同，因此它们是独立的。[②] 在代位权中，保证人寻求向主债务人主张债权人的权利，而在追偿权中，保证人试图向主债务人主张自己的权利。[③] 代位权是独立的，不影响保证人向主债务人的追偿权。相反，代位权影响了主债务人的其他债权人的债权实现。[④] 大多数国家立法或司法审判实务均认可两种权利可以进行叠加诉讼，保证人既可以选择就其中一种权利提起救济，又可以同时选择两种权利的救济。保证人的代位权之目的，在于确保求偿，与保证人的追偿权并不抵触，故保证人就代位权与追偿权可选择其一行使或一并行使，如已受全部清偿，则其他权利

---

① Johann Andreas Dieckmann, "The Normative Basis of Subrogation and Comparative Law: Select Explanations in the Common Law, Civil Law and in Mixed Legal Systems of the Guarantor's Right to Derivative Recourse?" The Tulane European and Civil Law Forum, Vol.27 (2012), p.52.

② [德]克里斯蒂安·冯·巴尔、[英]埃里克·克莱夫主编：《欧洲私法的原则、定义与示范规则：欧洲示范民法典草案》(第4卷)，于庆生、温大军、胡琳等译，法律出版社2014年版，第1256页。

③ Bae, Frank S. H., and Marian E. McGrath, "Rights of a Surety (Or Secondary Obligor) under the Restatement of the Law, Third, Suretyship and Guaranty", Banking Law Journal, Vol.122, No.8 (2005), p.796.

④ Christoph Henkel, "Personal Guarantees and Sureties between Commercial Law and Consumers in the United States", The American Journal of Comparative Law, Vol.62, No.1 (2014), p.355.

应归消减。[1]然而，较早期的法国学者认为，保证人必须从两种权利间选择其一；在意大利，追偿权与代位权两种诉讼之间的区别仍然是有争议的；由于程序上的障碍，西班牙也是如此。但是，也有一些学者对允许两种权利的叠加表示了赞同，叠加无疑是对保证人最好的保护，《欧洲示范民法典草案》即采用此立法例。[2]

二、保证人代位权的构成要件

通过大多数国家的立法例观之，代位权的取得必须满足相关要素，即保证人履行了主合同债务，且取得了对主债务人的追偿权。保证人代位权的取得前提要素为其已经履行了主合同债务。[3]若保证人清偿了主合同债务，但由于保证人和主债务人的赠与关系等，不成立追偿权，也不成立代位权；或保证人履行清偿责任存在过失，对主债务人的追偿权不复存在，则保证人的代位权亦不存在。如学者所言，代位权从属于追偿权，目的是保障追偿权的实现。[4]按代位权系为确保追偿权而设，保证人无追偿权，亦无代位权。如债权人对保证人为无偿的债务免除的情形，保证人无追偿权，保证人亦无代位权。[5]保证人不得试图以折扣“购买”债权，然后试图从主债务人

---

① 钱桐荪:《保证责任研究》，载《法令月刊》1962 年第 7 期。

② ［德］克里斯蒂安·冯·巴尔、［英］埃里克·克莱夫主编:《欧洲私法的原则、定义与示范规则：欧洲示范民法典草案》（第 4 卷），于庆生、温大军、胡琳等译，法律出版社 2014 年版，第 1250 页、第 1256 页、第 1257 页。

③ 邱聪智著:《新订债法各论》（下），中国人民大学出版社 2006 年版，第 396—397 页；姜淑明:《保证人的权利及其救济》，载《法学杂志》2005 年第 3 期。

④ ［德］迪尔克·罗歇尔德斯著:《德国债法总论》（第 7 版），沈小军、张金海译，中国人民大学出版社 2014 年版，第 423 页。

⑤ 林诚二著:《民法债编各论》（下），中国人民大学出版社 2007 年版，第 248 页。

处追偿全部主债务金额，这是因为保证人的保证合同是主合同的从属合同，保证人不应该通过与债权人的讨价还价而获得意外之财。[①]被债权人免除的债务部分，保证人不享有代位权。

在实务中，主债务人可能与保证人约定债权人的权利不得转移于保证人，此类约定被认为是不公平的，原因是保证人为主债务人利益已清偿主合同债务，主合同债务并非保证人自身之债务。《欧洲示范民法典草案》第Ⅳ.G–2：113 条第 3 款亦规定了此类契约条款的无效性。[②]在德国实践中，金融机构的格式契约条款通常会约定，只有主合同债权获得完全清偿后，债权人才能将相关权利转移给保证人。[③]美国法中部分承认了该类条款的有效性，即金融机构与保证人约定的在债权未获全部清偿前，保证人不得对主债务人或其他担保人财产提出执行。[④]虽然保证人享有的代位权从清偿债权人时即自动获得，但从上述国家的实践观之，通常情况下，债权人会与保证人约定，保证人的代位权以全额满足主合同债务为条件。

保证人行使代位权是否需通知才生效？有学者认为，保证人履行主合同债务即享有代位权，法定代位债权区别于普通债权的转让，

---

① Michael H. Rubin, "Ruminations on Suretyship", Louisiana Law Review, Vol.57, No.2 (1997), p.587.

② [德] 克里斯蒂安·冯·巴尔、[英] 埃里克·克莱夫主编：《欧洲私法的原则、定义与示范规则：欧洲示范民法典草案》(第 4 卷)，于庆生、温大军、胡琳等译，法律出版社 2014 年版，第 1251 页。

③ 沈达明编著：《法国 / 德国担保法》，对外经济贸易大学出版社 2015 年版，第 168 页。

④ [美] 斯蒂芬·加奇著：《商法》(第 2 版)，屈广清、陈小云译，中国政法大学出版社 2004 年版，第 394 页。

主债务人不可以没有收到通知为由主张抗辩。[①] 债权人权利的固然转移为保证人代位权的本质，没有经过债权人或保证人的意思表示由法律规定产生，因此对主债务人的生效是无须通知的，清偿之时该项权利即生效。但从成本效益和利益平衡方面来看，保证人清偿主合同债务后通知主债务人，并不为过分之要求，还防止了主债务人可能的又一次清偿，保证人向主债务人追偿需满足无过失要件，且如果保证人无权向主债务人追偿，则不享有代位权，因此代位权的行使以通知为生效要件较为合理。因保证人行使代位权需要对担保所涉标的物进行处分，此时通知主债务人在内的利益相关当事人，是维护交易安全所必需的，防止因处分程序及实体内容产生争议，增加交易成本。

三、保证人代位权的行使

保证人履行清偿义务后，可代位债权人行使的权利范围，各国存在不同立法，特别是对于代位权行使的范围是否包含第三人提供的担保，保证合同成立后设立的担保是否为代位权行使内容等问题，学界存在较大争议。保证人代位权行使方式是否需满足债权转让要件？学界亦产生了争议，不同立法例与学说体现了对保证人权益保护的不同。此外，大多数国家立法认为当保证人仅履行了部分清偿义务，保证人行使代位权不得损害债权人对主债务人的权利。

（一）代位权行使的效力范围

保证人代位权可以行使的效力范围，以其获得的追偿权数额为

① 王泽鉴著：《民法概要》（第2版），北京大学出版社2011年版，第360页。

限，在此限度内，代位权行使的结果是获得原债权及与原债权相关的从权利及债权的保全权利（撤销权、代位权）。[①]根据域外大多数法律制度，如美国法中，保证人的代位权包括了主债务人和共同担保人向债权人提供的任何担保。[②]此外，有学者认为，出让方享有的保留所有权、出租方享有的取回权等担保立法体系承认的非典型性担保权利亦为代位权效力涵盖范围。[③]我国司法审判实务中亦有判决支持此类观点。[④]在英美法中，保证人代位权的范围还涵盖程序法上的权利。[⑤]

签署主协议和保证协议时，主协议上也许没有主债务人设定的物的担保，在合同执行中，由于主债务人或保证人的资信情况向不利债权完全履行发展，此时，主债务人可能被要求以其现有实物资产进行担保，此类设定在保证关系成立后的物的担保，是否为代位权行使效力范畴？根据《瑞士债务法》第 507 条的规定，仅仅是在保证合同签署时已经成立的担保性权利，或者无论何时只有是由主债务人设立的担保性权利，才能由保证人承受，当事人之间另有约定的不受此限制。[⑥]而普通法系国家的判例持有的观点认为，保证人拥有的代位权，可向担保主合同的全部担保性权益行使

---

① 程啸：《混合共同担保中担保人的追偿权与代位权——对〈物权法〉第 176 条的理解》，载《政治与法律》2014 年第 6 期。

② ［美］斯蒂芬·加奇著：《商法》（第 2 版），屈广清、陈小云译，中国政法大学出版社 2004 年版，第 394 页。

③ 程啸著：《保证合同研究》，法律出版社 2006 年版，第 309 页。

④ 参见最高人民法院（2000）经终字第 267 号民事判决书。

⑤ James O' Donovan, John Phillips, The Modern Contract of Guarantee. Sweet & Maxwell, 2003, p.656, p.754.

⑥ 《瑞士债务法》，戴永盛译，中国政法大学出版社 2016 年版，第 230—231 页。

其权利，因此，这包含了保证人可以对时间设定在后的担保物行使权利。[①]

保证人代位权行使效力涉及担保物权的取得，因此会产生代位权的取得未经过相应公示程序（动产转移占有或不动产登记）能否产生效力的问题，有学者认为，保证人代位权涉及的物的担保转移非约定转移，法定转移不需要履行权利主体变更的公示即可成为权利人。[②] 依据我国《民法典》第547条的规定，债权人债权之担保物权的转移，不以办理登记及转移占有为要件。由于保证人代位权的实现涉及多方主体利益，因此，保证人应尽到谨慎注意义务，与此同时，所涉相关主体的行为亦不应损害保证人享有的代位权。若损害保证人拥有的代位权，应承担相应的法律后果。

（二）代位权行使的限制

一旦保证人对主债务的履行作出清偿，债权人的权利根据其履行额度相应转移，当保证人未全额履行，债权人对剩余部分债务依旧享有向主债务人请求履行的权利。此时，债权人的剩余债权与保证人承接的债权同时存在于同一担保标的物上，应按照怎样的顺位进行偿还？有学者认为，保证人和债权人的权利是平等的，应按比

---

① 董安生主编：《新编英国商法》，复旦大学出版社2009年版，第350页；沈达明、冯大同编著：《国际经济贸易中使用的银行担保》，对外经济贸易大学出版社2015年版，第12页。

② 程啸：《混合共同担保中担保人的追偿权与代位权——对〈物权法〉第176条的理解》，载《政治与法律》2014年第6期。

例受偿。[①] 也有学者认为，债权人的利益因担保物权的不可分性而优先。[②] 仅清偿了部分主合同债务的保证人只能享有相应部分的权利，在主债务人出现破产或被强制执行其财产时，作为一般性原则，债权人未获得实现的债权部分优先于保证人已取得的针对主债务人的权利部分，原理是保护权利来源者的优先性。[③]

保证人行使代位权不能损害债权人的利益为各国各地区民法确立的基本原则。[④]《法国民法典》[⑤]《瑞士债务法》[⑥] 均规定债权人仅得到一部分清偿时，未受全部清偿的债权人的担保物权优先于保证人基于代位权取得的担保物权。《德国民法典》也存在相同规定。[⑦] 我国台湾地区对此问题经历了制度演变，相关规定的修订理由认为，通常情况下，原债权人未获得实现的利益将不受保证人偿还部分债务

---

① Johann Andreas Dieckmann, "The Normative Basis of Subrogation and Comparative Law: Select Explanations in the Common Law, Civil Law and in Mixed Legal Systems of the Guarantor's Right to Derivative Recourse?" The Tulane European and Civil Law Forum, Vol.27 (2012), p.77.

② 王泽鉴著:《民法概要》(第 2 版), 北京大学出版社 2011 年版, 第 236 页。

③ [德] 克里斯蒂安·冯·巴尔、[英] 埃里克·克莱夫主编:《欧洲私法的原则、定义与示范规则: 欧洲示范民法典草案》(第 4 卷), 于庆生、温大军、胡琳等译, 法律出版社 2014 年版, 第 1250 页。

④ Johann Andreas Dieckmann, "The Normative Basis of Subrogation and Comparative Law: Select Explanations in the Common Law, Civil Law and in Mixed Legal Systems of the Guarantor's Right to Derivative Recourse?" The Tulane European and Civil Law Forum, Vol.27 (2012), p.60.

⑤ 《法国民法典》, 罗结珍译, 北京大学出版社 2010 年版, 第 323 页。

⑥ 《瑞士债务法》, 戴永盛译, 中国政法大学出版社 2016 年版, 第 230—231 页。

⑦ 陈卫佐译注:《德国民法典》(第 4 版), 法律出版社 2015 年版, 第 306 页。

的影响。[①] 因此，在保证人作出部分履行主合同义务时，债权人剩余部分的权利优于保证人部分的代位权受到偿还。

有学者认为，虽然保证人享有代位权，但在主债务全部清偿以前，主债务人仍对全部债务负责，直到主合同履行完毕，因此，保证人不得代位行使债权人权利。[②] 这样做是为了在主债务履行完成之前保护债权人，否则，如果在主债务完全履行之前，保证人享有了债权人的地位和权利，债权人的权利将与保证人的权利相竞争。[③] 英国法确立的一般原则是，只有在债权人获得全额偿付的情况下，保证人方能取得代位权。学理及司法审判实务普遍认为，按清偿比例获取债权人的权利并不适用于代位权理论；而在希腊，保证人对主债务人权利与债权人对主债务人的权利是对等的，因此可以依照比例对主债务人行使权利。[④] 原《日本民法典》第 502 条第 1 款采取债权人与保证人平等受偿原则，2017 年修订民法典后，采取债权人债权实现优先立法例。[⑤]

---

① 邱聪智著：《新订债法各论》（下），中国人民大学出版社 2006 年版，第 399 页。

② 郑玉波著：《民法债编总论》（修订 2 版），中国政法大学出版社 2004 年版，第 405 页；黄立著：《民法债编总论》，中国政法大学出版社 2002 年版，第 593 页。

③ Bae, Frank S. H., and Marian E. McGrath, "Rights of a Surety (Or Secondary Obligor) under the Restatement of the Law, Third, Suretyship and Guaranty", Banking Law Journal, Vol.122, No.8 (2005), p.797.

④ ［德］克里斯蒂安·冯·巴尔、［英］埃里克·克莱夫主编：《欧洲私法的原则、定义与示范规则：欧洲示范民法典草案》（第 4 卷），于庆生、温大军、胡琳等译，法律出版社 2014 年版，第 1259 页。

⑤ 王融擎编译：《日本民法：条文与判例》（上），中国法制出版社 2018 年版，第 424—425 页。

第三节　保证责任除去请求权：对事前救济体系的调整性补缺

为保障保证人的利益不受损失，保证人于履行保证债务前，若可能影响预期追偿权行使的事由出现，可及时向主债务人主张追偿权，也可请求主债务人除去保证责任。此两项权利即追偿权的预先行使、保证责任除去请求权，两者成立的法定事由、制度价值相似。法国法、日本法与我国立法采取追偿权预先行使立法例，德国法、瑞士法采取保证责任除去请求权立法例。

一、赋予保证责任除去请求权的理论基础

保证法的根本原则与本质要求是，债务的最终负担主体为主债务人，而非保证人。因此，英美保证法规定了以下几种方式将最终履行义务的责任由主债务人承担，即保证人行使追偿权、代位权、保证责任除去请求权。[①] 在保证期间内，主债务人可能出现不利于履约的情况，为了减轻此种情况的发生对保证人的不利影响，域外多数立法例承认未履行主合同义务的保证人可通过相关法律救济措施保障自己的利益。一是追偿权的预先行使，二是保证人的保证责任除去请求权。以上两种措施，由不同立法例所产生，因此，大多数国家的法律普遍只确立了一种方式。保证人追偿权被立法所明确规

---

① Bae, Frank S. H., and Marian E. McGrath, "Rights of a Surety (Or Secondary Obligor) under the Restatement of the Law, Third, Suretyship and Guaranty", Banking Law Journal, Vol.122, No.8 (2005), p.793.

定的，立法亦相应认可了追偿权的保全措施。立法未明确规定追偿权但规定了代位权的，出现以保证责任除去的权利设计。两者的出发点及目的是一致的，赋予保证人挽救超出其签署合同时预期可能负担的结果的权利。

保证人向主债务人主张不予再承担保证责任，此时不会影响债权人的利益，因为主债务人采取的措施令保证人无须再承担主合同清偿义务。[①]由此可以认为，该项权利与保证人向债权人请求解除保证契约有所区别。保证责任除去是一种衡平法上的救济，保证人可以强制主债务人偿还债务或履行诺言。衡平法承认主债务人对保证人负有在履行义务到期时立即履行的义务，如果主债务人能够履行，则保证人免责。[②]保证人通过追偿权的预先行使可提前获取将来主合同清偿所付出损失的偿还；通过保证责任除去请求权则解除了保证契约的一切义务，并无所谓的事后追偿。在保证法律关系的设计中，最重要的目的应当是促使主债务人主动清偿主合同债务，保证责任除去请求权与该项立法目的相符，能够尽快结束各方法律关系；在追偿权的保全中，保证人负有清偿主债务的义务，各方法律关系依然存续。

有学者认为，主债务人通常通过以下途径使保证人责任得以免除，第一种途径为履行主合同债务，通过该途径，保证责任由于所担保债务的消灭而解除。第二种途径为给主合同履行另外设定担保，该情形的适用还需债权人接受，且债权人同意解除保证契约。第三

---

① 詹森林、冯震宇、林诚二等著：《民法概要》（第8版），五南图书出版股份有限公司2010年版，第455页。

② Wilhelm，Suzanne，“Taking Suretyship Seriously”，Oklahoma City University Law Review，Vol.18，No.1（1993），pp.93–94.

种途径为给保证人设定适当的担保，即学理及立法所承认的反担保措施，以使保证人遭受损害降低。因此，立法没有必要规定保证人的该项权利。[①]然而，此观点仅关心法律最终效果，而并未重视立法体系构建的缺失，将享有权利与享有权利实现效果等同，是值得商榷的。主合同乃至保证合同均可通过约定解除，附属的责任亦同时免除，但法律赋予的权利与约定享有的权利应相区别，当出现保证责任可除去的法定事由时，保证人可以向法院提起程序，法院判决可以要求主债务人通过以上方式免除保证人责任，否则保证人可以申请强制执行对主债务人的债务。因此，保证人的该项权利应当受到法律的特别重视。

二、保证责任除去请求权的实现

对于使保证人责任除去的途径，主债务人有权进行选择，其中向债权人履行主合同为主要方式。[②]清偿主合同债务这一保证责任解除的方式，在主合同已届清偿期时，固无问题，若清偿期未结束，强行要求主债务人履行，权利保障上有所失衡，未免苛刻，故《德国民法典》规定，在此种情形下，主债务人可向保证人提供担保。[③]《意大利民法典》《葡萄牙民法典》《西班牙民法典》均明确规定，为

---

① 刘保玉、吕文江主编：《债权担保制度研究》，中国民主法制出版社2000年版，第175页。

② ［德］迪特尔·梅迪库斯著：《德国债法分论》，杜景林、卢谌译，法律出版社2007年版，第425页；郑玉波著：《民法概论》（第12版），东大图书股份有限公司2010年版，第295页。

③ 杜景林、卢谌著：《德国民法典评注——总则·债法·物权》，法律出版社2011年版，第439页。

维护自己的利益，保证人可以向主债务人主张解除责任或设立担保。[①]因此类担保非向债权人设立，所以保证人依然承担主合同完全清偿责任，然而此时保证人追偿权的实现得到了较大保障。但是此类担保是否能设立，取决于主债务人的动力，任何人无权强制主债务人设立相关担保。

主债务人本身并不是保证人，也不是保证人的债权人，因此，没有权利免除保证人之债务。请求除去保证责任，是指请求主债务人以一定行为，间接地消减保证债务。该权利受实体法保护，因此保证人亦可向法院提起诉讼程序，法院通过审理作出裁判后，主债务人应按裁判内容向保证人履行，若主债务人不主动履行，则保证人可申请法院执行主债务人财产。[②]除去保证责任的另一方式为提供担保（人保或物保）。若通过与债权人的协商达成一致，主债务人可向债权人另外提供物的担保，或提供新保证人，取代原保证所起的功能，以除去保证责任。主债务人提供新的担保，债权人并无义务免除保证债务，仅有提升债权人免除保证债务之意愿。[③]此项保证责任除去方式，需债权人同意并将保证合同解除，如债权人不同意，保证人仍应向债权人承担保证责任。

有学者提出，由于主债务人未向债权人履行义务而迫使保证人

---

① ［德］克里斯蒂安·冯·巴尔、［英］埃里克·克莱夫主编：《欧洲私法的原则、定义与示范规则：欧洲示范民法典草案》（第 4 卷），于庆生、温大军、胡琳等译，法律出版社 2014 年版，第 1243 页。

② Bae，Frank S. H.，and Marian E. McGrath，“Rights of a Surety（Or Secondary Obligor）under the Restatement of the Law，Third，Suretyship and Guaranty”，Banking Law Journal，Vol.122，No.8（2005），p.794.

③ 林廷机著：《保证》，三民书局股份有限公司 2010 年版，第 55 页。

采取某种行动的，能够向保证人提供真实担保的可能性很小，保证人要求主债务人提供担保的权利可能没有什么实际影响。[①] 就实际而言，保证人行使除去保证请求权，鲜有获得圆满之效果，实务中，该请求权常常会受到主债务人财务状况影响而不能实现。[②] 于此情形，主债务人大抵皆陷于无清偿能力之状态。[③] 民法赋予保证人保证责任除去请求权，立意固佳，唯主债务人不能或不愿除去保证人保证责任者，亦缺乏救济途径。可见，该权利只有在主债务人还未违约且违约发生可能性极高的情况下才有适用可能性，法律赋予担保人索赔的权利，在主债务人违约之后即进入追偿权与代位承受之层次，亦无再论保证责任除去请求权之必要。[④] 在衡平法的救济中，保证责任除去是最模糊的。首先，它取决于对保证人的当前义务，因此，要求主债务人同意这种保证关系。其次，在债务人对保证人和债权人有实际抗辩事由的情况下，不能强迫债务人免除保证人的义务。因此，保证责任除去请求权是一种有限的补救办法。[⑤] 只要主合同债务无法履行已经确定，保证人亦向债权人进行了清偿，除去保证的权利即转换成追偿的权利。[⑥]

---

① Michael H. Rubin, "Ruminations on Suretyship", Louisiana Law Review, Vol.57, No.2 (1997), p.589.

② ［德］汉斯－约哈希姆·慕斯拉克、［德］沃夫冈·豪著：《德国民法概论》（第14版），刘志阳译，中国人民大学出版社2016年版，第397页。

③ 梅仲协著：《民法要义》，中国政法大学出版社1998年版，第506页。

④ 林诚二著：《民法债编各论》（下），中国人民大学出版社2007年版，第254页。

⑤ Wilhelm, Suzanne, "Taking Suretyship Seriously", Oklahoma City University Law Review, Vol.18, No.1 (1993), p.94.

⑥ 沈达明编著：《法国/德国担保法》，对外经济贸易大学出版社2015年版，第169页。

第四节 债权保全中的撤销权：债权人消极行使权利之补救

主债务人的财产，具有保障债权内容实现及保有债权实质价值的重要意义，同时对保证人的权利保障也具有重要意义。当债务人资历状态恶化时，如仍无限制地承认债务人可自由管理及处分其责任财产，一旦责任财产消减，债权人与保证人之地位将遭受极大危险，因此，民法规定了债权人享有代位权与撤销权。若债权人怠于行使此两项权利，致使保证人将来追偿权可能受损时，未承担清偿义务的保证人能否行使债权人的代位权与撤销权，目前各国立法尚未规定，但司法审判实务中出现了支持保证人享有撤销权的判决。

一、赋予保证人预先行使债权保全的法理基础

当主债务人财产能够清偿债权人债权时，保证人即无须承担代履行责任，即使承担了保证责任，保证人通过追偿权亦可实现损失补偿。债权人代位权与撤销权之规范目的，即在于保全债权人之债权将来实现之可能性，防止主债务人财产减少之制度。债权人不积极行使其权利时，对其债权实现及保证人追偿权保障将产生重大影响，此时，保证人能否行使债权人的代位权与撤销权，债权保全行使主体是否能扩张到未承担清偿责任的保证人成为核心问题。

（一）债权保全之意义与机能

债务人的责任财产，为所有债权的共同担保。[①]债权人对于债务人的财产，仅具有抽象之执行可能性，[②]仅可对债务人请求给付，并无如物权般具有直接的支配权，因此，除非受强制执行或破产宣告之拘束，债务人依然可保有自由管理及处分其责任财产之权限。然而，当债务人之资历状态恶化时，如仍无限制地承认债务人可自由管理及处分其责任财产，一旦责任财产消减，债权人之地位将遭受极大危险，确保责任财产存在，而此时保持债权的实质价值即属必要。[③]

债务人对自己之权利怠于行使，致其财产消极减少，或为积极地减少其财产的行为，致债权之担保转为薄弱时，发生债务人陷于无清偿资力时，民法规定了债权人享有代位权和撤销权。这两种手段中，前者是在债务人任由其一般财产减少的情况下，债权人替代债务人行使权利，防止其减少财产，以维持债务人之责任财产的措施；后者是在债务人有积极减少一般财产的行为时，撤销债务人与第三人之间的合同关系。[④]

债务人的资产为债权实现的担保，其财产的减少不利于债权的受偿及保证人追偿权的保障。债务人的资产因其主观恶意而异常减

---

① ［日］我妻荣著：《新订债权总论》，王燚译，中国法制出版社 2008 年版，第 140—141 页。

② 张铭晃：《论连带保证人诈害债权之行为与债权人撤销权之要件》，载《月旦法学杂志》2005 年第 1 期。

③ 史尚宽著：《债法总论》，中国政法大学出版社 2000 年版，第 474—475 页。

④ 黄立著：《民法债编总论》，元照出版有限公司 2000 年版，第 469 页；郑玉波著：《民法债编总论》（修订 2 版），中国政法大学出版社 2004 年版，第 292 页。

少时，将导致债权无法获得实现的，债权人怠于阻止主债务人财产之减少，而要求保证人承担保证责任，与保证制度设立目的相悖，且与诚信原则不符，不当地增加了保证人追偿的风险。因此，在英美法中，债权人怠于行使代位权、撤销权的，保证人可享有承担责任的抗辩权。[①]未承担清偿责任的保证人，如能赋予其对主债务人不法减少其资产之行为的代位权、撤销权，将是对债权人消极行使权利之补救的有效手段，目的是维持主债务人财产，防止主债务人恶意转移财产，保障债权人债权的实现或保证人追偿权的实现。

（二）撤销权行使主体扩张探析

代位权和撤销权虽然均为保全债权实现的方式，然而满足成立的要件有所区别，特别是在主体方面的要求。根据《民法典》第 535 条第 2 款的规定，享有代位权的债权人需要其债权履行期已届满。关于拥有撤销权的债权人需满足的条件，《民法典》没有规定债权履行期到期。[②]保证人履行清偿义务后，取得追偿权和代位权，该两项权利可产生对主债务人的债权，在主债务人恶意减少其偿债资产时，连带责任保证人基于债权人之地位有权享有保全债权实现的任何权利，应无异议。[③]如果保证协议已经订立，而保证人还没有承担清偿主合同义务，则其对主债务人的债权请求权还未形成，因此不享有代位权，正如有学者认为保证人未承担主合同义务前，其对主债务

① 何美欢著：《香港担保法》（上），北京大学出版社 1995 年版，第 62 页。
② 申卫星：《合同保全制度三论》，载《中国法学》2000 年第 2 期。
③ 林诚二著：《民法债编各论》（下），中国人民大学出版社 2007 年版，第 276 页。

人的追偿权并没有形成，只是根据未来可能发生的债权，不能获得债权人的代位权。[①]

连带责任保证人未承担清偿义务前，主债务人诈害债权之行为系先于连带责任保证人取得追偿权与代位权之前所为者，连带责任保证人对于主债务人所为之诈害行为有无撤销权？各国立法未予以明确规定，引起了学界及司法实务界的争议。有学者认为，债务人恶意不当减损一般财产时，如果债权还未确实产生，但可能形成的概率极高，则当然应该与现实存在的债权人享有的权利一致，拥有撤销权。[②]日本学者认为，在主债务人之债权人未行使撤销权的情况下，连带责任保证人可以行使该撤销权。[③]日本大正十四年十一月四日法曹会决议认为，附有条件之债权，债权人通常情况下不具有撤销权。然而若债权发生的可能性极高，则能够参照债权人拥有的权利被认可。如在连带共同保证中，某保证人向其他共同保证人提出追偿，应该在该保证人承担了主合同义务后才享有，然而在保证人尚未履行保证责任期间，对于其他共同保证人以故意损害将来追偿权为目的所作出之行为，也可以行使此撤销权。[④]

债权人撤销权之行使，乃对已完成财产权转移行为加以破坏，将严重影响到交易安全，故应特别慎重，[⑤]未承担清偿义务的保证人

① 韩世远著：《合同法总论》，法律出版社 2004 年版，第 373 页。

② 史尚宽著：《债法总论》，中国政法大学出版社 2000 年版，第 480 页。

③ [日]川村俊雄：《保证人的求偿权与债权者取消权》，载《民事法特殊问题的研究》，第 51 页。转引自郑玉波著：《民法债编各论》（下），三民书局 1981 年版，第 885 页。

④ 史尚宽著：《债法总论》，中国政法大学出版社 2000 年版，第 480 页。

⑤ 刘春堂著：《民商法论集》（一），三民书局 1985 年版，第 166 页。

是否可预先行使撤销权，涉及保护交易安全与维护保证人利益的平衡，主债务人的行为是否故意有害于债权实现成为关键。[①] 当主债务人恶意减损财产，将主债务责任承担完全转移至保证人，债权人有权阻止主债务人行为而怠于阻止时，违反了诚信原则，致使保证人权利义务严重失衡，与公平正义理念不符。因此，如果保证债权发生的可能性极高，应同样赋予保证人撤销权，以平衡各方关系。撤销权的预先行使既是制约主债务人减损责任财产的权利，督促债权人积极行使权利的有效方式，又是保证人维护其合理性权利的补救措施。

二、保证人预先行使债权保全条件限制

立法所赋予的债权人撤销权，对主债务人恶意减损责任财产起到了回复作用，但运用撤销权将对合同相对性原则造成破坏，对交易安全造成不利影响，也影响交易秩序的稳定，若将撤销权行使主体扩张至未承担清偿责任的保证人，应该严格按照一定的成立要件行使。除了满足立法规定的债权人撤销权成立要件外，保证人预先行使撤销权应限于经通知后债权人仍怠于实现其权利之情形。

（一）债权人撤销权成立之要件

未承担清偿义务的保证人欲预先行使债权人的撤销权，须首先满足债权人撤销权形成之条件。如债务人的财产尚足够偿还所有债务时，不存在可能侵害到债权完整获偿的程度，债权人不应进行干

---

① 沈伟:《债权人撤销权中债权成立时间的影响》，载《人民司法·案例》2013年第22期。

涉，[①] 此时亦无承认债权人撤销权制度之必要。若债权设定附有担保物权，于积极财产和消极财产中同时减去总债务数额后，能够合理预见其担保物之价值明显超过其总债务数额的，此时债权的实现受影响程度极小，债权人不能行使撤销权，[②] 限制权利行使的目的是维护交易安全，同时维护市场交易的稳定性。

有学者提出，有人担保之债权，不问其是否另有担保物权存在，判断债务人是否已陷于无资力状态，自应就全体债务人（包括主债务人及其他连带保证人）之整体资力一并加以审核，使符合债权保全制度之设计，况且，债权发生时，债权人评估债务人清偿债务之信用基础，乃考量主债务人及其他连带保证人之全体债务人资力，而非就单一债务人个别资力而言，此时，债权人之债权既有充分之担保而无不获清偿之虞，如再赋予债权人动辄可撤销任何债务人自由处分其财产之法律行为，显然过于扩张债权人撤销权之效果，此不仅过于保障债权人，且有违两造当事人成立债权时之信用信赖基础，是以，如连带保证人有财产转移行为时，主债务人或其他连带保证人之责任财产，仍可担保债权人之债权实现，则债权人并不需要通过行使权利确保其债权将来之实现。此虽可使债权人之债权更获一层保障，却明显违反撤销权行使之范围，且忽略债权保全之实质目的，因此，应仅限于保全之必要限度内的设计制度。[③]

债务人从事有偿法律行为的情况下（如买卖），当债务人及相对

① 黄立著：《民法债编总论》，中国政法大学出版社2002年版，第488页。

② 郑玉波著：《民法债编总论》（修订2版），中国政法大学出版社2003年版，第301页。

③ 张铭晃：《论连带保证人诈害债权之行为与债权人撤销权之要件》，载《月旦法学杂志》2005年第1期。

人均主观存在恶意损害债权时，债权人方可向法院提出撤销，如为受益或转得之后，始获知有害债权实现的情形下，则不在可以撤销之列。[①] 这是因为撤销契约会给第三人带来不可预见的损失，因此，只有在第三人主观上存在恶意，且其行为构成欺诈性合谋的情况下，才能撤销契约，善意的第三人应该受到保护。另外，成立无偿法律关系中的受益人由于没有为对待给付，撤销契约不具有损害其利益的效果。因此，没有必要再证明存在第三人的欺诈通谋。

（二）保证债权成立的可能性极大

在我国司法实务中，亦出现了对未承担保证责任前有损保证人追偿权实现行为可行使撤销权肯定的案例，如在“李某与洪某股权转让纠纷案”[②] 中，一审、二审法院均认为，虽然债权还未现实产生，但若债权产生的概率极高，不受撤销权的保护将与此项制度的构建目的相违背。共同担保人担保的主合同债务难以获得清偿，担保人需要履行清偿义务已成事实，此时连带担保人之一将自己持有的股权低价转让，会损害其他担保人的追偿权是毋庸置疑的。认可李某具有撤销权，是符合撤销权制度构建宗旨的，亦是公平原则和诚信原则的要求。而再审法院认为，李某对共同担保人的追偿债权成立于共同担保人转让股权之后，因此李某不具备获得撤销权的主体资格。检察院抗诉认为，主债务人无资产可供清偿主合同债务已成为必然，保证人履行清偿义务不可避免。此时，担保人转让其财产，

---

① 林诚二著:《民法债编总论——体系化解说》，中国人民大学出版社 2003 年版，第 418 页。

② 参见浙江省高级人民法院（2013）浙民再字第 21 号民事裁定。

将损害拟清偿债务保证人的追偿权完全实现，对此，应承认李某享有撤销权。浙江省高级人民法院再审认为，从事实和证据看，股权转让时，主债务人已明显无资产承担主合同债务，保证人承担清偿责任成为必然。然而担保人明知此情况，仍恶意转移资产，逃避将来其他保证人的追偿。

否定保证人有权预先行使撤销权的学者认为，欺诈损害行为撤销权，因不是以对债务人所负债务进行总的清算为目的，而是以保全特定的债权为目的，债权成立前已处分的财产，不属于担保债权实现的责任财产。如债务人处分财产发生在债权成立前，则债务人及相对人是否存在损害债权实现的主观恶意将无法判断。只有在被要求撤销的法律行为之前发生的债权才有希望通过财产的回复得到实现，该部分回复的财产并不是后成立债权实现的一般性担保。[①]因此，取得撤销权的债权必须成立于欺诈损害行为之前。保证人依其将来之追偿权能否请求撤销债务人的欺诈损害行为？因取得撤销权之债权需要于恶意损害债权行为发生之前确立，因此保证人能提前行使撤销权的观点应被否定。[②]且撤销权的行使极易对交易秩序造成干扰，不应扩大解释其适用范围。若连带责任保证法律关系的成立是基于主债务人的委托，保证人可以行使不安抗辩型救济权利，以应对主债务人恶意减少其责任财产的行为，但不能行使撤销权。如连带责任保证系因无因管理而生，则保证人必须于取得追偿权或代位权之后，方能行使撤销权。[③]

① 尹田著：《法国物权法》（第2版），法律出版社2009年版，第461页。

② ［日］我妻荣著：《新订债权总论》，王燚译，中国法制出版社2008年版，第159—160页。

③ 郑玉波著：《民法债编各论》（下），三民书局1981年版，第885页。

司法实务中亦有否定保证人预先行使撤销权的判例。在“北京兆维电子（集团）有限责任公司诉中国对外经济贸易咨询公司等撤销权案”[①]中，一审、二审法院均认为，债权的有效成立是取得撤销权的必要条件。在保证法律关系下，当且仅当保证人履行了主合同的义务以后，才会与主债务人产生特定的债权债务法律关系。此案中，主债务人出让股权时，保证人还未享有对主债务人的债权请求权，因此即使主债务人的交易减少了其偿债资产，也不能认定主债务人主观上恶意损害债权获偿及威胁到债权获偿的客观要件。

当债权发生的可能性极高，而保证人承担保证责任即将成为必然，如不赋予保证人撤销权，则将保证人利益置于最不利地位，因此时主债务人转移了资产，债权人依旧可向连带责任保证人请求履行责任，主债务人与债权人均获益，而承担了清偿义务后的保证人追偿权无法实现，撤销权设立的目的无法获得保障。因此，在保证债权发生可能性极高的情况下，赋予保证人撤销权，是符合诚信原则及公平原则的。如主债务人资产足以偿还主债务，保证人负担清偿主合同义务发生概率较低，则保证人不应享有撤销权，以维护正常交易秩序及交易安全。

（三）债权人于保证人通知后怠于行使其撤销权

在主债务人出现恶意减损其责任财产或增加其负担之时，保证人可以催告债权人积极行使撤销权，以避免撤销权行使期间届满，尽快恢复主债务人责任财产。在保证人向债权人进行催告以后，并

---

① 参见北京市第二中级人民法院（2004）二中民终字第01440号民事判决书。

且提供证据证明主债务人有损害债权的行为，如果债权人没有或者怠于依保证人的请求行使撤销权，则保证人拥有相应的权利。保证人预先行使撤销权之前增加一项前置必要义务，即催告债权人主动行使权利，如经催告后，债权人行使了撤销权，对现有法律关系的维系应为最理想状态；如债权人经催告后不行使撤销权，由保证人行使该权利，亦未损害债权人及保证人利益，达到了各方利益的平衡，该前置义务充分体现了缓和性的考量。

此方式与我国《民法典》第 698 条对一般保证人保证责任免除条件的规定类似，该条规定将一般保证人对债权人的权利扩张至未承担清偿义务前，有利于保证人权益保护，同时避免了债权人消极行使权利给保证人带来的不利影响。在英美法中，债权人怠于行使代位权、撤销权的情形下，保证人可主张承担责任的抗辩。[①] 经保证人催告后，债权人仍怠于行使其权利的，保证人应享有对主债务人与第三人合同的撤销权，或对债权人的保证责任请求权提出抗辩的权利。代位权行使需债权到期，保证人无法预先行使代位权，因此经通知债权人后，如债权人消极行使代位权，保证人亦可对承担责任的请求提出抗辩。

此外，该条件的设置亦可借鉴《纽约州民法典草案》第 1365 条、第 1372 条的规定，债权人的行为将必然地损害保证人的追偿权，或者，当保证人请求债权人为他有义务而为的某一行为时，债权人不为此行为，保证人权益受到损害的，保证人免责，但仅债权人迟延起诉主债务人或迟延采取其他救济的，保证人不因此免责。保证人

① 何美欢著：《香港担保法》（上），北京大学出版社 1995 年版，第 62 页。

如告知债权人其承担债权人采取措施而蒙受的损失后，有权向债权人提出其对主债务人的诉讼请求，或者谋求其他保证人不能自己获得的挽救措施，以减少责任的承担，如果债权人怠于行动并因此无法从主债务人处受清偿，保证人免责。①

经保证人催告债权人应及时行使撤销权后，只有在债权人不主动行使撤销权的情形下，才允许保证人行使债权保全权利。正如日本学者所言，在主债务人之债权人未行使撤销权的情形下，连带责任保证人亦可行使。②债权人已经行使撤销权之情形下，不论其行使方法或最终法律效果如何，保证人不能排除债权人或与债权人重复行使债权人的撤销权。关于给予债权人行使撤销权的合理时间，应结合撤销权存续剩余期限、主债务人责任财产的变化及主债务人的相对人处分财产的主观状态、受益人财产变化等综合认定。

三、保证人预先行使债权保全效果

保证人预先行使撤销权，其法律效果应与立法上的债权人撤销权的运用效果一致，即撤销之结果为被撤销的合同未曾生效，有获益的另一方当事人应将获益财产予以返还，无法返还时应承担损害赔偿的责任。③因此，撤销行为不仅恢复了债务人的资产，也为债权

① ［美］戴维·达德利·菲尔德著：《纽约州民法典草案》，田甜译，王莹莹校，中国大百科全书出版社2007年版，第254—255页。

② ［日］川村俊雄：《保证人的求偿权与债权者取消权》，载《民事法特殊问题的研究》，第51页。转引自郑玉波著：《民法债编各论》（下），三民书局1981年版，第885页。

③ 黄立著：《民法债编总论》，中国政法大学出版社2002年版，第495页。

人债权的实现增加了保障。[①] 而有学者认为，债权人撤销权是基于自身权利的行使，并非以债务人的代理人身份行使。债权人行使撤销权后，仅仅是对撤销的法律行为不产生法律效力，其他法律关系不因此而受任何不利影响。[②]

撤销的法律效力，通常情况下其效果归属于债权人，并不直接归属于债务人。债权人能否向被撤销交易的第三方要求其返还交易标的物或承担损害赔偿，如不动产让与交易已发生物权变动，经过变更登记的权利人为第三方，债权人撤销了不动产让与交易，在某些情况下会导致不动产恢复登记权利人为债务人。债权人依据裁判文书亦可登记成为权利人，但债权人若想以被回复的财产来实现债权的清偿，需要另外向法院提起申请执行。与此同时，其余债权人也获得了共同参与分配的权利。

法律制度之所以对撤销权行使之效果如此安排，是因为主债务人的行为危及全体债权人债权的获偿，而非某一债权的获偿，才会被赋予撤销权。然而，若被撤销行为所涉及的返还财产为金钱时，债权人有权直接获得该笔金钱，这是合理且最大程度地减少各方之间交易成本的方式。否则，当债务人不愿意受领该笔金钱时，财产恢复难以实现。然而，此种情形亦有其不完善之处，即依然无法避免提出撤销的债权人获得比未提出撤销的债权人优先受偿的权利，打破了实体法上的平等性原则。

---

① 史尚宽著：《债法总论》，中国政法大学出版社2000年版，第505页。

② [日]我妻荣著：《新订债权总论》，王燚译，中国法制出版社2008年版，第172页、第174页。

第四章

连带责任保证人对共同担保人的权利：以追偿权为核心的解释论

在物的担保与保证并存时，我国立法对债权的实现顺序发生了规则演变，体现了价值取向的变化。对于保证人之一承担了清偿责任后，是否享有共同担保人之间的追偿权，立法亦发生了规则变化，由明确规定享有追偿权演变为原则上不享有追偿权，学界对此产生较大争议，并发展出不同理论证立共同担保之人间内部追偿权，司法实务亦出现不同判决。在承认追偿的基础上，可向共同担保人追偿的份额如何算定？各国存在不同立法例。此外，债权人损害物的担保或放弃保证将产生何种法律后果，如何认定损害担保物权行为，成为共同担保中又一需要解决的核心问题。共同担保规则应以保证人享有内部追偿权为解释论核心，实现各方利益冲突的缓和。

第一节 共同担保的结构形态与保证责任的承担顺位

共同担保可分为连带共同担保与按份共同担保，不同担保的责任类型将影响其内部法律关系与外部法律关系。在连带共同担保中，债权人是否可向任何一个担保人主张全部清偿责任，《民法典》延续了《物权法》的规定，确立了债权实现顺序规则，缓和了《担保法》与《担保法司法解释》之间的不统一，但其规定仍存在模糊解释或逻辑缺陷，即一般保证或连带责任保证方式是否对债权人的选择权有限制，需从解释论上解决该问题。

一、共同担保的责任类型及效力

债权人要求债务人设立多项担保，通常是经济活动中控制债权无法实现风险的手段。共同担保通过叠加责任财产确保债权人债权的实现，分散了债权无法实现的风险，而且缓和及分散了担保人的清偿责任，符合市场主体的现实需求及经济理性，充分发挥了担保的功能。[①] 首先，共同担保需存在两个以上的担保人或担保财产在两项以上；其次，所担保的债务是同一债务。共同担保的成立并不需要各担保的设立是同时的，满足前述两项要件即可。

共同担保人之间存在意思联络与否，是否为共同担保建立必要

---

① 谢鸿飞：《共同担保一般规则的建构及其限度》，载《四川大学学报（哲学社会科学版）》2019 年第 4 期。

因素，有学者认为，当客观上对同一债务有两个或两个以上的担保时，就产生了共同担保。[①]还有学者认为，每个担保人承诺清偿的主合同担保数额之和需要高于主债务人未履行的主合同债务数额。[②]如每个担保人承诺承担的份额总和未高于主债务人未清偿的债务数额，则债权人仅可向各担保人主张担保人应承担的份额，不得要求担保人承担连带责任，此即为按份共同担保。按份共同担保不符合为同一债务担保的要件，因此并非真正意义上的共同担保。[③]司法实务中亦有判决采纳了此种观点。[④]

共同担保按照提供担保的种类可分为共同保证、共同物的担保、保证与物的担保并存，法律分别规定了这几种担保类型的相应规则，如清偿顺位等。由于每个担保人承诺的担保份额可能不同，担保人之间的法律关系亦有区别，基于此分类标准可划分为连带共同担保与按份共同担保。即为同一债务或其中的一部分提供担保的数人的责任，可能是可分的，也可能是连带的。在按份共同担保中，担保人按照担保合同的承诺履行责任，债权人不得向其主张高于其合同承诺数额的承担，各担保人之间亦不存在追偿关系；在连带共同担保中，债权人可以向任何一个担保人主张全部担保责任，担保人之间存在追偿关系。

---

① 刘保玉：《共同保证的结构形态与保证责任的承担》，载《中国法学》2003年第2期。

② 谢鸿飞：《共同担保一般规则的建构及其限度》，载《四川大学学报（哲学社会科学版）》2019年第4期。

③ 史尚宽著：《债法各论》，中国政法大学出版社2000年版，第941页；程啸著：《保证合同研究》，法律出版社2006年版，第558页。

④ 参见江西省赣州市中级人民法院（2009）赣中民二终字第55号民事判决书。

二、混合共同担保中债权的实现顺序

在某一债权债务法律关系中，为担保债权的实现设立了不同种类的担保方式，当物的担保和保证人保证的范围相同或有重合时，我国立法对该种情形下担保权的实行规则产生了重要演变，一定意义上参考了域外立法例。研究我国混合共同担保中债权实现规则，应从比较法角度探究立法背后的原理与体现的价值理念，以解决现有立法仍存在的不完善之处。厘清混合担保中债权的实现顺位，对解决混合共同担保其他系列问题起到关键性作用，主要体现为其提供的逻辑依据。

（一）比较法上立法模式及立法价值

关于如何设计保证与物的担保并存的相关规则，学理始终存在较大分歧，而比较法上亦存在不同的立法例。立法例的区别主要体现为物的担保人是否与保证人法律地位平等，分为物的担保责任绝对优先模式、物的担保责任相对优先模式、物的担保责任与人的担保责任平等模式，观察域内外立法及学理演变的过程可综合概括为从不平等到趋于平等。[1] 该立法理念演变亦影响了混合共同担保其他规则的演变，背后体现了各国各地区担保法律制度设计理念的完善与发展。

债权人必须首先通过所拥有的担保物权获得债权的偿付，保证人仅为剩余未获偿付债务履行清偿责任，此为物的担保责任绝对优先模式核心理念的内容。有学者认为，由于保证人要以其所有责任

---

① 谢鸿飞：《共同担保一般规则的建构及其限度》，载《四川大学学报（哲学社会科学版）》2019 年第 4 期。

财产承担清偿责任，因而要通过使其承担补充责任来获得更多的保护。[①] 我国《担保法》亦采取此种模式。物的担保责任绝对优先模式也受到部分学者的否定，被认为不当地适用了物权优先于债权的法律原理。[②] 然而，在物的担保责任相对优先模式中，债权人对担保权利实现顺位有选定权，当保证人被要求履行清偿义务之后，保证人有权向物的担保人追偿。如物的担保人先承担清偿责任，则不能向保证人追偿。[③] 赞成该模式的学者认为的理由，大多与物的担保责任绝对优先说中保护保证人相似[④]，并认为在立法技术上，共同担保人相互追偿，造成的法律问题较多，无法通过复杂的立法解决[⑤]。德国法、法国法、俄罗斯法属于此种模式立法例。[⑥] 物的担保责任与人的担保责任平等模式中，债权人有权决定任一担保人履行责任，担保人之间可以相互追偿。[⑦] 有学者认为，基于公平原则，物上担保人之法律地位与保证人之法律地位，并无不同。[⑧] 立法赋予债权人选择权

---

① [德] 克里斯蒂安·冯·巴尔、[英] 埃里克·克莱夫主编：《欧洲私法的原则、定义与示范规则：欧洲示范民法典草案》(第4卷)，于庆生、温大军、胡琳等译，法律出版社2014年版，第1145页。

② 高圣平：《混合共同担保之研究——以我国〈物权法〉第176条为分析对象》，载《法律科学（西北政法大学学报）》2008年第2期。

③ 叶金强著：《担保法原理》，科学出版社2002年版，第25—26页。

④ 江海、石冠彬：《论混合共同担保——兼评〈物权法〉第176条》，载《海南大学学报人文社会科学版》2012年第3期。

⑤ 最高人民法院物权法研究小组编著：《〈中华人民共和国物权法〉条文理解与适用》，人民法院出版社2007年版，第521—522页。

⑥ 叶金强著：《担保法原理》，科学出版社2002年版，第25—26页。

⑦ 高圣平：《混合共同担保之研究——以我国〈物权法〉第176条为分析对象》，载《法律科学（西北政法大学学报）》2008年第2期。

⑧ 郑玉波著：《民法债编各论》，三民书局1981年版，第845页。

的同时，应赋予各担保人相应的救济措施。

各国各地区立法例演变逐渐承认了保证人与物上担保人的法律处遇平等。[①] 在欧洲大多数国家，债权人一般可以在数个保证人和财产担保人中选择要求谁来履行或支付，如德国、法国、意大利、英国等。虽然自由选择原则往往以诚实信用要求为条件，但这并没有被用来否认债权人的选择。上述国家大多数学者认为，平等对待物上担保人与保证人是一项原则，债权人可以视情况自由选择首先承担责任的担保人，而非立法直接决策。[②] 我国台湾地区也经历了从担保人不平等到平等的制度变迁，2007 年担保物权有关规定修改时，于修改理由中明确表示，物上担保与普通保证不应有不同责任范围，明确采取了物上担保人与保证人平等说，此外，我国台湾地区民事判决，即在明确肯定物上担保人与保证人法律地位平等。

（二）《民法典》确立的债权实现规则及其缺陷

《担保法》立法采纳了物的担保责任绝对优先说。然而，物的担保和人的担保均为债权人基于其需要而可以选择的债权担保方式，二者之间并无主次之别，保证作为独立的担保工具，不依附于物的担保而独立发挥作用，此种规定缺乏相应的理论基础，其合理

---

① 谢鸿飞：《共同担保一般规则的建构及其限度》，载《四川大学学报（哲学社会科学版）》2019 年第 4 期。

② ［德］克里斯蒂安·冯·巴尔、［英］埃里克·克莱夫主编：《欧洲私法的原则、定义与示范规则：欧洲示范民法典草案》（第 4 卷），于庆生、温大军、胡琳等译，法律出版社 2014 年版，第 1145 页、第 1148 页。

性与正当性也受到质疑。[①] 有学者认为，为了弥补保证人不能通过代位债权人获取其债权上物的担保的立法缺陷，《担保法》直接规定保证人承担物的担保执行后的补充责任，此为《担保法》的一项立法技术处理。[②]《担保法司法解释》采取了物的担保责任与人的担保责任平等说，认可了第三人设定物的担保时债权人拥有选择权。

在《物权法》起草时，因已有《担保法》的规定和最高人民法院的司法解释，对于如何调整物的担保和人的担保清偿顺位问题，仍然存在不同的意见。有观点认为，《担保法》规定适用便利，较为合理；也有观点认为，物的担保和人的担保没有清偿顺位先后之分，法律不应当限制。[③] 在权衡多种因素的基础上，《物权法》设立了如下规则：第一，债权人依据约定获得清偿的规则，在共同担保中仅涉及私人利益协调的场合，因此意思自治原则成为首要的原则；[④]第二，主债务人提供的担保物权实现在先的规则，该规则适用于各方没有清偿顺位约定时；第三，各方当事人之间没有约定清偿顺位的，债权人有权主张保证人履行清偿责任，亦可向第三人主张行使物上担保权利。《物权法》创造性地处理了混合担保的权益平衡问题，也为《民

---

① 孙宪忠、朱广新主编：《民法典评注：物权编》，中国法制出版社 2020 年版，第 57 页。

② 朱凡：《人的担保基本制度研究》，西南政法大学 2004 年博士学位论文，第 116 页。

③ 全国人大常委会法制工作委员会民法室编著：《中华人民共和国物权法解读》，中国法制出版社 2007 年版，第 372—373 页。

④ 最高人民法院物权法研究小组编著：《〈中华人民共和国物权法〉条文理解与适用》，人民法院出版社 2007 年版，第 520 页；高圣平著：《担保法论》，法律出版社 2009 年版，第 69 页。

法典》所继承。

《民法典》第 392 条规定以当事人意思自治为核心，债权人应按照约定实现债权。共同担保实现顺位问题并不涉及公共利益[①]，考虑到担保权益设立的意思自治，债权人关于如何实现担保的意愿应当得到立法与司法实务的尊重[②]。然而，各方约定的情形具有复杂性与多样性，故解释《民法典》规定的“按照约定”行使权利也就具有了一定的困难。大多数学者认为，当事人的约定既可以为各类担保实现顺位的约定，又可以为各类担保的份额约定。[③]

各方当事人之间就债权实现顺位没有约定时，债权人首先应就主债务人设立的物的担保获偿。此规定的正当性基础在于，主债务人为最终责任的承担者。[④]优先就主债务人提供的物的担保进行受偿，可减少追偿环节，简化法律关系[⑤]，同时易于普通民众接受，未违背公平原则[⑥]。近年来亦有学者认为，应否定主债务人提供的物保优先

---

① 中国审判理论研究会民事审判理论专业委员会编著：《民法典物权编条文理解与司法适用》，法律出版社 2020 年版，第 425 页。

② 孙宪忠、朱广新主编：《民法典评注：物权编》，中国法制出版社 2020 年版，第 50 页。

③ 程啸著：《担保物权法研究》，中国人民大学出版社 2019 年版，第 185 页；崔建远著：《物权：规范与学说——以中国物权法的解释论为中心》（下），清华大学出版社 2011 年版，第 751 页；王利明著：《物权法研究》（下卷）（第 4 版），中国人民大学出版社 2016 年版，第 1112 页。

④ 曹士兵著：《中国担保制度与担保方法》（第 3 版），中国法制出版社 2015 年版，第 63 页。

⑤ 全国人大常委会法制工作委员会民法室编：《中华人民共和国物权法条文说明、立法理由及相关规定》（第 2 版），北京大学出版社 2017 年版，第 356 页。

⑥ 最高人民法院物权法研究小组编著：《〈中华人民共和国物权法〉条文理解与适用》，人民法院出版社 2007 年版，第 520 页。

实现的观点，认为实现债权的成本应由债权人考量，法律不应干涉。[①]立法应赋予债权人完全的自主选择权，保障债权便捷实现。[②]有学者认为，保证方式将决定债权人是否必须首先就主债务人的担保物权受偿。[③]优先行使主债务人提供的物保，在一般保证中是合乎逻辑的，但在连带责任保证中存在立法逻辑冲突。[④]从实质解释的角度而言，此为对连带责任保证制度的适用错误。在混合共同担保中，优先行使主债务人提供的物保的立法结构并没有考虑到连带责任保证的基本性质。

若当事人对债权受偿的顺位没有约定，保证与第三人设定的物的担保处于平等地位，债权人有权选择就何者实现债权。此时并不满足物权优先于债权原则的适用要件。[⑤]关于债权人具有实现债权顺位选择权的理论基础，有学者认为，各国立法例及学理多认为共同担保人承担连带责任，因此债权人可以请求保证人或者物的担保人履行清偿责任。[⑥]而持相反观点的学者认为，我国立法并未确立担保

---

① 凌捷：《混合共同担保若干争议问题研究》，载《政治与法律》2016年第6期。

② 汪洋：《共同担保中的推定规则与意思自治空间》，载《环球法律评论》2018年第5期。

③ 凌捷：《混合共同担保若干争议问题研究》，载《政治与法律》2016年第6期。

④ 高圣平：《混合共同担保之研究——以我国〈物权法〉第176条为分析对象》，载《法律科学（西北政法大学学报）》2008年第2期。

⑤ 中国审判理论研究会民事审判理论专业委员会编著：《民法典物权编条文理解与司法适用》，法律出版社2020年版，第425页。

⑥ 程啸：《混合共同担保中担保人的追偿权与代位权——对〈物权法〉第176条的理解》，载《政治与法律》2014年第6期；黄忠：《混合共同担保之内部追偿权的证立及其展开——〈物权法〉第176条的解释论》，载《中外法学》2015年第4期。

人之间对债权人承担连带责任，因此该理论基础在我国法律上是没有任何依据的，而应以《民法典》第 392 条之规定作为债权人选择权利的请求权基础。①

第二节　内部追偿权：担保人之间利益冲突的缓和

对于共同担保中，债权人实现债权顺位问题明晰后，债权人选择的担保人履行主合同清偿义务后，能否对其他担保人进行追偿，我国《民法典》并未予以明确，这一争议自《物权法》生效后就一直存在，在解释论上尚未形成共识。各担保人之间是否享有追偿权，应从价值判断和体系协调上综合考量，学者间亦从不同理论证立了保证人享有内部追偿权的合理性。在承认保证人享有内部追偿权后，满足何种条件下，保证人方可行使内部追偿权，追偿权行使范围为何，关系着各担保人之间的利益平衡。

一、内部追偿权的证立

担保人已经履行清偿责任，能否享有对其他担保人的追偿权，域外立法大多承认了共同担保人之间的追偿权利。我国立法例上出现了较大演变，《担保法》《担保法司法解释》肯定了担保人的这一权利，而《物权法》则未规定或者说否定了担保人的这一权利，《民法典》继承了《物权法》的规定，学界及司法实务界亦存在较大争议。

① 邹海林：《我国〈民法典〉上的“混合担保规则”解释论》，载《比较法研究》2020 年第 4 期。

用法律解释学中的文义解释方法解读，似新的立法否定了担保人之间的互相追偿权，然而当文义解释共同担保规则与其他解释方法或理念冲突时，应回归法理基础及《民法典》体系探求赋予共同担保人之间追偿权的合理性与妥当性。

（一）我国共同担保人内部追偿权规范立法演变

在大多数法律制度中，数个保证人之间内部享有追偿权的原则得到了公认并被重点规定，其通常遵循在同一债务或同一担保目的的所有保证人之间予以分担的理念。[①] 如《法国民法典》第 2310 条[②]、《意大利民法典》第 1954 条[③]、《奥地利民法典》第 1359 条[④]、《瑞士债务法》第 497 条第 4 款[⑤]，均规定了多个保证人分别对同一主债务提供担保的，各保证人对受其保证的整个债务承担责任。已经对主合同进行清偿的保证人，有权要求其他保证人共同分担该笔金额，但当事人另有约定的不在此限。在美国法中，在共同保证情况下，清偿全部债务或清偿多于自己份额债务的人有权向共同保证人要求偿还相应份额。[⑥]

对于混合共同担保，《欧洲示范民法典草案》明确了担保人享有

---

① ［德］克里斯蒂安·冯·巴尔、［英］埃里克·克莱夫主编：《欧洲私法的原则、定义与示范规则：欧洲示范民法典草案》（第 4 卷），于庆生、温大军、胡琳等译，法律出版社 2014 年版，第 1163 页。

② 《法国民法典》，罗结珍译，北京大学出版社 2010 年版，第 504 页。

③ 《意大利民法典》，陈国柱译，中国人民大学出版社 2010 年版，第 337 页。

④ 《奥地利普通民法典》，戴永盛译，中国政法大学出版社 2016 年版，第 265 页。

⑤ 《瑞士债务法》，戴永盛译，中国政法大学出版社 2016 年版，第 225—226 页。

⑥ ［美］斯蒂芬·加奇著：《商法》（第 2 版），屈广清、陈小云译，中国政法大学出版社 2004 年版，第 395 页。

对其他担保人的追偿。[①] 德国立法中虽然没有关于混合共同担保人相互追偿权的直接规定，但学界及司法审判实务普遍认为，混合共同担保人之间应当类推适用的规则为连带债务内部关系的规则。[②] 在英美法中，当担保人给付之数额超过其应负担之数额时，可向其他担保人要求偿还超额部分。[③] 在我国台湾地区民事相关规定中，就同一债务同时有保证人及第三人提供物保之情形，规定了保证人可以向物上担保人追偿，但未明确规定物上担保人可否向保证人追偿，导致理论与实务均有不同见解，有采取物之担保责任优先说的，有采取保证人责任与物上担保人责任平等说的，主张相互间享有追偿权。[④]2007 年担保物权有关规定修改时，增加了物上担保人对保证人具有追偿权。

在共同保证中，我国《担保法》第 12 条规定了连带共同保证的保证人享有相互追偿权，司法审判实践长期以来亦按该规定或持此观点判决。[⑤]《民法典》第 699 条、第 700 条均未明确保证人是否可以向其他保证人追偿。有学者认为，《民法典》取消了《担保法》中关于保证人关系为承担连带责任的推定，导致保证人相互不再享有追偿权。[⑥] 而持相反观点的学者认为，《民法典》第 699 条的规定等

---

① ［德］克里斯蒂安·冯·巴尔、［英］埃里克·克莱夫主编：《欧洲私法的原则、定义与示范规则：欧洲示范民法典草案》（第 4 卷），于庆生、温大军、胡琳等译，法律出版社 2014 年版，第 1150 页。

② 耿林：《比较法视野下的混合共同担保》，载《江汉论坛》2017 年第 6 期。

③ ［英］V.A. Grifith 著：《英美法总论》，姚淇清译，正中书局 1987 年版，第 75 页。

④ 张剑男：《保证人与物上保证人之内部分担》，载《法令月刊》2011 年第 9 期。

⑤ 刘贵祥：《民法典关于担保的几个重大问题》，载《法律适用》2021 年第 1 期。

⑥ 叶金强：《〈民法典〉共同担保制度的法教义学构造》，载《吉林大学社会科学学报》2021 年第 3 期。

同于连带共同保证，即《民法典》关于共同保证规则与原《担保法》相比，并无实质性修改。[①]

在混合担保中，《担保法司法解释》规定了共同担保人之间的追偿权。立法者认为，担保人之间享有追偿权平衡了各担保人的利益，也是公平原则与诚信原则的要求。[②]《物权法》未规定担保人之间是否享有追偿权。因此，对于如何适用与解释法律，学界产生了较大争议。有学者提出，在《担保法》与《物权法》并存的立法状态下，如将《物权法》规定解释为立法不承认相互间的追偿权，则将与《担保法》中的共同保证、《物权法》中的共同抵押规则相冲突，造成逻辑混乱，破坏法律统一性。[③]有学者认为，担保人之间相互追偿是债权请求权相关问题，不属于《物权法》的规范内容，认为《物权法》否认相互间的追偿权的理由是不充分的。[④]也有学者认为，此为立法疏漏。[⑤]而《物权法》立法机关主编的释义书认为，从立法原意看，此处并未形成法律漏洞。[⑥]在司法实务中，《物权法》出台后，有部分法院认为根据最新立法，担保人之间已不享有相互

① 刘贵祥:《民法典关于担保的几个重大问题》，载《法律适用》2021年第1期。

② 曹士兵著:《中国担保诸问题的解决与展望——基于担保法及其司法解释》，中国法制出版社2001年版，第85页。

③ 黄忠:《混合共同担保之内部追偿权的证立及其展开——〈物权法〉第176条的解释论》，载《中外法学》2015年第4期。

④ 邹海林:《我国〈民法典〉上的“混合担保规则”解释论》，载《比较法研究》2020年第4期。

⑤ 孙鹏:《论保证与物的担保并存时之责任——兼析债权人担保维持义务之确立》，载《月旦民商法杂志》2007年第6期。

⑥ 全国人大常委会法制工作委员会民法室编著:《中华人民共和国物权法释义》，法律出版社2007年版，第381—382页。

追偿权[①]，然而，亦有相当部分法院判决持肯定立场[②]，各地法院依旧普遍适用《担保法》以及《担保法司法解释》的相关规定[③]。最高人民法院内部亦出现了意见分歧。[④]

《民法典》第392条延续了《物权法》确立的规则，有学者认为，此为“立法的有意沉默”，待实践进一步发展，最终在凝聚共识的基础上解决。[⑤]有学者认为，混合共同担保人之间相互追偿权，并非需要立法明确规定才能享有，除非立法明确否定。如能从立法中寻求到相互追偿请求权的基础，亦可论证混合共同担保人之间的相互追偿权。[⑥]正是因为物上担保人或保证人向其他担保人追偿的权利，其请求权基础并不源自物权规范，而是源自债权规范，《民法典》对这

---

① 参见最高人民法院（2015）民一终字第371号民事判决书；江苏省南京市中级人民法院（2016）苏01民终3182号民事判决书。

② 参见湖北省高级人民法院（2014）鄂民二终字第00078号民事判决书；重庆市渝中区人民法院（2015）中区法民初字第02315号民事判决书；浙江省绍兴市中级人民法院（2015）浙绍商终字第1452号民事判决书。

③ 黄忠：《混合共同担保之内部追偿权的证立及其展开——〈物权法〉第176条的解释论》，载《中外法学》2015年第4期。

④ 认为《物权法》第176条否定追偿权的观点，参见曹士兵著：《中国担保制度与担保方法》(第3版)，中国法制出版社2015年版，第65页。认为该条并未否定追偿权而只是保持沉默，因而该问题仍存在争议的观点，参见最高人民法院物权法研究小组编著：《〈中华人民共和国物权法〉条文理解与适用》，人民法院出版社2007年版，第521页；宋晓明：《物权法担保物权编实施中的几个重要问题——在“物权法担保物权国际研讨会”上的讲话》，载最高人民法院民事审判第二庭编：《民商事审判指导》，人民法院出版社2008年版，第6页。

⑤ 王利明：《我国〈民法典〉保证合同新规则释评及适用要旨》，载《政治与法律》2020年第12期。

⑥ 邹海林：《我国〈民法典〉上的“混合担保规则”解释论》，载《比较法研究》2020年第4期。

个问题未作规定，事实上是一个符合制度逻辑的选择，在这个意义上，担保人之间不享有追偿权的立法例，值得再行斟酌。[①]而有学者建议，《民法典》欲构建完善的担保责任体系，须承认担保人之间的相互追偿权。[②]还有学者认为，《民法典》与《物权法》规定一致，否定了相互追偿权。[③]

此后，《担保制度司法解释》第13条明确规定，除非合同约定担保人之间承担连带责任，或约定相互间享有追偿权，或虽无上述两种情形，但各担保人在同一份合同上签字的，才享有追偿权，除此之外，担保人之间无追偿权。其中第三种情形被推定为承担连带责任的意思表示，因此享有追偿权。[④]该司法解释出台后，司法实践中依旧存在担保人追偿权纠纷，争议也较多集中在担保人之间是否承担连带责任的判断上。[⑤]尽管司法解释已明确担保人之间享有追偿权的三种情形，但仍有学者主张担保人之间拥有追偿权，提出应对多数担保人追偿权规则进行检讨[⑥]，认为从字义和客观目的对《民法典》第700条进行解释，债权人对债务人的权利范围涵盖了主合同

---

① 孙宪忠、朱广新主编：《民法典评注：物权编》，中国法制出版社2020年版，第56页。

② 王利明：《论担保物权的立法构造——民法典物权编应规定混合共同担保追偿权》，载《东方法学》2019年第5期。

③ 刘贵祥：《民法典关于担保的几个重大问题》，载《法律适用》2021年第1期。

④ 叶金强：《〈民法典〉共同担保制度的法教义学构造》，载《吉林大学社会科学学报》2021年第3期。

⑤ 参见重庆市第三中级人民法院（2020）渝03民终1881号民事判决书；山东省淄博市中级人民法院（2021）鲁03民终818号民事判决书。

⑥ 高圣平著：《担保法前沿问题与判解研究》，人民法院出版社2021年版，第129页。

债权及其附属担保性权利，混合担保通过类推适用该条规定，可以确立相互间追偿权的规范[①]。

（二）连带债务规则的适用

在证成共同担保人之间是否享有追偿权时，大多数学者运用的基本理论或证成工具为连带债务或不真正连带债务。[②]域外立法例中，多数担保人责任类型存在不同立法例，我国立法先后亦呈现出不同的立法例。分析共同担保人是否构成连带责任法律关系，首先需要对连带之债的特征进行分析。各国对连带之债的特征，或由法律规定，或由学说与判例发展。

1. 多数担保人责任类型域外立法例

观察一国的法律整体发展趋势，除其实务发展外，学说发展亦不可或缺。学说不但促进实务的形成与演变，也反映了一国法学研究。各国对于各自独立的担保人为同一债务提供担保，是否应认定为连带共同担保，存在不同立法例。西班牙立法中，除非当事人另有明确约定，共同保证人承担的责任应是可分割的。[③]根据《日本民法典》第456条及第427条的规定，日本民法采纳共同保证责任形态以按份责任为原则的立法例，除非各保证人约定承担全部清偿责任抑或主合同债务本身无法分割时，才承担连带责任。[④]

---

① 贺剑：《担保人内部追偿权之向死而生：一个法律和经济分析》，载《中外法学》2021年第1期。

② 程啸：《混合共同担保中担保人的追偿权与代位权——对〈物权法〉第176条的理解》，载《政治与法律》2014年第6期。

③ 《西班牙民法典》，潘灯、马琴译，中国政法大学出版社2013年版，第451页。

④ 《日本民法典》，王爱群译，法律出版社2014年版，第76页、第79—80页。

然而，在大多数国家或地区的法律制度中，通行的观点是，保证人之间如无特别约定并且为同一债务担保时，共同保证存在无视合同约定情况之连带责任的一般推定，如德国、法国、瑞典、比利时、荷兰等，不管保证人之间是否共同签署合同以及是否知道其他保证人的存在，该项原则都是成立的。[①]如《德国民法典》第769条规定，将连带责任的适用范围扩大至数人之间并无联系，而且可能相互间对保证的提供亦不知情。[②]对保证人责任做出扩展，即数个保证人始终作为连带债务人负责任，即使其相互并不知情，亦为如此。除此之外，有学者主张，各保证应为同一层次的保证，满足上述条件后，债权人有权选择任何一人清偿全部债务。[③]《路易斯安那州民法典》规定，如合同没有相反约定，两个或两个以上负同一债务保证责任的人，他们负有连带责任。[④]

《欧洲示范民法典草案》起草时，学者大多认为，区分契约订立的时间和地点是毫无意义的，也是无法实现的。实质上，保证人处于同一法律地位，承担的风险应是相同的，保证人之间负连带责任已成为一项被广泛接受的规则。即作为一项规则，无论处于何种情

---

① [德]克里斯蒂安·冯·巴尔、[英]埃里克·克莱夫主编：《欧洲私法的原则、定义与示范规则：欧洲示范民法典草案》(第4卷)，于庆生、温大军、胡琳等译，法律出版社2014年版，第1147页、第1155页。

② [德]迪特尔·梅迪库斯著：《德国债法总论》，杜景林、卢谌译，法律出版社2004年版，第427页。

③ 杜景林、卢谌著：《德国民法典——全条文注释》(上)，中国政法大学出版社2014年版，第642页。

④ Michael H. Rubin, "Ruminations on Suretyship", Louisiana Law Review, Vol.57, No.2 (1997), p.592.

形下，保证人均可向其他保证人主张追偿。[①]然而，若多个保证人约定的担保总数额低于主合同债权总数额时，则连带责任规则并不适用，此时应为按份责任。我国台湾地区民事相关规定中亦规定了数人对同一债务提供保证，原则上应负连带责任。数人对于同一债务人，就同一行为而为保证，旨在加强担保的效力，成立共同保证连带。[②]本类型常被引申为由数个契约发生之债务构成一个连带债务的案例。[③]我国台湾地区保证人之间负连带债务系根据"民法"第748条所规定，连带债务的成立不以当事人明示为必要。在成立了多份保证合同，且各保证法律关系中的保证人并未相互知情的情况下，只要各保证担保的债务是同一债务，即成立连带保证。[④]

2. 成立连带之债特征辨析

建立连带债务是否需要当事人有协议的约定，或有法律直接规定？对该问题各国立法及司法实务存在较大争议。法国、日本判例均承认了连带之债可推定成立。[⑤]德国学者认为，仅仅将连带债务的成立局限于当事人协议约定与立法的规定两种情形并不妥当。[⑥]而我

---

① ［德］克里斯蒂安·冯·巴尔、［英］埃里克·克莱夫主编：《欧洲私法的原则、定义与示范规则：欧洲示范民法典草案》（第4卷），于庆生、温大军、胡琳等译，法律出版社2014年版，第1143页、第1155页。

② 钱桐荪：《保证责任研究》，载《法令月刊》1962年第7期。

③ 黄茂荣著：《债法通则之三：债之保全、转移及消灭》，厦门大学出版社2014年版，第88页。

④ 林诚二著：《民法债编各论》（下），中国人民大学出版社2007年版，第279页。

⑤ ［日］我妻荣：《新订债权总论》，王燚译，中国法制出版社2008年版，第345—346页、第358—359页。

⑥ 黄茂荣著：《债法通则之三：债之保全、转移及消灭》，厦门大学出版社2014年版，第62页、第66页。

国台湾地区的民事相关规定并没有对连带债务的概念加以定义，只是对其发生及效力加以规定。因此，关于连带债务的概念或类型特征只能从其发生与效力规定推知。连带债务法律制度最主要的问题是其成立要件的确定，我国法律对此并未作出规定。

德国学者在连带债务制度的理论发展中，出现了“债的发生原因同一说”“目的共同说”“清偿共同和履行共同说”“义务同一层次性理论”等认定连带之债的学说。[①] 如何认定债务基于同一原因成立，可根据债务是否依据相同的法律规定成立来判断，即形式上的原因同一；原因的同一性也可以是同一生活事实，即可以理解为实质上的原因同一，但形式同一性要件为关键性前提。[②] 至于债务之内容则不要求其相同。有学者认为，纵使债务之内容和最终清偿目的是相同的，但如果债权人对各个债务的给付利益并非同一，则不成立连带债务。[③] 保证人单独行为对同一债务提供保证，学者也将之作为连带债务考虑，在缺乏同一原因的情况下（如在多个保证人与主债务人的关系中），保证债务在标的同一这一意义上与同一原因相同。[④] 由于同一原因性要件从一开始就被证明对连带债务的范围限制太严，因此有学者认为，连带债务成立的要件不需要债务原因同一性，已经成为学界通说。此要件于早期的学说中可能存在分歧，但该要件

---

① 张定军:《论不真正连带债务》，载《中外法学》2010 年第 4 期。

② 张定军著:《连带债务研究——以德国法为主要考察对象》，中国社会科学出版社 2010 年版，第 75 页。

③ 黄茂荣著:《债法通则之三：债之保全、转移及消灭》，厦门大学出版社 2014 年版，第 68—70 页。

④ 张定军著:《连带债务研究——以德国法为主要考察对象》，中国社会科学出版社 2010 年版，第 75 页。

在德国帝国法院时期就已经被抛弃。①

德国法此后发展出了“共同目的说”理论，这一理论在司法实践中一直占据着重要地位，之所以能构成连带债务，是因为数个债务间具备的关联性，即他们为了共同的目的而履行。②持该学说的学者认为，数个债务通过满足相同且唯一的利益联系在一起，虽然存在数个债务，但债权人利益仅需一个债务的完全履行即可实现。因此，当某一债务已完全履行，共同利益随之实现，其他债务同时消灭。③我国台湾地区判例亦以“共同目的说”理论认定连带债务之成立，认为连带债务的成立并不须明示出连带债务四个字。④唯就何谓目的之共同，其认定仍有问题。有学者认为，连带债务中的共同目的不应仅通过同一债权的实现来判断，两者还存在区别。⑤由于目的共同这一概念模糊的含义，学者试图进一步寻求其他的特征来更准确地表述连带债务。因此，德国亦有学者认为，目的共同说理论实质上并不能够将连带债务与其他多数人之债务相区分。⑥

作为判断连带债务是否存在的标准，在目的共同说的缺陷被认识并因此被普遍放弃后，经常被作为连带债务前提条件主张的，是在多数债务人之间的“相互清偿共同”或者“相互履行共同”，即债

---

① 杨淑文：《论连带保证与连带债务》，载《台湾本土法学杂志》2001 年第 8 期。

② 杨淑文：《论连带保证与连带债务》，载《台湾本土法学杂志》2001 年第 8 期。

③ Michelle Cumyn, “Responsibility For Another’s Debt: Suretyship, Solidarity, And Imperfect Delegation”, McGill Law Journal, Vol.55, No.2 (2010), p.218.

④ 游进发著：《民法之释义与编纂》，元照出版有限公司 2018 年版，第 285—287 页。

⑤ 黄茂荣著：《债法通则之三：债之保全、转移及消灭》，厦门大学出版社 2014 年版，第 90—91 页。

⑥ 杨淑文：《论连带保证与连带债务》，载《台湾本土法学杂志》2001 年第 8 期。

务人的其中之一向债权人清偿，亦使其他债务人的债务消灭。提出“履行共同”概念的学者认为，成立连带债务必须在对同一全部给付承担义务的债务人之间存在一个特别的“履行共同”。这一履行共同仅能以合同为基础或者以特别的法律规定为基础。如果一个债务人要承担全部的赔偿责任，另一个债务人仅预先地承担责任，因为义务存在不同层次性，所以给付不具有同一性。①

由于以上各种学说存在的缺陷，现今德国学界及司法实践通说则以“义务同一层次性”作为认定的准则。②至于何种情形下数人债务属于同一层次，必须通过分析各个债务人和债权人之间构成何种法律关系来确定。若存在不同层次的债务，则必定有一个最终承担责任的债务人，而这个债务人就是主债务人。次债务人履行偿付行为后，享有对主债务人的相应追偿权利，因此，主债务人应履行对次债务人的偿付责任。目的的共同和义务同一层次并不是依据主观标准进行判断的，而是建立在客观标准上进行认定的，如数个保证人各自担保同一笔债务，以使债权人债权获偿。然而，若多人在不同合同下承担的债务处于主从关系，则不属于连带债务。③部分学者对该学说也提出了批判性观点，认为同一阶层说依然未能解释不构成连带债务的情形。④

---

① 张定军著:《连带债务研究——以德国法为主要考察对象》，中国社会科学出版社 2010 年版，第 102—104 页。

② 张定军著:《连带债务研究——以德国法为主要考察对象》，中国社会科学出版社 2010 年版，第 116 页、第 127 页。

③ 黄茂荣著:《债法通则之三：债之保全、转移及消灭》，厦门大学出版社 2014 年版，第 95 页。

④ 杨淑文:《论连带保证与连带债务》，载《台湾本土法学杂志》2001 年第 8 期。

为了对连带债务有清晰的界定，学者们总结认为，通常有如下情形出现可视为连带债务：其一，数人通过一个合同共同承担可进行分割的债务。由于各种债务的形成有同一法律原因，符合目的共同、义务同一层次认定标准，此种情形属连带债权最狭义的范畴。其二，数人通过几个不同的合同承担债务的，也可能成立连带债务。该类情形的典型是，数人与债权人签订了几份担保协议以担保同一债务，保证人不必相互认识并与债权人共同订立一份保证协议，数保证人始终负担连带债务。因此，同一债务的界定并不限于由同一法律原因产生的债务。[①]

3. 共同担保人之连带责任法律关系认定

混合共同担保人之间是否享有追偿权，可从共同担保人是否承担连带共同担保责任证立。有学者认为，《民法典》第 699 条“债权人可以请求任何一个保证人在其保证范围内承担保证责任”的规定可成立连带保证债务，从而衍生出追偿权。[②]《担保制度司法解释》亦规定了约定承担连带共同担保的，担保人之间享有追偿权；同时规定了推定连带共同担保的情形。除在同一份合同书上签字被推定为担保人承担连带共同担保外，满足何种要件可推定担保人之间承担连带责任，因此享有担保人之间的追偿权。《担保制度司法解释》关于推定连带共同担保的情形，是否过于受限？当满足连带债务构成要件与法律效果时，是否应赋予共同担保人之间的追偿权？学者间存在不同观点。

根据《担保制度司法解释》，可推论出连带共同担保的成立需各

① 杨淑文：《论连带保证与连带债务》，载《台湾本土法学杂志》2001 年第 8 期。
② 崔建远：《论保证规则的变化》，载《中州学刊》2021 年第 1 期。

担保人有意思联络。此立法例与大多数国家或地区立法不同，因为多数立法例采用客观说标准，无须主观上有共同担保的意思联络。[①]如《德国民法典》[②]《欧洲示范民法典草案》[③]均不要求担保人存在意思联络[④]。依据德国学界“共同目的说”这一认定连带之债标准，在共同担保中，即使各担保人与债权人订立数份担保契约，但目的均为在满足债权人同一给付利益时，成立连带债务。[⑤]共同目的说为共同担保责任形态构建提供了理论依据，也即债权人享有实现债权顺位选择权的逻辑。[⑥]依“同一层次性理论”，德国司法审判实务已将连带债务人可相互追偿的具体规则运用于共同保证中，此亦为德国学理上普遍认同的观点。[⑦]

在否定共同担保人之间承担连带责任的观点中，学者多认为，成立连带债务只能通过当事人之间约定，或者为法律规定的情形，共同担保人之间无意思表示，直接以法律结构及情形与连带债务成

---

① 谢鸿飞:《共同担保一般规则的建构及其限度》，载《四川大学学报(哲学社会科学版)》2019 年第 4 期。

② [德]迪特尔·梅迪库斯著:《德国债法总论》，杜景林、卢谌译，法律出版社 2004 年版，第 607 页。

③ [德]克里斯蒂安·冯·巴尔、[英]埃里克·克莱夫主编:《欧洲私法的原则、定义与示范规则:欧洲示范民法典草案》(第 4 卷)，于庆生、温大军、胡琳等译，法律出版社 2014 年版，第 1143 页。

④ 史尚宽著:《债法各论》，中国政法大学出版社 2000 年版，第 942 页。

⑤ 游进发著:《民法之释义与编纂》，元照出版有限公司 2018 年版，第 283 页。

⑥ 陈重见著:《共同抵押权论》，新学林出版股份有限公司 2007 年版，第 139—140 页。

⑦ [德]克里斯蒂安·冯·巴尔、[英]埃里克·克莱夫主编:《欧洲私法的原则、定义与示范规则:欧洲示范民法典草案》(第 4 卷)，于庆生、温大军、胡琳等译，法律出版社 2014 年版，第 1157 页。

立要件对比，证成共同担保人之间承担连带债务，存在法律障碍。[①]《民法典》出台后，司法审判实务亦有持此观点的判决。[②]保证目的固在担保主债务可获得清偿，但保证人多以负担应不会发生之或有债务之想法提供保证，故保证人在与债权人订定保证契约时，必须仔细考虑主债务人之清偿能力、信用等状况。至于其他连带债务人之存在，就如同共同保证情形，其他共同负保证责任之保证人存在，实际上增加了清偿主债务之资力，但不影响保证人应承担的责任。因此，除非保证人于订定保证契约时，已将其他连带债务人应负担主债务人追偿不能之风险列为其为主债务人负保证责任之原因关系的重要之点，若将其他连带债务人剔除，将背离保证人原先同意负保证债务之预想，或使保证人单独承担主债务人清偿不能之风险，将致其他连带债务人获得不当利益时，会认为该连带债务人应与主债务人一并对保证人负偿还责任（但通常此时会将主债务人列为多数人），否则保证人签订保证契约之目的即在承担主债务人清偿不能之风险，自不能再将该风险转嫁他人。[③]有学者以保证人与物上担保人所负担的“给付”不具有同一性否定混合共同担保人之间的连带债务关系。[④]债权人行使权利的对象为担保物权，并没有权利对设

① 崔建远：《混合共同担保人相互间无追偿权论》，载《法学研究》2020年第1期；王利明：《论担保物权的立法构造——民法典物权编应规定混合共同担保追偿权》，载《东方法学》2019年第5期。

② 参见江苏省南通市中级人民法院（2021）苏06民终3154号民事判决书。

③ 管静怡：《连带债务、连带保证与共同保证》，载《月旦裁判时报》2019年第86期。

④ 崔建远：《混合共同担保人相互间无追偿权论》，载《法学研究》2020年第1期；张尧：《混合共同担保中担保人内部求偿的解释论》，载《法学家》2017年第3期。

定担保之人提出履行请求。[①]物上担保人所负之担保责任以该供担保之担保物为限，债权人与物上担保人之间仅有物权关系，并无债权关系，不能对任何一位物上担保人依债权关系追偿。[②]各义务人对债权人承担债法上的债务，才成立连带债务。保证与物的担保并存时，并不符合该要件。[③]

（三）代位求偿的解释论

有学者认为，以连带债务理论作为我国混合共同担保人之间享有追偿权的依据欠缺，应于立法中另寻担保人之间追偿请求权的依据。[④]在法理上，论证共同担保人之间拥有追偿权的另一路径为担保人享有的代位权。学理及司法审判实务中，有观点认为，没有共同担保之意思表示的保证人之间不成立连带债务，由此，承担了清偿义务的保证人无权向其他保证人主张分担，若要实现共同担保人分担损失，则只能通过代位权。[⑤]在比较法上，大多数国家和地区立法也存在关于代位权的专门规定，如德国规定了保证人与第三人提供物保者均享有代位权。[⑥]

无论是类推运用连带关系的一般规则，还是用代位求偿基本理

① 林廷机著:《保证》，三民书局股份有限公司 2010 年版，第 58—59 页。

② 张剑男:《保证人与物上保证人之内部分担》，载《法令月刊》2011 年第 9 期。

③ 崔建远:《混合共同担保人相互间无追偿权论》，载《法学研究》2020 年第 1 期。

④ 邹海林:《我国〈民法典〉上的“混合担保规则”解释论》，载《比较法研究》2020 年第 4 期。

⑤ 陈洁蕾:《保证的罗马法基础与法典化构建》，载《比较法研究》2019 年第 4 期。

⑥ 林诚二著:《民法债编各论》(下)，中国人民大学出版社 2007 年版，第 243 页。

论解决追偿权的问题，都需要通过解释论加以确立，不打破我国现行立法的体系和内容，选择代位求偿解释论，是成本最低的。①连带共同保证人享有代位权，符合共同保证的宗旨。②保证人的代位权是因公平原则建立的，因代位权的行使，获得主债务人的全额偿还，或者共同担保人按比例分担。③担保人通过代位权成为债权人，对主债务人本人、主债务人担保债务的财产、主债务人以外可能对债务承担责任的人、共同保证人本人及其财产行使代位权。④担保人基于其所取得之债权上的担保权益，自可以对其他担保人行使追偿权利。

有学者认为，我国现行法中代位权的请求权依据能从《民法典》第 700 条中得到解释，因此，共同担保人之间享有追偿权的请求权依据为该条立法规定。⑤由于对债权的法定移转、担保物权从属性的法理和体系的认识不足，未考虑到共同担保人之间因制度逻辑而产生的代位求偿关系，从而否认共同担保人之间的追偿权，是存在问

---

① 张尧：《混合共同担保中担保人内部求偿的解释论》，载《法学家》2017 年第 3 期。

② ［日］我妻荣著：《新订债权总论》，王燚译，中国法制出版社 2008 年版，第 449 页。

③ Johann Andreas Dieckmann, "The Normative Basis of Subrogation and Comparative Law: Select Explanations in the Common Law, Civil Law and in Mixed Legal Systems of the Guarantor's Right to Derivative Recourse?" The Tulane European and Civil Law Forum, Vol.27 (2012), p.77.

④ Wilhelm, Suzanne, "Taking Suretyship Seriously", Oklahoma City University Law Review, Vol.18, No.1 (1993), p.95.

⑤ 邹海林：《我国〈民法典〉上的"混合担保规则"解释论》，载《比较法研究》2020 年第 4 期。

题的。[①]然而，有学者认为，该条规定的享有债权人对“债务人”的权利不能扩大解释为债权人对“其他担保人”的权利，这一解释超出了文义解释的范围。[②]应该注意的是，该条规定字义并未表述为域外立法通常规定的“享有债权人的权利”，而是“对债务人享有债权人的权利”，立法者在字义表述上应当是有所考虑的。[③]该条规定的保证人权利，针对的仅仅是主债务人，不包括其他担保人，此立法只是为了强化追偿权的实现而存在的。[④]

（四）公平原则在追偿权制度设计中的作用

持共同担保人之间享有内部追偿权观点的学者认为，公平原则为其理由之一。有学者认为，我国连带债务的成立须有法定事由或当事人约定，而没有连带共同担保的约定，无法认定成立连带债务，只能通过价值判断法律赋予共同担保人追偿权。[⑤]当立法没有明确规定担保人追偿权的情况下，法律的一般原则就为问题的解决提供了另一条路径。承担保证责任的保证人不应该因为清偿行为而处于更

---

① 孙宪忠、朱广新主编：《民法典评注：物权编》，中国法制出版社2020年版，第56—57页。

② 王利明：《论担保物权的立法构造——民法典物权编应规定混合共同担保追偿权》，载《东方法学》2019年第5期。

③ 叶金强：《〈民法典〉共同担保制度的法教义学构造》，载《吉林大学社会科学学报》2021年第3期。

④ 刘贵祥：《担保制度一般规则的新发展及其适用——以民法典担保制度解释为中心》，载《比较法研究》2021年第5期。

⑤ 谢鸿飞：《共同担保一般规则的建构及其限度》，载《四川大学学报（哲学社会科学版）》2019年第4期。

糟糕的境地。[①] 基于正义的要求，担保人成为共同担保人之一后，不得因债权人选择不诉诸其权利范围内的救济，而将不利益全部由某一担保人承担。[②] 主债务人无力清偿主合同债务时，已经履行清偿责任的保证人承担所有损失，不符合公平原则。[③]

债权人原则上可以以其自身利益所要求的任何方式自由行使其权利，而法律确保了所有人的平等待遇。如果以公平为前提的秩序受到干扰，就需要进行修正。公平要求的负担分配在共同担保人之间是成比例的[④]，不因债权人选择产生风险的不公平分配[⑤]。向其他担保人追偿，是对信赖方利益的保护。[⑥] 立法赋予债权人债权实现顺位的选择权，如否定担保人之间可相互追偿，是规则上的不协调。[⑦] 最终可能导致有的担保人无须承担任何清偿责任，有的则承担全部清

---

① Michael H. Rubin, "Ruminations on Suretyship", Louisiana Law Review, Vol.57, No.2 (1997), p.592.

② Johann Andreas Dieckmann, "The Normative Basis of Subrogation and Comparative Law: Select Explanations in the Common Law, Civil Law and in Mixed Legal Systems of the Guarantor's Right to Derivative Recourse?" The Tulane European and Civil Law Forum, Vol.27 (2012), p.80.

③ [日] 我妻荣著：《新订债权总论》，王燚译，中国法制出版社 2008 年版，第 448 页。

④ Johann Andreas Dieckmann, "The Normative Basis of Subrogation and Comparative Law: Select Explanations in the Common Law, Civil Law and in Mixed Legal Systems of the Guarantor's Right to Derivative Recourse?" The Tulane European and Civil Law Forum, Vol.27 (2012), p.77.

⑤ 邹海林：《我国〈民法典〉上的"混合担保规则"解释论》，载《比较法研究》2020 年第 4 期。

⑥ David Gruning, "Reading Release: How To Extinguish A Solidary Obligation", Loyola Law Review, Vol.64 (2018), p.397.

⑦ 孙毅：《混合共同担保法律问题之思考》，载《月旦民商法杂志》2009 年第 6 期。

偿责任。[①]立法直接对担保人之间的追偿权予以明确，尽管有牵强之处，但不应被视为错误。[②]

部分学者认为，共同保证人之间享有追偿权的规则可类推适用于混合共同担保。[③]若法律就此未设规范，自应援引类似规定，加以适用。[④]基于正义的要求，同类事物应作相同处理。共同保证人之间的法律地位平等，均对债权人承担同一顺位责任，如无特别约定，债权人可以主张任何一个保证人履行清偿责任。保证人承担了主合同清偿义务后，无论共同保证人是否同时在一份保证契约上允诺提供担保，抑或对其他保证的设立知情，均可向其他保证人主张分担。在混合共同担保中，我国立法采用“物的担保责任与人的担保责任平等”的立法模式，物的担保人与保证人对债权人承担同一顺位责任，债权人亦有实现债权顺位的选择权，因此，混合共同担保人追偿权规则应与共同保证人相似。

而否定说不赞同担保人相互间享有追偿权的原因之一为，“逻辑份额”只注意到了形式上的公平而违背了实质公平。[⑤]此外，仅仅用公平原则就证成混合共同担保人相互间拥有追偿权，是没有说服

① 黄忠:《混合共同担保之内部追偿权的证立及其展开——〈物权法〉第176条的解释论》，载《中外法学》2015年第4期。

② 崔建远:《混合共同担保人相互间无追偿权论》，载《法学研究》2020年第1期。

③ 王利明:《论担保物权的立法构造——民法典物权编应规定混合共同担保追偿权》，载《东方法学》2019年第5期。

④ 杨仁寿著:《法学方法论》，中国政法大学出版社1999年版，第146页。

⑤ 江海、石冠彬:《论共同担保人内部追偿规则的构建——兼评〈物权法〉第176条》，载《法学评论》2013年第6期。

力的，且不同法律适用主体对公平理念的理解也不同。[①] 亦有学者从追偿权立法背后追究价值探讨是否应赋予共同担保人相互间追偿权。认为追偿权的法理基础不在公平，而在效率，规则设计应有利于实现融资需要，促进担保协议达成，即需探究大多数担保人是否有共同分担的意愿。[②]

二、内部追偿权行使要件及效力范围

共同担保人之间相互追偿权不仅涉及其法律基础的论证，且在承认担保人之间内部追偿权时，追偿权行使要件及行使范围为何，亦需作出明确。学者一般认为，清偿主债务并使其他担保人免责的担保人，才享有内部追偿权，[③] 此与担保人对主债务人享有追偿权的要件一致。如虽有其他担保人责任的消减，但并无财产上的支付，则仍不存在内部追偿权。[④] 各国立法对共同担保内部追偿权成立具体要件的规定，有所差异。在法国、意大利、英国等国家中，一旦保证人清偿的主合同数额大于其应承担的份额，即有权进行追偿。[⑤]

连带债务人之一为共同免责而进行清偿前及清偿后，应通知其

---

① 崔建远：《混合共同担保人相互间无追偿权论》，载《法学研究》2020 年第 1 期。

② 贺剑：《担保人内部追偿权之向死而生：一个法律和经济分析》，载《中外法学》2021 年第 1 期。

③ 史尚宽著：《债法总论》，中国政法大学出版社 2000 年版，第 666 页。

④ 宋刚：《论连带债务中的追偿权之行使》，载《政治与法律》2014 年第 5 期。

⑤ [德] 克里斯蒂安·冯·巴尔、[英] 埃里克·克莱夫主编：《欧洲私法的原则、定义与示范规则：欧洲示范民法典草案》（第 4 卷），于庆生、温大军、胡琳等译，法律出版社 2014 年版，第 1155 页。

他债务人，怠于通知时追偿权将受到限制。[①]其他债务人可以以债权人的抗辩事由对抗追偿权人，有能抵销的相反债权就是一个典型的例子。与有过失的追偿权人相比，目的在于保护无过失的其他债务人。对所发生的可抗辩债权人的事由，有抗辩权的债务人应在事后通知。通知后，不论是否有追偿权人的事前通知，有抗辩权的债务人所发生的事由优先（双方通知时，先通知的保持效力）。有抗辩权的债务人怠于通知，追偿权人承担责任前也怠于通知时，有抗辩权的债务人优先。

在共同担保中，若担保人之一拟清偿主合同债务，应遵循连带债务一般规则，于清偿前及清偿后通知其他共同担保人。清偿前的通知，可以使担保人获取更多与主债务清偿相关的信息，减少因过错而重复清偿或未行使抗辩等权利而造成的损失。同时，清偿后的通知，有助于减少其他担保人的重复清偿，若由于已经清偿的担保人未履行该项通知义务，造成其他担保人重复清偿的，其将失去对其他担保人的追偿权。债权人所获得的双重债权，应优先返还无过失之担保人，相关不利益应由有过失之担保人承担。

三、内部追偿权行使的扩张与障碍

当某一共同保证人不能在其应分担的范围内承担责任时，该法律结果为享有追偿权的担保人独自承受，抑或由共同担保人之间依照责任承担比例分担，为内部追偿权需解决的关键问题。此外，享有追偿权的担保人向其他保证人追偿时，如果出现某一保证人依据

---

① ［日］我妻荣著：《新订债权总论》，王燚译，中国法制出版社 2008 年版，第 386—389 页。

约定或者法律规定主张其保证责任被免除时，追偿权人是否还享有对该保证人的追偿权，关系着各担保人利益间的平衡。

（一）追偿权扩张构成要件及法律效果

因共同保证人之一清偿了债务，债权人的债权得以实现，即可根据共同保证人关于内部份额的约定向其他担保人主张追偿。学者普遍认为，对其他保证人拥有追偿权的担保人并不能只向其中之一行使全部追偿权利，因为其结果会导致第二个保证人事后必须向第三个保证人追索。相反，首先承担清偿义务的担保人必须尽力在剩余保证人之间对追偿权加以划分，共同债务人的内部关系中并不存在连带责任。[①] 因此，其他保证人此时对该已为给付的担保人仅承担按份责任，而且不再承担连带债务；各担保人承担的份额，根据担保人内部份额规则确定。

然而，在按份责任的分担中，共同保证人中若有不能偿还应分担额情形时，已为给付的保证人将承受向其他保证人追偿不能的风险。依连带债务之原理，由有偿付能力的债务人按应承担的比例，对不能得到补偿的部分分担，此被称为债务人追偿权的扩张。[②] 连带债务人之一破产的风险，由其他连带债务人分担。[③] 为了解决某一债

---

① ［德］克里斯蒂安·冯·巴尔、［英］埃里克·克莱夫主编：《欧洲私法的原则、定义与示范规则：欧洲示范民法典草案》（第4卷），于庆生、温大军、胡琳等译，法律出版社2014年版，第1159页。

② 张定军著：《连带债务研究——以德国法为主要考察对象》，中国社会科学出版社2010年版，第328页。

③ David Gruning, "Reading Release: How To Extinguish A Solidary Obligation", Loyola Law Review, Vol.64 (2018), p.390.

务人无资力的风险，保护先为清偿的债务人，大多数地区都有关于追偿权扩张的规定。如《意大利民法典》第1299条第2款规定，若连带债务人之一没有资产可供清偿，其他共同债务人应共同分摊。[①]我国台湾地区“民法”另规定了即使连带债务人债务被免责，依然需按比例分担其中某一债务人无资力承担的责任，此时其应承担的部分虽已消灭，但对他人应承担而无力承担的部分仍应分担。[②]我国《民法典》亦规定了追偿权扩张的一般规则。

在共同保证中，多数学者支持共同保证人应分担其中某一保证人存在的无力承担责任的风险。[③]《意大利民法典》第1947条第2款规定，若其中一个共同保证人于其他保证人要求分担损失时没有资产可供偿付，则其他保证人依据责任比例分摊该保证人的责任。[④]《日本民法典》第444条第1款规定了连带债务中追偿权的扩张，根据第465条的规定，第444条第1款准用于共同保证人其中之一履行了全部主合同义务，或即使未履行全部主合同义务但超额履行了其允诺份额的情形中。[⑤]有学者认为，在解释论上可类推适用连带债务场合的处理，[⑥]此种情况下，应由包括该已为给付的保证人在内的其他保证人，对这些不能获得补偿的部分，按照各有能力偿付的保证人在内部关系中的承担比例进行再次分配。追偿权扩张法理基础是

① 《意大利民法典》，陈国柱译，中国人民大学出版社2010年版，第241页。

② 张定军著:《连带债务研究——以德国法为主要考察对象》，中国社会科学出版社2010年版，第329页。

③ 史尚宽著:《债法各论》，中国政法大学出版社2000年版，第943页。

④ 《意大利民法典》，陈国柱译，中国人民大学出版社2010年版，第336页。

⑤ 王融擎编译:《日本民法：条文与判例》(上)，中国法制出版社2018年版，第358页、第374页。

⑥ 宋刚:《论连带债务中的追偿权之行使》，载《政治与法律》2014年第5期。

公平原则和诚信原则。[①] 我国立法虽没有共同担保人之间的追偿权扩张，但司法审判实务中亦有判决支持，如在"孙某与祁某、江苏某置业有限公司追偿权纠纷案"[②] 中，二审法院认为，在保证人承担连带责任情形中，某一保证人无法履行应承担的责任是所有保证人共同面临的不利益，风险应共同承担。

（二）追偿权障碍构成要件及法律效果

当共同保证人承担连带责任时，债权人免除某一担保人的义务，其余保证人的责任是否会受到影响？对此问题存在不同的学说见解与立法例。关于连带债务人是否可向其追偿，有学者认为，保证人相互享有的权利及法律关系在共同保证构建之时即已产生，因此，即使共同保证人之一被债权人免除责任承担，但担保人之间的分担义务并不随之消灭。[③] 根据《奥地利民法典》第 1363 条的规定，共同保证人之一被免除保证责任时，其仅得对债权人主张免责，而不得对其他共同保证人主张免责。[④] 这意味着，保证人可以向已经被债权人免除责任的保证人进行追偿。在英国法中，若债权人免除保证人主合同清偿义务，同时是违反其他保证契约成立要件或契约约定条款的，所有其他保证人均无须再承担任何责任。[⑤]

---

① 孙森焱著：《民法债编总论》，法律出版社 2006 年版，第 740 页。

② 参见江苏省淮安市中级人民法院（2019）苏 08 民终 773 号民事判决书。

③ ［德］汉斯－约哈希姆·慕斯拉克、［德］沃夫冈·豪著：《德国民法概论》（第 14 版），刘志阳译，中国人民大学出版社 2016 年版，第 396—397 页。

④ 《奥地利普通民法典》，戴永盛译，中国政法大学出版社 2016 年版，第 266 页。

⑤ ［德］克里斯蒂安·冯·巴尔、［英］埃里克·克莱夫主编：《欧洲私法的原则、定义与示范规则：欧洲示范民法典草案》（第 4 卷），于庆生、温大军、胡琳等译，法律出版社 2014 年版，第 1236 页。

《德国民法典》第776条[①]、《法国民法典》第1287条[②]、《西班牙民法典》第1850条[③]均规定了连带保证人之一责任被免除的，其他保证人责任也相应减少。在葡萄牙司法审判实务中，其他保证人清偿义务会因某一保证人清偿责任被免除而免除，而受影响免除的数额计算采用比例原则，即免除比例为被债权人免除部分清偿数额占主合同债务总数额的比例。[④]在美国法中，在未取得其他保证人同意的情况下，免去共同保证人之一的履行义务，将在被免除的保证人应分担的份额内解除其他担保人责任。[⑤]债权人免除某一担保人之责任，其他担保人能自该担保人处取得补偿，共同担保人之责任可免除。[⑥]在英国法中，数人提供保证情形下，若某一保证人的清偿义务由于债权人的行为而得到免除，同时此行为亦导致其他保证人向该被免除清偿义务的保证人主张分担主合同债务时受阻，那么，享有请求分担主合同债务的其他保证人的清偿义务也相应免除。[⑦]

由于连带债务人需分担债务，因此免除某一担保人的债务，对债权人来说可能是沉重的，因为其他保证人的责任在相应范围内减

---

① 陈卫佐译注:《德国民法典》(第4版)，法律出版社2015年版，第306页。

② 《法国民法典》，罗结珍译，北京大学出版社2010年版，第328页。

③ 《西班牙民法典》，潘灯、马琴译，中国政法大学出版社2013年版，第453页。

④ [德]克里斯蒂安·冯·巴尔、[英]埃里克·克莱夫主编:《欧洲私法的原则、定义与示范规则：欧洲示范民法典草案》(第4卷)，于庆生、温大军、胡琳等译，法律出版社2014年版，第1236页。

⑤ Wilhelm, Suzanne, “Taking Suretyship Seriously”, Oklahoma City University Law Review, Vol.18, No.1 (1993), p.110.

⑥ [英] V.A. Grifith 著:《英美法总论》，姚淇清译，正中书局1987年版，第72页。

⑦ 董安生主编:《新编英国商法》，复旦大学出版社2009年版，第355页。

少。[①] 债权人有权自由处分自身拥有的权利，但不得损害他人的合法利益。在减免部分或全部某一连带保证人主合同清偿义务时，由于总债务数额不变，其他保证人应分担的债务总额因此而增加。基于公平原则与权利不得滥用原则，债权人在解除某一保证人的主合同清偿义务时，对相关部分债权的担保也必须同步解除，即其他保证人对此不再履行清偿义务。

第三节　内部追偿规范的具体化：向主债务人追偿不能的风险分担

各国立法及学说对共同担保人之间内部可追偿份额的算定规则有不同的认识，体现了各国立法技术与学理的发展。我国亦出现了不同立法例。共同担保人之间内部追偿权规范的具体化承载了对担保人向主债务人追偿不能风险的分担，在共同保证、混合共同担保、保证人兼为物上担保人的情形中，追偿权分担标准采取何种立法例对已承担担保责任的一方影响重大。

一、共同保证中内部追偿额的算定规则

关于内部追偿额的确定，我国《担保法司法解释》规定了保证人之间没有约定的，应平均分担；而《担保制度司法解释》规定了各担保人之间没有约定的，按照比例分担。两种不同立法例分别采纳

① David Gruning, “Reading Release: How To Extinguish A Solidary Obligation”, Loyola Law Review, Vol.64 (2018), p.388.

了对共同担保内部追偿分担标准的“人数平均说”与“比例分担说”，体现了对保证与物的担保本质理解的不同。关于共同保证与混合共同担保，其内部追偿份额算定方式存在不同，立法应作出区分。

关于共同保证，保证人之间平均分担担保份额是符合正义要求的，[①]但平均分担规则并没有顾及保证人提供的是非全额保证的情形，即仅提供部分债务的保证的情形。在英国法中，确立了共同保证人之间平均分担份额的原则，但当各保证人对债权人担保份额约定不同时，则按照担保比例在各担保人之间分担份额。[②]根据普通法，分担额视乎保证人的人数。根据衡平法，分担额视乎有偿债能力的保证人的人数。在没有相反协议的情况下，由保证人平均分担。但是，当保证人有不同的担保限额时，这是以不同额度分担的默示协议。在这个情况下，假如债权人主张全额，每个人都要付出他的义务最高限额；但假如债权人主张的少于全额，而主张由一个人支付了，这项主张必须由其他人按比例分担，即使主张的数额不超越付款人的义务限额。[③]

《欧洲示范民法典草案》关于连带债务人责任的内部分担规定中，采用债务人等额承担责任为原则的立法例。然而该原则运用于保证人内部追偿额确认并不合理，原因是各保证人约定需要承担的风险通常不一致。因此，该草案第Ⅳ.G–1：106条第3款规定了担保人依

---

① 耿林：《比较法视野下的混合共同担保》，载《江汉论坛》2017年第6期。

② Geraldine Mary Andrews，Richard Millet，Law of Guarantees (4th edition)，Sweet & Maxwell，2005，p.445.

③ 何美欢著：《香港担保法》(上)，北京大学出版社1995年版，第80页。

据其所约定承担的担保数额占全体担保人共同约定承担的担保数额的比例分担主合同清偿责任。[①]我国台湾地区民事相关规定顾及保证人仅承担部分担保的情况，因此以“保证人应负之履行责任”为计算标准。[②]如学者所言，保证人承担的份额算定，应以该保证人对债权人承担的担保数额占共同保证人担保数额总和的比例确定。[③]根据追偿权可扩张的原理，共同保证人内部份额的分担应以有支付能力的保证人来确定，若出现无清偿能力的保证人，已经履行了主合同清偿义务的保证人可以要求其他保证人依据允诺的担保比例分担已支付金额。[④]

在依据“比例分担说”计算出各担保人内部分担数额后，享有追偿权的保证人以已清偿债权数额扣减本人应负担数额后，可向其他保证人追偿。例如，在一笔5000元的借款中，甲约定承担2000元的保证，乙约定承担3000元的保证。此时，被担保债权总额为5000元，甲与乙担保份额比例分别为2/5和3/5。若主债务人已偿付1000元，则甲在内部负担1600元（4000元的2/5），而乙负担2400元（4000元的3/5）。若甲已将剩余主合同债务4000元清偿完毕，则甲可请求乙分担2400元。在融资实务中，常常适用最高额担保以便利于各方需求，当实际发生债权总额低于契约约定的最高担保数额

---

① ［德］克里斯蒂安·冯·巴尔、［英］埃里克·克莱夫主编：《欧洲私法的原则、定义与示范规则：欧洲示范民法典草案》（第4卷），于庆生、温大军、胡琳等译，法律出版社2014年版，第1150—1151页。

② 陈荣传：《连带保证与抵押权的共同担保》，载《物权与民事法新思维》，元照出版有限公司2014年版，第286页。

③ 高圣平：《特殊情形之下保证期间的计算三论》，载《法学杂志》2021年第4期。

④ 董安生主编：《新编英国商法》，复旦大学出版社2009年版，第352—353页。

时，应以实际发生债权数额作为计算保证人内部分担数额基数，因为实际发生债权金额决定了每一个担保人必须清偿的最高金额。例如，在一笔2000元的主债务中，甲约定承担1000元保证数额，乙约定承担无限制的债务保证。此后主合同债务增加至3000元，甲与乙仅需对2000元债务负担连带责任，在该范围内，甲在内部负担1/3，而乙负担2/3，此外，乙需对另增加的1000元承担补充责任。

二、混合共同担保中内部追偿额的算定规则

关于混合共同担保中各担保人应承担的内部份额算定，学理上存在重大分歧，各担保人未约定内部分担额时，学说主要有“人数分配说”与“比例分配说”，各国立法例亦存在上述两种学说的体现。我国司法审判实务对此亦未形成统一裁判规范，有判决采取“人数分配说”确定各担保人应承担份额[①]，有判决则采取“比例分配说”确定各担保人应承担份额[②]。最高人民法院起草的关于担保物权的司法解释征求意见稿中，在采取“比例分配说”或是“人数分配说”时产生了较大分歧。[③]

持“人数分配说”观点的学者认为，混合共同担保责任应按担保人的人数平均分担，采取人数分配说更符合便捷高效的原则，虽

---

① 参见浙江省宁波市中级人民法院（2011）浙甬商终字第531号民事判决书；湖南省岳阳市中级人民法院（2009）岳中民二初字第44号民事判决书；河南省郑州市中级人民法院（2012）郑民四终字第1881号民事判决书等。

② 参见江苏省无锡市中级人民法院（2012）锡商终字第63号民事判决书；湖南省株洲市中级人民法院（2010）株中法民二初字第7号民事判决书等。

③ 程啸：《混合共同担保中担保人的追偿权与代位权——对〈物权法〉第176条的理解》，载《政治与法律》2014年第6期。

比例分配说更为公平合理，亦符合物的担保与人的担保性质不同的区分，但此区分将造成算定规则复杂，且比例分配说需以担保物价值为计算基准，担保物的价值另需作出评估，增加了交易成本与时间。[①]有学者认为，基于物的担保与人的担保责任平等，所分担的份额也应该平等。[②]在意大利与西班牙立法中，若没有相反的约定，担保人需按人数承担内部责任；相似立法亦可见于苏格兰法律，除非各方就担保人分担的不同份额达成一致，否则推定适用人均责任。[③]日本立法例部分采用了该学说，在混合担保中，原则上以担保人数为基准算定内部承担份额。但若有数个物上担保人，以其提供的担保财产为基准计算保证人所承担份额。[④]

持“比例分配说”观点的学者认为，在混合共同担保中，追偿的数额应当采取价值比例分配，即按照保证人与债权人约定的主合同履行担保数额与提供担保的财产的价值或者物的担保人与债权人约定的主合同履行担保数额比例确定。无论是立法例中，还是学界乃至司法审判实务中，采纳比例分配说的为多数。[⑤]担保物的提供者

① 史尚宽著：《债法总论》，中国政法大学出版社2000年版，第811页；林诚二著：《民法债编各论》（下），瑞兴图书股份有限公司2002年版，第315页。

② 王利明：《论担保物权的立法构造——民法典物权编应规定混合共同担保追偿权》，载《东方法学》2019年第5期。

③ ［德］克里斯蒂安·冯·巴尔、［英］埃里克·克莱夫主编：《欧洲私法的原则、定义与示范规则：欧洲示范民法典草案》（第4卷），于庆生、温大军、胡琳等译，法律出版社2014年版，第1158页。

④ ［日］我妻荣著：《新订债权总论》，王燚译，中国法制出版社2008年版，第232—233页。

⑤ 陈重见著：《共同抵押权论》，新学林出版股份有限公司2007年版，第143页。

至多只是对担保物的价值负责任[①]，但人的担保和物的担保性质有较大区别，一般情况下保证人需要以其所有资产承担主合同清偿义务，内部追偿额的算定无论性质上的区别如何，一律按照担保人数进行等额分担，将是不公平的[②]。

虽然《德国民法典》规定了连带债务人的等分责任[③]，但德国学者认为，共同担保中，担保人所承担的不同的担保责任应予以考虑[④]。《奥地利民法典》第896条亦规定清偿债务的共同债务人，得按相同比例，向其他共同债务人追偿，但共同债务人之间存在其他特别关系者，不在此限。[⑤]在上述立法例中，共同债务人原则上应均等承担清偿责任，但如果债务人之间成立其他法律关系或者另有其他约定的情形除外。[⑥]我国台湾地区民事相关规定在保证人方面以其应负之“履行责任”为计算应分担比例之基准，在物上担保人方面，则系以担保人提供担保之“担保物价值”或“担保债权金额”为计算应分担比例之基准（以数额较低者为准），故无论保证人或物上担保人，均非以其“人数”为计算应分担比例之基准。[⑦]比例分配说为

---

① 高圣平著：《物权法与担保法：对比分析与适用》，人民法院出版社2010年版，第81—82页。

② 谢在全著：《民法物权论》（中），中国政法大学出版社2011年版，第653页。

③ 陈卫佐译注：《德国民法典》（第4版），法律出版社2015年版，第153页。

④ ［德］迪特尔·梅迪库斯著：《德国债法总论》，杜景林、卢谌译，法律出版社2004年版，第426页。

⑤ 《奥地利普通民法典》，戴永盛译，中国政法大学出版社2016年版，第170页。

⑥ ［德］克里斯蒂安·冯·巴尔、［英］埃里克·克莱夫主编：《欧洲私法的原则、定义与示范规则：欧洲示范民法典草案》（第4卷），于庆生、温大军、胡琳等译，法律出版社2014年版，第1158页。

⑦ 张剑男：《保证人与物上保证人之内部分担》，载《法令月刊》2011年第9期。

各地较为公认的学说。[①]

德国联邦最高法院认为，在最高额保证情形中，最高限额为计算基础。[②]相似观点亦可见于法国、比利时、英国。在最高担保额被约定的情况下，物的担保最高风险可以像保证那样来确定。在这种情况下，最高风险要通过用于担保的财产价值来确定，最后一笔担保创设的时间仍然是决定性的。《欧洲示范民法典草案》评注中认为，如果财产的价值后来有所降低，该比例并不受影响。[③]例如，在一笔6000元的主合同债务中，甲约定以4000元最高额承担保证，而乙以一辆汽车向债权人提供了担保，该汽车于担保契约订立时价值为4000元。债务人清偿了2000元后无力偿还剩余债务，债权人从甲处实现了剩余的4000元债权。由于甲与乙承担担保的比例均为1/2，因此甲有权向乙要求分担2000元。如果该汽车的价值只有1000元，则甲只能获得这笔金额，因为乙并不承担个人责任。

担保人承担的保证或者创设的另一项担保，其担保最高额或担保物价值往往在缔约时高于被担保的实际发生债权。此种情形下，不是通过担保最高额或担保物价值，而是通过实际发生债权数额来确定担保人最高风险似乎是合理的，因为这是需要进行担保的具体数额。例如，在一笔4000元的主合同债务中，甲约定承担最高额为

---

① 程啸：《混合共同担保中担保人的追偿权与代位权——对〈物权法〉第176条的理解》，载《政治与法律》2014年第6期。

② ［德］迪特尔·梅迪库斯著：《德国债法总论》，杜景林、卢谌译，法律出版社2004年版，第426页。

③ ［德］克里斯蒂安·冯·巴尔、［英］埃里克·克莱夫主编：《欧洲私法的原则、定义与示范规则：欧洲示范民法典草案》（第4卷），于庆生、温大军、胡琳等译，法律出版社2014年版，第1152页。

6000元的保证，同时乙约定承担最高额为2000元的担保。若甲已清偿主合同3000元的债务，则可向乙追偿1000元（甲与乙担保的总额是4000+2000=6000元，乙所占内部份额比例为1/3）。然而，如果被担保债权的金额在担保提供后被减少，甚至低于约定的最高担保额，而此种情况对各担保人内部分担份额比例并不会产生影响。又如，在一笔5000元的主合同债务中，甲约定承担最高额为2000元的保证，而乙约定承担最高额为3000元的担保，后主合同债务减少至2000元。甲应分担的内部清偿比例依然为2/5（800元），乙应分担的内部清偿比例依然为3/5（1200元）。

在共同担保中，普遍受到认可的一项基本原则是，担保人必须依据各自承诺的担保比例分担最终主合同无法获得清偿的风险。这个原则的结果是，担保人享有向其他担保人追偿的权利。另外，当担保人向债权人进行适当支付，并通过行使对主债务人的追偿权获得救济之后，该担保人必须与其他担保人分享所获得的任何利益。如果没有这种分享，其他担保人将处于不利地位。依据公平负担理论，担保人之间分担损失亦同时分享获益，即某一保证人所获利益均应分享于其他保证人，此为内部追偿规则应有之义。有学者认为，保证人侵害其他保证人的利益时，需要就其他保证人的损失承担赔偿责任，然而在英国法中，则更倾向于以剥夺内部追偿权作为保证人应承受之法律后果。[①] 如保证人获得了主债务人为主合同设立的担保，但由于故意或过失未能及时行使该担保权益，致使所获得追偿数额减少，此种行为同时损害了其他担保人利益，因为各担保人需

① ［德］克里斯蒂安·冯·巴尔、［英］埃里克·克莱夫主编：《欧洲私法的原则、定义与示范规则：欧洲示范民法典草案》（第4卷），于庆生、温大军、胡琳等译，法律出版社2014年版，第1164页。

要分担的数额增加，无法分享到保证人从主债务人处获得的实际利益。该种情形下，若立法认可存在疏忽的保证人侵害其他担保人分享其获益的行为，又赋予其要求其他担保人分担损失的权利，将违背诚信原则及公平原则。

三、保证人兼为物上担保人时内部追偿额的算定规则

当共同担保中某一担保人兼为保证人与物上担保人时，追偿份额以单一资格（身份）为一人计算，或应按其各资格（身份）为二人计算，不无疑问。观察各国立法例，对双重资格（身份）者的认定规则较少，因此迫切需要立法及司法实务对其加以补充和论证。学者间对此亦存在不同认识，大体形成了“一人说”“二人说”“探求真意说”三种学说，而“一人说”又产生了应视其为保证人之说，抑或视其为物上担保人之说。

赞成“一人说”的学者认为，考虑当事人是否有背负双重负担之意思应为关键所在，而在一般情形中，保证人同时提供了物的担保时，并无承担双重责任的意思。[①] 为确立符合公平性又简单明了之准则，应以一人计算与其他共同担保人负担。[②] 而“一人说”中，其应被视为“保证人”抑或“物上担保人”，有不同观点。“保证一人说”认为，保证人兼为物上担保人时，保证人承担的责任涵盖了物上担保人的责任。[③] 在日本，通说采用保证一人说。[④] 根据日本判例确定

---

① 陈洸岳：《“双重保证”与“共同抵押”》，载《月旦法学杂志》2000 年第 5 期。

② 张剑男：《保证人与物上保证人之内部分担》，载《法令月刊》2011 年第 9 期。

③ 黄忠：《混合共同担保之内部追偿权的证立及其展开——〈物权法〉第 176 条的解释论》，载《中外法学》2015 年第 4 期。

④ 陈重见著：《共同抵押权论》，新学林出版股份有限公司 2007 年版，第 149 页。

的规则，连带保证人为债权人同时设立不动产担保的情形下，其与其他共同保证人分担份额应以单一身份计算。① 而持“物上担保人说”的学者认为，物的担保责任承担优先，故应以一个物上担保人处理。② 有学者认为，物上担保人说会产生不公平的结果。③

针对“保证一人说”与“物上担保人说”的缺陷，有学者提出了“责任竞合说”，认为应以其中分担责任较重者为其身份予以计算。④ 如保证人未就全部债务为担保，即应视其应负之履行责任与担保物之价值孰重，从其重者，以一人计算其应分担之部分，依此方法解决，似较为公平，并符合当事人之意思。⑤ 采用责任竞合说，始能兼顾各种情况。而有学者提出，应依何种资格承担责任，解释上自保护二重资格者之立场，由二重资格者选择，⑥ 亦被称为“资格选择说”。有学者批判“资格选择说”，认为该学说只关注到了双重资格者利益的保护，破坏了法的预见性与稳定性。⑦

持“二人说”观点的学者认为，保证合同与物保合同对应两种法律关系，自应分别依各该债权契约及物权契约之法律关系，分别负保证人之履行责任及物上担保人之担保责任，始为公平合理且合

---

① 史尚宽著:《债法总论》，中国政法大学出版社 1998 年版，第 813 页。

② 黄麟伦:《代位清偿制度之意义与机能》，载《法学丛刊》2001 年第 7 期。

③ 陈重见著:《共同抵押权论》，新学林出版股份有限公司 2007 年版，第 152 页。

④ 刘平:《民法典编纂中混合共同担保之再认识——兼评〈物权法〉第 176 条》，载《西南政法大学学报》2017 年第 6 期。

⑤ 李彦文:《关于保证人、物上保证人及担保物第三取得人清偿代位之研究》，载《台湾本土法学杂志》2002 年第 1 期。

⑥ 史尚宽著:《债法总论》，中国政法大学出版社 1998 年版，第 813 页。

⑦ 黄忠:《混合共同担保之内部追偿权的证立及其展开——〈物权法〉第 176 条的解释论》，载《中外法学》2015 年第 4 期。

法。[①]既然担保人愿意设立两种类型担保，即对承担双重担保责任有预期，知道或应当知道双重担保设立责任比单一担保设立责任更重，且其他共同担保人也对双重资格者应当承担的更重责任有合理期待。因此，合理的算定规则应当为，分别计算双重担保人中保证负担的份额和物的担保负担份额，而后将两部分相加。[②]

因物的担保与人的担保性质不同，分别发生不同的法律效力，不存在物的担保可以被人的担保吸收的情形。[③]同一债务有物上担保人及保证人时，就保证人与物上担保人对于主债务之内部分担原则，采用比例分担法分别计算各方之分担份额。故以双重身份加总计算其不同法律关系所应负之分担责任，无论是保证人还是物上担保人，对于彼此之分担责任均透明清晰与合理，该担保物上之第二顺位以下担保物权人亦能明确算知第一顺位应负担之金额。

第四节　损害担保物权对保证人权利影响：基于公平的规则设计

在承认共同担保人之间相互享有内部追偿权的情况下，债权人若有放弃担保物权或缩减其效力等损害担保物权的行为，不仅使债权人债权实现无法保障，也侵害了其他担保人追偿权与代位权的实

① 张剑男：《保证人与物上保证人之内部分担》，载《法令月刊》2011 年第 9 期。

② [日] 我妻荣著：《新订担保物权法》，申政武、封涛、郑芙蓉译，中国法制出版社 2008 年版，第 261 页。

③ 邹海林：《我国〈民法典〉上的“混合担保规则”解释论》，载《比较法研究》2020 年第 4 期。

现，影响其他担保人的利益。为平衡各方当事人的权利义务，债权人负有维持担保的状态及担保的效力强度的义务。何为损害担保物权行为？主观要件是否限于债权人的故意？此类行为将对保证人产生的影响为何？如何合理设计保证人与债权人之间及各担保人之间的权利义务？是共同担保规则需要解决的核心问题。

一、债权人损害担保物权的主观要件分析

有学者认为，对担保权益的放弃唯有主观为故意时成立，疏忽致使担保权益减损或灭失并不包含在内。① 德国立法上亦采用相似观点，若债权人对财产的担保减损或灭失无法预见或不能预见的，保证人责任不能自动解除，唯有故意的行为才能满足保证人责任解除条件②；由于过失行为造成的担保权益的丧失，并不包含在债权人放弃担保权益认定中，放弃行为严格地限定于故意的积极行为③。德国立法遵循的基本原则为，仅债权人有主观上的恶意才应受到法律上的惩罚，疏忽并不在法律惩罚范围内。④ 因此，《德国民法典》第776条规定的保证人责任免除，是对债权人因故意放弃自己担保权益而损害到保证人权益行为的法律后果的规定。⑤

---

① 林诚二著:《民法债编各论》(下)，中国人民大学出版社2007年版，第255页。

② 沈达明编著:《法国/德国担保法》，对外经济贸易大学出版社2015年版，第171页。

③ 谢鸿飞:《共同担保一般规则的建构及其限度》，载《四川大学学报(哲学社会科学版)》2019年第4期。

④ [德]克里斯蒂安·冯·巴尔、[英]埃里克·克莱夫主编:《欧洲私法的原则、定义与示范规则:欧洲示范民法典草案》(第4卷)，于庆生、温大军、胡琳等译，法律出版社2014年版，第1237页。

⑤ 耿林:《比较法视野下的混合共同担保》，载《江汉论坛》2017年第6期。

而法国、西班牙等国的大多数学者认为，凡是可归责于债权人的任何行为，无论是故意还是过失，均包含在债权人行为的认定范围中；在法国法中，若债权人的疏忽导致契约订立时保证人本应拥有的优先权利或财产权利减少或丧失，那么保证人主合同清偿义务被相应免除。[①]有学者认为，《法国民法典》第 2314 条立法指的是债权人的过失。对于所涉及的行为，无论是否有意而为，是作为或不作为均在考虑之内。[②]《葡萄牙民法典》第 653 条明确提到“债权人的积极和消极行为”。[③]根据《奥地利民法典》第 1360 条的规定，债权人放弃担保的行为是有效的，然而对于因此而给保证人带来的损失，债权人应承担无过错责任；而《意大利民法典》第 1955 条规定，虽然债权人的疏忽行为亦可能被认定为损害担保物权的行为，但对损害结果进行了较为严格的限定，必须造成保证人本应享有的权利完全丧失，债权人的过失只是阻碍了保证人权利的行使是不足以认定债权人侵害保证人权利的。[④]

《日本民法典》第 504 条第 1 款明确规定了债权人故意、过失行

---

① ［德］克里斯蒂安·冯·巴尔、［英］埃里克·克莱夫主编：《欧洲私法的原则、定义与示范规则：欧洲示范民法典草案》（第 4 卷），于庆生、温大军、胡琳等译，法律出版社 2014 年版，第 1237 页。

② 沈达明编著：《法国 / 德国担保法》，对外经济贸易大学出版社 2015 年版，第 38—39 页。

③ 《葡萄牙民法典》，唐晓晴、曹锦俊、关冠雄等译，北京大学出版社 2009 年版，第 114 页。

④ ［德］克里斯蒂安·冯·巴尔、［英］埃里克·克莱夫主编：《欧洲私法的原则、定义与示范规则：欧洲示范民法典草案》（第 4 卷），于庆生、温大军、胡琳等译，法律出版社 2014 年版，第 1237—1238 页。

为均包含在内。[①] 在英美法中，为了防止代位求偿权的恶化，债权人“疏忽”丧失担保的，保证人的担保义务也被相应地解除。[②] 债权人故意或过失损害担保品，债权人未能维持担保物价值的，保证人保证责任解除。[③] 有学者甚至认为，在债权人未能将担保主合同履行的财产完整转移于保证人时，债权人应承担严格责任，即使不存在过失，保证人责任亦可被解除，解除范围与未能交付财产部分数额相当。[④] 债权人在实物担保上的过失能否解除担保人的责任问题上，由于希腊立法对此问题并未明确，司法审判实务中出现了观点相反的判决：在其中一个案件中，主债务人利用债权人在维持担保品方面的疏忽，将担保品转让给他人，导致保证人丧失了对担保物执行以获得损失追偿的可能性，然而法院并未支持保证人提出的免除主合同清偿责任的主张。相比之下，在最高法院早些时候的判决中，债权人需要对因迟延销售易腐烂担保物而导致担保物价值大幅减少负责，保证人义务相应免除。[⑤]

我国立法从《担保法》《物权法》到《民法典》，均未明确构成

---

① 王融擎编译：《日本民法：条文与判例》（上），中国法制出版社 2018 年版，第 426 页。

② Johann Andreas Dieckmann, “The Normative Basis of Subrogation and Comparative Law: Select Explanations in the Common Law, Civil Law and in Mixed Legal Systems of the Guarantor’s Right to Derivative Recourse?” The Tulane European and Civil Law Forum, Vol.27 (2012), p.59.

③ Wilhelm, Suzanne, “Taking Suretyship Seriously”, Oklahoma City University Law Review, Vol.18, No.1 (1993), p.107.

④ 董安生主编：《新编英国商法》，复旦大学出版社 2009 年版，第 355 页。

⑤ [德] 克里斯蒂安·冯·巴尔、[英] 埃里克·克莱夫主编：《欧洲私法的原则、定义与示范规则：欧洲示范民法典草案》（第 4 卷），于庆生、温大军、胡琳等译，法律出版社 2014 年版，第 1237 页。

债权人放弃物的担保行为的主观心态。在司法审判实践中，关于放弃物的担保认定，较少裁判从主观要件上认定是否成立，即使有考虑到该要件的，也仅仅为综合考虑要件里的一个要件，并非排斥性的要件。例如，在“尚某、张某民间借贷纠纷二审案”[①]中，判决认为，保证人未举证证实抵押权未设立是债权人故意放弃或怠于行使权利所致。我国台湾地区亦有地方法院持仅债权人故意造成担保权益的减损、灭失才使保证人责任解除的观点，[②]案例中，主债务人利用债权人由于工作上的疏忽而发送的主合同债务已履行完毕文书，到登记部门将担保权登记解除，当债权人诉请保证人履行主合同清偿义务时，保证人向法院提出抗辩，理由为债权人行为构成放弃担保权益，因此责任应解除。法院最终裁判支持了债权人的请求，认为疏忽行为导致的担保物权灭失，不是债权人的真实意思表达，保证人责任不解除。

关于债权人放弃担保物权的主观要件，应当因客观行为的不同而对主观要件作出不同的解释。从文义上看，“放弃”只可能故意而为，但考虑到立法上和实践中对“放弃”外延的宽泛把握，允许保证人因债权人过失行为而免责似乎更为合理。此外，有学者认为，在认定债权人是否存在过失时，认定标准应相应宽松。[③]债权人不存在过失意味着他必须谨慎行为，而是否尽到了谨慎、合理与妥当的标准行为，债权人对待担保物的维护义务，应如同对待自己的所有

---

① 参见河南省南阳市中级人民法院（2021）豫13民终1580号民事判决书。

② 龙云丽：《保证人权利研究——以保证类型化为基础》，中国政法大学2009年博士学位论文，第89页。

③ 孙鹏：《论保证与物的担保并存时之责任——兼析债权人担保维持义务之确立》，载《月旦民商法杂志》2007年第6期。

物所应有的注意义务。[①]

大多数国家或地区立法理论均认为，保证人权利会因债权人放弃担保权益而受到损害。因此，债权人应承担最终的不利益。然而，在保证人为主债务人股东、高级管理人员等情形下，由于其对主债务人提供的担保标的物拥有更优及更强的管理和控制方式，且管理成本较低，因此在主张债权人损害担保物权的抗辩事由时，应采用更严苛的认定标准，此时债权人行为的主观心态应限定为故意，在存在过失的情形下，保证人应积极采取避免损失发生的救济手段，否则抗辩的主张成立是不妥当的。

二、债权人损害担保物权的行为探析

在混合共同担保中，当债权人的行为致使保证人无法行使担保物权，内部追偿权无法实现时，保证人清偿责任将被解除。不同国家对“损害担保物权行为”的界定范围大小不同，学者间也有不同观点，司法审判实践亦未形成统一解释论。如何判定债权人是否构成损害担保物权的客观要件，可基于债权人对担保物权的创设、维护及行使过程中的行为进行区别判定。

（一）担保物权设立阶段

在担保物权设立阶段，由于债权人的过失，导致担保契约的无效或被撤销、不动产未进行登记或动产未进行转移占有，以至于物

① ［德］克里斯蒂安·冯·巴尔、［英］埃里克·克莱夫主编：《欧洲私法的原则、定义与示范规则：欧洲示范民法典草案》（第4卷），于庆生、温大军、胡琳等译，法律出版社2014年版，第1232页。

的担保提供未能有效设立，或者无适当理由拖延进行担保物权登记程序，物的担保提供最终并未能发挥作用，此被视为在担保物权创设阶段债权人损害担保物权的较具代表性的样态。其他共同担保人的责任应否减免？债权人是否应承担不利后果？此问题在立法、司法实务和理论界，存在不同观点。

1. 债权人过失导致物的担保合同无效或被撤销

根据《担保法司法解释》第38条的规定，物的担保合同无效或被撤销，保证责任依旧应承担。有学者认为，此种状态下，担保物权自始未成立，就不能认为债权人放弃了担保物权，因此，保证人清偿责任不应受影响。[①] 在司法实务中，部分判决按照该司法解释规定，判决保证人应继续履行主合同清偿义务。例如，“格尔木胜华矿业有限责任公司、青海日月山旅游开发有限责任公司、吉某、青海聚源贸易有限责任公司借款、担保合同纠纷案”[②] 中，法院判决认为：“国开银行与日月山旅游公司签订的质押合同因日月山旅游公司不享有质押物上的权利而不生效，对胜华矿业公司的保证责任并未产生影响，胜华矿业公司仍应当按照合同约定对主合同项下的全部债务承担保证责任。”

有学者认为，因债权人过失引起保证合同无效时，将对保证人责任承担产生重大影响，如物的担保合同无效亦采取债权人过失责任的归责原则，保证人责任也应受到相应影响。[③] 债权人应对其自

---

① 曹士兵著：《中国担保制度与担保方法》（第3版），中国法制出版社2008年版，第157页。

② 参见青海省高级人民法院（2016）青民终84号民事判决书。

③ 高圣平：《混合共同担保的法律规则：裁判分歧与制度完善》，载《清华法学》2017年第5期。

身的过失承担相应的法律后果，才符合民法诚信原则。《民法典》出台后，司法审判实践亦遵循此项归责原则审理相关保证合同无效案件。[①] 在保证人享有清偿债权顺位利益的情形中，如债权人的过失导致应承担清偿责任的担保物未设立，保证人清偿义务的相应部分应被免除。[②] 在司法实务中，亦有根据债权人是否存在过错认定保证人责任是否免除判例，如"王某与湘潭麦肯特中小企业投资担保有限公司保证合同纠纷上诉案"[③] 中，法院判决认为麦肯特公司对于质押合同无效应承担 50% 的过错责任，王某对本案主债务的保证责任应减轻 50%。

有观点认为，仅物的担保由主债务人提供时，保证人责任才可免责；物的担保由第三人提供时，保证人依旧需要按照原合同承担责任。[④] 而另有学者认为，物的担保合同与保证合同成立顺序的先后是具有决定意义的，如保证合同的订立在物的担保合同订立后，保证人对共同担保人之间享有相互追偿权产生预见与信赖，保证责任应相应减免。[⑤] 在混合共同担保中，担保人相互享有追偿权，债权人过

---

① 参见最高人民法院（2021）最高法民申 2980 号民事裁定书；上海金融法院（2021）沪 74 民终 1434 号民事判决书。

② 程啸：《保证与担保物权并存之研究》，载《法学家》2005 年第 6 期。

③ 参见湖南省高级人民法院（2015）湘高法民一终字第 163 号民事判决书。

④ 黄磊：《混合担保中物的担保合同无效时保证人应否担责》，载《人民司法·案例》2011 年第 22 期。

⑤ 王宪森：《关于企业法人的分支机构签订借款合同的效力问题及适用担保法司法解释第 38 条第 2 款的另一种情形——中国建设银行常州分行与中国华通物产集团公司、常州长城建设发展有限公司、江苏武进钢铁集团公司借款担保合同纠纷上诉案》，载最高人民法院民事审判第二庭编：《民商审判指导与参考》，人民法院出版社 2013 年版，第 331 页。

失导致物的担保合同无效或被撤销，致使其他担保人的追偿权无法获得保障，该行为损害了保证人的信赖利益，此种信赖利益属于法律上应保护的利益。由于保证人在此过程中并无过失，基于信赖利益保护的原则，债权人的过失引起的法律后果不应由保证人来承担不利益。

2. 债权人过失致担保物权未有效设立

若由于债权人故意或过失没有督促、配合进行担保物权的登记或标的物的转移占有，致使债权的担保并未有效设立，亦是债权人在设立担保权时存在的过失。在此阶段，物的担保合同已生效，但由于担保物权设立亦须履行相应的公示，否则担保物权未设立。有学者认为，债权人对于物的担保未设立是否有可归责事由甚为关键。[①] 在司法实务中，部分判决采纳了该观点，如“袁某兴诉吴某康等民间借贷上诉案”[②] 中，法院认为：“本案中，债务人提供的抵押物未有效设立，袁某兴、袁某坤作为借贷关系的当事人，应积极促使抵押权依法设立。吴某康作为保证人，在签署协议时，亦应对债务人提供的抵押物的权属情况作审慎的审查，确知袁某坤是否有权将该不动产作为抵押物，能否办理抵押登记，在未办理抵押登记的情况下，即为借贷提供担保，其本身亦存在过错。鉴于各方在签署协议时均存在过错，结合过错程度，法院酌定保证人对所负案涉债务在三分之一范围内承担连带保证责任。”

另有判决认为，债权人放弃物的担保的，应为已有效设立的担

① 史尚宽著：《债法各论》，中国政法大学出版社2000年版，第935页；程啸著：《保证合同研究》，法律出版社2006年版，第624页。

② 参见广东省东莞市中级人民法院（2020）粤19民终6351号民事判决书。

保。例如，“王某、绍兴市梦星家具有限公司保证合同纠纷上诉案”[①]中，法院认为，若不动产未予抵押登记，即抵押权未成立，债权人放弃抵押权的前提不具备。又如，“贾某与田某保证合同纠纷再审案”[②]中，法院认为，房屋未办理抵押登记，抵押权未设立，债权人不存在放弃物的担保损害保证人利益的情形，故贾某主张借款合同属恶意串通，其应免除保证责任的再审理由，不能成立。我国台湾地区亦有学者认为，债权人怠于办理抵押权设定登记，致使债务人将该不动产让与他人无法为抵押权之设定及登记时，是否亦属于担保物权之放弃，实务中多采取消极说。[③]判例认为，若担保物权未设立，无放弃可言。[④]

由于《民法典》第 392 条规定了混合担保中，当事人之间未约定债权受偿顺位时，其他担保人对主债务人物的担保优先执行具有合理顺位信赖利益。有学者认为，保证人权衡有物的担保的前提下才约定承诺承担保证责任的，债权人放弃或损害担保物权，将影响保证人根据立法所拥有的顺位信赖利益。[⑤]此观点适用于第三人提供物保类型，较为合理。即当债权人故意或过失怠于办理主债务人提供的担保物权的手续时，无须考虑主债务人物的担保与其他担保成立时间先后，其他担保人的保证责任相应免除；而当债权人故意或过失怠于办理非主债务人提供的担保物权的手续，则需考虑物的担保

① 参见浙江省绍兴市中级人民法院（2016）浙 06 民终 1998 号民事判决书。

② 参见吉林省高级人民法院（2019）吉民申 118 号民事裁定书。

③ 陈世荣:《主债务人担保物权之抛弃对于保证人之影响》，载《法令月刊》1972 年第 8 期。

④ 林诚二著:《民法债编各论》(下)，中国人民大学出版社 2007 年版，第 255 页。

⑤ 赵秀梅:《〈物权法〉第 194 条的裁判分歧及立法完善》，载《法学》2019 年第 10 期。

与其他担保成立时间的先后，保护后成立的担保人的信赖利益。在认可共同担保人之间拥有追偿权的情况下，无论各个担保成立的时间先后，因债权人过错致使其他担保人追偿权无法获得保障的，该行为已损害了其他担保人的信赖利益，此种信赖利益属于法律上应保护的利益。[①] 正如有学者所言，保证合同与物的担保合同成立时间先后并非考虑因素，债权人对于担保物权未能设立是否有可归责事由为关键。[②]

比较法上，美国法院曾在判决中裁定，将放弃担保物权与未进行登记程序进行划分并没有实质意义，原因是无论何种行为，均可能致使保证人的追偿权实现减损。[③]《美国保证法第三次重述》第 42 条规定，债权人未能完成或维持对抵押品的登记，将对保证人造成损害，保证责任可以解除。[④] 建立在此基础之上，《美国统一商法典》第 3—605 条第 4 款亦规定，对担保物中之权益价值的损害，包括未能就担保物中之权益取得或维持其完善或登记。[⑤] 该条在正式评述中提到，次债务人在证明损害是由有权执行票据的人导致的范围内可以解除责任。[⑥]

---

① 叶名怡：《混合担保中债权人过错对保证责任之影响》，载《法商研究》2016 年第 4 期。

② 程啸著：《保证合同研究》，法律出版社 2006 年版，第 624 页。

③ Executive Bank v. Tighe.54 N.Y.2d 425（1981）. 转引自龙云丽：《保证人权利研究——以保证类型化为基础》，中国政法大学 2009 年博士学位论文，第 83 页。

④ Bae，Frank S. H.，and Marian E. McGrath，"Rights of a Surety（Or Secondary Obligor）under the Restatement of the Law，Third，Suretyship and Guaranty"，Banking Law Journal，Vol.122，No.8（2005），pp.804–805.

⑤ 《美国统一商法典》，潘琪译，法律出版社 2018 年版，第 278 页。

⑥ 美国法学会、美国统一州法委员会著：《美国〈统一商法典〉及其正式评述》（第 2 卷），李昊、刘云龙、戴科等译，中国人民大学出版社 2005 年版，第 162—163 页。

实践中，关于不动产的抵押，债权人虽履行了抵押登记手续，但迟延进行相关登记致使抵押权登记顺位靠后，最终导致其他共同担保人无法实现内部追偿权时，债权人是否应承担由于其过失产生的不利益？美国曾有判例，由于债权人的延误，致使不动产抵押权的登记排序靠后，当该不动产进行司法拍卖分配时，由于排序靠后无法满足债权实现。保证人认为由于债权人的过错，损害了保证人的利益。法院判决支持了保证人的请求，明确了登记的迟延亦为损害担保物权的类型之一。① 由于不动产物权实现先后效力取决于登记先后，债权人如延误了登记，其本身债权实现的顺位将受到较大的不利影响，而在保证人承担清偿义务后，代位权的实现亦受到了不利影响。因此，债权人故意或过失迟延进行物的担保登记程序，应界定为损害担保物权行为。

（二）担保物权维持阶段

在债权人已取得担保物权阶段内，担保物权被侵害的情形主要包括对担保物权的放弃及减少和损毁担保物价值。《日本民法典》将债权人担保维持义务的此两类行为，作为确保清偿代位的法律手段进行了专门规定。②《美国保证法重述》规定，在债权人对主债务人的担保物享有担保权益的情形中，债权人解除该权益，或者导致该权益或者允许其价值减少，保证人可以此为限相应地解除

① Langeveld v. L.R.Z.H. Corp.376 A.2d 931（1977）. 转引自龙云丽：《保证人权利研究——以保证类型化为基础》，中国政法大学 2009 年博士学位论文，第 83 页。

② 王融擎编译：《日本民法：条文与判例》（上），中国法制出版社 2018 年版，第 426 页。

保证责任。[①]

1. 债权人放弃担保物权认定

担保物权的放弃，应以意思表示为之。[②]原则上物权人仅以意思表示放弃担保物权，但该担保物权是不动产物权时，还需要进行注销登记，方能产生相应的法律效果。[③]根据我国《民法典》第 209 条与第 393 条的体系解释，放弃不动产物权之情形时，所指之放弃应指物权人放弃物权之意思表示并完成注销登记之行为。而《民法典》第 409 条之放弃，亦应作相同之解释，当不动产物权人完成注销登记后，保证人始得主张免责。司法实务中亦有判决持此观点。[④]由此，保证人并不能因为债权人口头表达已放弃不动产的担保物权而被免除清偿义务。

若同一债权上设立多项担保物权，而债权人仅放弃其中一部分担保物权时，保证人可否主张免责？对此问题则有疑义。保证人代为清偿债务后承受担保主合同完全履行的物权，然而由于债权人的行为导致主合同上担保物权无法转移，保证人会因此受到损失，故立法有在该种情形下的保证人免责制度安排。若债权人仅放弃其中一部分担保物权，尚留有其他担保物权，将来保证人履行保证债务后，仍得承受余存之担保物权，可就余存之担保物权标的物取偿而

---

① Bae, Frank S. H., and Marian E. McGrath, "Rights of a Surety (Or Secondary Obligor) under the Restatement of the Law, Third, Suretyship and Guaranty", Banking Law Journal, Vol.122, No.8 (2005), p.780.

② 谢在全著：《民法物权论》（下）（修订 6 版），新学林出版股份有限公司 2014 年版，第 227 页。

③ 吴光明著：《新物权法论》，三民书局股份有限公司 2009 年，第 454 页。

④ 参见江苏省高级人民法院（2015）苏商终字第 00668 号民事判决书。

获满足时，似无保证人免责之必要。即债权人放弃担保物权的结果会侵害保证人追偿权之满足时，保证人才免责。[①]

保证人免责之规定，是否受保证和物的担保设立顺序的影响，对此，《德国民法典》第776条明确规定，即使被抛弃的担保在保证人承担责任后成立，也不影响保证人依次免责[②]，对该规定的赞同似乎构成理论上的通说[③]。但也有学者对此持有疑问，主张唯有物的担保优先于或者至少与保证同时设立时，才有保证人免责规定之适用。[④]法律使债权人负担担保维持义务，旨在保护保证人对代位之期待，充分调整债权人与担保人以及各担保人之间的利益并最大限度地谋求其平衡。若债权人放弃后来设立的物的担保而保证人不能免责，则各担保人之间的责任配置未免失衡，有违共同担保的制度宗旨。

2. 债权人减损担保物价值情形

有学者认为，债权人故意或过失造成担保物价值减损，此类行为事实上已构成对担保物的放弃。[⑤]也有学者认为，抵押权人的行为造成抵押物的价值减少、毁损、灭失，也并不意味着抵押权人放弃抵押权，因为抵押权在抵押物的代位物上继续存在。[⑥]此处应理解为，剩余担保物价值或物上代位获得的补偿金、赔偿金等仍足以清偿主债权的，并不对其他担保人造成不利影响时，其他担保人责任并不

---

① 林廷机著:《保证》，三民书局股份有限公司2010年版，第64页。

② 陈卫佐译注:《德国民法典》(第4版)，法律出版社2015年版，第306页。

③ 郭明瑞著:《担保法》(第2版)，法律出版社2004年版，第59页。

④ 殷洁:《保证与物的担保并存适用之难点》，载《江西财经大学学报》2001年第2期。

⑤ 史尚宽著:《债法各论》，中国政法大学出版社2000年版，第935页。

⑥ 赵秀梅:《〈物权法〉第194条的裁判分歧及立法完善》，载《法学》2019年第10期。

免责。应注意，担保物价值的减损是由于债权人在物保的维持环节未尽必要注意义务造成时，其他担保人责任才相应免责。此外，担保物减值仅在减值损害其他担保人损失本应弥补而未能实现弥补限度内，才能免除保证人对债权人的义务。①《日本民法典》第504条第2款规定："就债权人丧失担保或使之减少者，参照交易上之社会通常观念被认为有合理理由时，不适用前款之规定"②，即代位权人不免责。

对于减损担保物价值情形，在英美法中，若为确保主合同履行设定了物的担保，该物的担保也是保证人可享有的权益，因此债权人有义务维护物的担保的完整性，如非这样，债权人需要为保证人的损失承担责任。③《美国保证法第三次重述》第42条规定，造成或者允许抵押物折价，或者解除自己在抵押物上的权益而不以同等价值的抵押物代替，或者在其他方面未能履行保护抵押品价值的义务，对保证人造成类似的损害，因债权人未能维持抵押物价值而受到的损害，保证人责任相应免除。④《美国统一商法典》第3—605条第4款规定，保证人可以证明债权人未能维持担保物的价值；或将担保物释放，但未能取得同等价值的替代担保物，保证人在担保物减值范

① Wilhelm, Suzanne, "Taking Suretyship Seriously", Oklahoma City University Law Review, Vol.18, No.1 (1993), p.103.

② 王融擎编译：《日本民法：条文与判例》（上），中国法制出版社2018年版，第426页。

③ 许明月著：《英美担保法要论》，重庆出版社1998年版，第49—50页。

④ Bae, Frank S. H., and Marian E. McGrath, "Rights of a Surety (Or Secondary Obligor) under the Restatement of the Law, Third, Suretyship and Guaranty", Banking Law Journal, Vol.122, No.8 (2005), pp.804-805.

围内解除保证责任。[①]

在减损担保物价值情形中，可能发生于债权人同意更换担保标的物时，该情形是否产生其他担保人免责的法律效果？一种观点以价值进行衡量，认为当新的担保物与原担保物价值等同时，或因部分清偿而解除相应担保物，不视为对担保物的减损行为。但如更换的担保物相比原担保物价值减少，则视为放弃物权。[②]根据《美国保证法第三次重述》第42条的规定，未能取得同等价值的替代担保物，保证人在担保物减值范围内解除保证责任。[③]《美国统一商法典》亦作出了相同的规定，第3—605条第4款规定解除担保物权却未重新设立另一等价的标的物担保，是担保物权被损害的类型，若重新设立的担保物价值是同等的，则不应被视为损害了担保物权。[④]同样，在英国，这种见解在较多判例中被采纳，保证人损失无法通过代位权弥补的风险并未增加，因此保证人不被认为是可以免责的。[⑤]日本判例认为，设定担保的标的物价值差额不应成为是否损害担保的唯一判断标准。债权人损害担保的主观要件依然需要满足，即存在过

---

① Christoph Henkel, "Personal Guarantees and Sureties between Commercial Law and Consumers in the United States", The American Journal of Comparative Law, Vol.62, No.1 (2014), p.357.

② 史尚宽著:《债法各论》，中国政法大学出版社2000年版，第935页。

③ Bae, Frank S. H., and Marian E. McGrath, "Rights of a Surety (Or Secondary Obligor) under the Restatement of the Law, Third, Suretyship and Guaranty", Banking Law Journal, Vol.122, No.8 (2005), pp.804–805.

④ 《美国统一商法典》，潘琪译，法律出版社2018年版，第278页。

⑤ Caisse Populaire Notre-Dame Des Sept Douleurs Ltee v. Picard 129 D.L.R. (3d) 242 (1981). 转引自龙云丽:《保证人权利研究——以保证类型化为基础》，中国政法大学2009年博士学位论文，第85页。

失。是否存在过失应衡量多种因素，如现场查看、信息汲取、协商过程等是否存在过错。[①]

而持有相反见解的学者认为，替换担保标的物亦应被解释为债权人抛弃了既存担保物权。[②]我国台湾地区司法审判实务认为，在没有得到保证人同意的情况下替换担保标的物，应视为对担保物的抛弃，并认为不管更换的担保物价值增长抑或减少，均是对既存担保物权的放弃。[③]英美国家中亦有类似观点判例，在 White v. Household Finance Corporation 案中，抵押品被烧毁后，债权人允许债务人用保险收益购买另一辆汽车作为抵押品，而不是清偿原来的债务。法院驳回了该债权人认为第二辆汽车是同等价值的替代抵押品的论点，解除了保证人的责任。该案例说明了替代抵押品的固有风险。[④]

通常情况下，当主债务已部分清偿或担保标的物升值时，主债务人或第三人会主动提出更换担保物，以释放更大价值的担保物。此时，若替换的担保物与剩余债权额度相比，尽到谨慎注意义务，可以预见担保物执行时足以覆盖剩余债权额的，不应视为债权人损害担保物权，否则，被设定担保的标的物无法发挥最大价值，主债务人或第三人也无法扩大再融资能力。债权人过失的判定，担保物替换时与实现时可能价值不一，此即为债权人同意以物的担保方式

---

① 参见日本最判平成 2 年 4 月 12 日金法 1255 号。转引自孙鹏：《论保证与物的担保并存时之责任——兼析债权人担保维持义务之确立》，载《月旦民商法杂志》2007 年第 6 期。

② 林廷机著：《保证》，三民书局股份有限公司 2010 年版，第 63—64 页。

③ 林诚二著：《民法债编各论》（下），中国人民大学出版社 2007 年版，第 255—256 页。

④ Wilhelm，Suzanne，“Taking Suretyship Seriously”，Oklahoma City University Law Review，Vol.18，No.1（1993），p.107.

担保的弊端，债权人需承担相应担保物价值降低的风险。释放担保标的物的金额与债权人已受偿的金额是成正比的，在通常情况下，债权人的预期是可以达到的，且尽到了谨慎注意义务时，应不构成对物的担保权之放弃。①而有学者认为，债权人有多数担保时，受债权一部分清偿而抛弃担保一部分之场合有之，是时担保物下跌，致使以残余担保物不足清偿剩余债务时，亦应理解为担保权之放弃，②此种不分具体情况区别认定的观点是存在缺陷的。

（三）担保物权实现阶段

放弃物的担保或视为放弃物的担保，为债权人在担保物权的维系和实现过程中的过错行为。其中，当存在怠于实现担保物权的行为，导致设定的担保标的物贬值或实现成本更高，同样可以认定成立在物的担保实现过程中放弃担保物权的行为。此外，担保物权实现阶段，债权人损害担保物权的行为还应包括不当处置担保物，致使可能获得的清偿数额减少。

1. 债权人怠于行使担保物权视为放弃担保物权的认定

若债权人的主合同债权已到期，债权人在可以执行担保物权时产生懈怠，是否会被同样认定为放弃了担保权，司法审判实务中存在不同观点。第一种判决观点认为，放弃担保物权应当作出明确的意思表示，仅债权人未向主债务人主张权利，不能视为放弃担保物

① 孙鹏：《论保证与物的担保并存时之责任——兼析债权人担保维持义务之确立》，载《月旦民商法杂志》2007年第6期。

② 陈世荣：《主债务人担保物权之抛弃对于保证人之影响》，载《法令月刊》1972年第8期。

权。[1]第二种判决观点认为，在主债务人提供物的担保和保证人提供保证并存时，仅债权人未向主债务人主张权利即可认定为担保物权的放弃，保证人清偿主合同义务即可相应减免。[2]第三种判决观点认为，放弃担保物权不仅包括明示放弃，还包括不作为致使担保物实现困难或担保物价值减少时，亦应认定为放弃担保物权。[3]

债权人在债权到期后由于未行使其权利，导致相关权益未得到实现，但并不意味着相关权利已丧失而不能主张，因此在权利期限到期前主张权利至关重要。根据立法的规定，只要担保的主债权诉讼时效未过，债权人依然处于可随时执行担保物权的期间内。立法者的观点亦认为，物的担保放弃的认定对各方影响较大，不应轻易地得出结论。由于立法并未对实现担保物权的期间进行规范，对于债权人未能及时在主合同期限届满后执行物的担保的情形，不应仅此就被视为对担保物权的放弃，因为法律没有确定担保权的强制执行期限[4]，也不应假定担保物权人放弃权利[5]。

在可实现物的担保期限内，何种情形下，债权人不执行物的担保权益，可判定是对物的担保的放弃？《担保法司法解释》作出了相关规定。[6]依据司法解释的规定，债权人不及时执行所拥有的权

① 参见吉林省松原市中级人民法院（2016）吉07民终225号民事判决书。

② 参见河南省新密市人民法院（2018）豫0183民初135号民事判决书。

③ 参见最高人民法院（2016）最高法民终40号民事判决书。

④ 曹士兵著：《中国担保诸问题的解决与展望——基于担保法及其司法解释》，中国法制出版社2001年版，第152页。

⑤ 全国人大常委会法制工作委员会民法室编：《中华人民共和国物权法条文说明、立法理由及相关规定》（第2版），北京大学出版社2017年版，第355页。

⑥ 贺小荣主编：《最高人民法院第二巡回法庭法官会议纪要》，人民法院出版社2019年版，第96页。

翻，现在法律承认债权人有变卖担保物取得最好价格的义务。[①]

如何认定债权人滥用享有的担保权益及实现担保权益过程中存在过错，与众多要件有关，我国立法未予以明确，审判实践中亦未形成统一解释论。《美国统一商法典》除了归纳有关影响要件外，亦作出了以符合商业上合理性为原则的规定。[②]《日本民法典》第504条第2款亦作出了相似规定，即"就债权人丧失担保或使之减少者，参照交易上之社会通常观念被认为有合理理由时，不适用前款之规定"[③]，债权人处理担保物时，依交易惯例通常认为是合理处置时，即使担保物处置价值减损，亦不构成损害担保物权。这在商业上是合理的，抑或在通常观念中被认为是合理的，即通常符合了公正、便捷、高效的要求，利害关系人相互间的法律关系亦得到了较好的处理。

此外，为避免产生争议以致增加各方交易成本，债权人在行使担保物权时，应该将担保标的物的处分时间、地点、程序、交易价格等信息提前告知保证人或其他共同担保人等利害关系人。发出通知的合理期限后，债权人才可处置担保标的物。然而，随着交易市场的瞬息万变，买受人出具较高执行价格的交易意愿可能稍纵即逝，因此需要对债权人有权运用较优交易条件随市执行标的物作出原则性规定。此时，债权人应尽到谨慎注意义务，更不得与买受人恶意串通以较低价格成交，损害其他利害关系人的利益，在此种情形下，债权人负损害赔偿责任。

---

① 何美欢著：《香港担保法》（上），北京大学出版社1995年版，第63页。

② 美国法学会、美国统一州法委员会著：《美国〈统一商法典〉及其正式评述》（第3卷），高圣平译，中国人民大学出版社2006年版，第386页。

③ 王融擎编译：《日本民法：条文与判例》（上），中国法制出版社2018年版，第426页。

三、担保物权损害的责任承担

债权人损害为其债权担保的物权，致使其他担保人责任加重，被认为违反了诚信原则与公平原则，权利应受到限制。债权人损害主债务人提供的物的担保，保证人担保责任免除份额如何确定？各国或地区立法例存在不同。债权人放弃第三人提供的担保或减损其效力，保证人的担保份额承担是否受影响？我国立法例出现了演变，学者及司法实务亦存在不同观点。

（一）设定担保物权主体的限定

《担保法》第 28 条第 2 款对于担保物权的设定主体并无限制，而《物权法》第 194 条第 2 款明确限定为，在主债务人提供的担保被放弃的情形下，共同担保人清偿义务方可相应免除，《民法典》延续了《物权法》的规定。[①] 在司法实务中，亦有判决持此种观点。[②] 有学者提出，立法已采取物的担保责任与人的担保责任平等模式，故应平等保护各担保人，否则将破坏体系的统一。[③] 如学者所言，为公平维护各共同担保人的利益，当债权人放弃第三人设立的物的担保时，保证人主合同清偿责任亦应相应减免。[④] 在承认共同担保人之间享有相互追偿权的基础上，债权人放弃任一项担保权益，将损害其他共同担保人追偿权或代位权的实现。

综观其他地区相关规定，多数规定了共同担保人之间的连带责

---

① 孙宪忠、朱广新主编：《民法典评注：物权编》，中国法制出版社 2020 年版，第 192 页。

② 参见安徽省合肥市中级人民法院（2017）皖 01 民终 6185 号民事判决书。

③ 孙毅：《混合共同担保法律问题之思考》，载《月旦民商法杂志》2009 年第 6 期。

④ 凌捷：《混合共同担保若干争议问题研究》，载《政治与法律》2016 年第 6 期。

任，相互间享有追偿权，因此并未限定债权人损害的担保物权仅限于主债务人提供时，其他担保人方可免责。无论是保证还是财产担保，是由主债务人设立还是第三人设立，债权人作出的损害行为都应承担相应的法律后果。[①]我国台湾地区相关规范性文件规定的担保物权不论系设定在保证契约成立之前或之后，亦不论系债务人自己或物上担保人设定，均有本条适用。[②]综观大陆法系国家和地区之立法，均未区分物的担保由主债务人抑或第三人设立，且保证人清偿主合同义务的解除法律依据均为保证人因代位清偿享有的权利理论。[③]由于债权人的行为剥夺了保证人可以获得的主合同担保性权益，保证人最终负担的清偿义务加重，因此《法国民法典》第2314条的规定是适用于保证人的。[④]

在德国、瑞士及日本法律中，担保人责任的免除不仅仅包括财产担保被债权人放弃，亦包括保证被放弃，但我国立法仅规定物的担保被放弃情形下的责任影响。[⑤]《日本民法典》第504条即明文认同物上担保人之免责。尽管德国立法并未明确且学理对此问题见解分歧较大，然而联邦最高法院曾作出裁决承认物上担保人的此项权

① [德]克里斯蒂安·冯·巴尔、[英]埃里克·克莱夫主编：《欧洲私法的原则、定义与示范规则：欧洲示范民法典草案》(第4卷)，于庆生、温大军、胡琳等译，法律出版社2014年版，第1233—1234页。

② 林诚二著：《民法债编各论》(下)，中国人民大学出版社2007年版，第255页。

③ 孙鹏：《论保证与物的担保并存时之责任——兼析债权人担保维持义务之确立》，载《月旦民商法杂志》2007年第6期。

④ 沈达明编著：《法国/德国担保法》，中国法制出版社2000年版，第47页。

⑤ 田土城、宁金成主编：《担保制度比较研究》，河南大学出版社2001年版，第134页。

利。[①] 我国台湾地区民事相关规定基于物上担保人和保证人之间具有不真正连带债务的性质，[②] 立法者将人的担保与物的担保放在平等的地位，没有谁的责任优先于谁的问题。因此，无论债权人是放弃保证债权或抵押权，为同一债务提供担保之抵押物或保证人在相同范围内亦免其责任。[③]

（二）担保人免除担保责任规则

由于债权人的过错，担保债权实现的总财产减损，导致每一个共同担保人应承担的份额增加。[④] 立法在规定债权人对担保物权的自由处分权利的同时，对这一权利行使可能产生的外部损害应予以适当限制，以调和不同利益关系人之间的利益平衡。《民法典》第 409 条的立法目的主要是保护其他担保人的利益。[⑤] 基于担保合同从属性原则，在债权人放弃担保主债务履行的其他担保的情况下，担保人被给予特定的保护。[⑥] 在其他担保不当地失去、放弃、损害时，有关

---

① 程啸:《保证与担保物权并存之研究》，载《法学家》2005 年第 6 期。

② 谢哲胜著:《民法物权》(第 3 版)，三民书局股份有限公司 2010 年版，第 368 页。

③ 李淑明著:《民法物权》(第 5 版)，元照出版有限公司 2009 年版，第 319—320 页。

④ 汪洋:《共同担保中的推定规则与意思自治空间》，载《环球法律评论》2018 年第 5 期。

⑤ 孙宪忠、朱广新主编:《民法典评注：物权编》，中国法制出版社 2020 年版，第 186 页。

⑥ Kocsis, Imola, and Marcin Olechowski, "Suretyship in German and Polish Law: A Comparative Analysis", Review of Central and East European Law, Vol.31, No.3 (2006), p.349.

无强制债权人不得摒弃自己权利，立法的规定是为了保障保证人的损失得以弥补，为任意性规定，当事人可以约定排除适用，且债权人与保证人之间民事法律关系并不涉及公共利益，不应认定该类约定是对公序良俗的违背。①

但有学者提出，立法之所以如此规定，是为了防止债权人滥用其享有的权利危害到保证人最终损失无法得以弥补，也是诚实信用原则的要求，② 保证人对债权人不从事相关危害其权益的行为产生信任，此亦为保证人订立契约时可以信赖及可预见的。在域外相关立法中，亦有持此类观点而否定合同条款效力的立法例，如《法国民法典》第 2314 条规定此类条款无效。③ 格式条款中如约定了保证人放弃根据《德国民法典》第 776 条赋予的权利，即债权人放弃担保，保证人责任不免除，违背了《德国民法典》第 307 条的规定，因此无效。④

另有学者主张结合格式化条款是否经保证人同意为判断标准⑤，司法审判实务中亦有判决持此种观点⑥。基于契约自由原则，虽然保

① 陈世荣：《主债务人担保物权之抛弃对于保证人之影响》，载《法令月刊》1972 年第 8 期。

② 杨淑文：《论人事保证之从属性与债权人之附随注意义务——兼评民法债编关于“人事保证”之增定条文》，载《台湾本土法学杂志》2001 年第 12 期。

③ 《法国民法典》，罗结珍译，北京大学出版社 2010 年版，第 504—505 页。

④ Kocsis，Imola，and Marcin Olechowski，“Suretyship in German and Polish Law: A Comparative Analysis”，Review of Central and East European Law，Vol.31，No.3（2006），p.349.

⑤ 詹森林：《定型化契约条款效力之规范》，载詹森林著：《民事法理与判决研究（四）消费者保护法专论（2）》，元照出版有限公司 2006 年版，第 118—119 页。

⑥ 参见上海市第一中级人民法院（2021）沪 01 民终 11089 号民事判决书。

证人权利立法中的任意性规定仅属于示范性质及补充性质，但若债权人欲排除将来的适用，必须在契约中明确约定排除适用，且该约定的核心为保证人亦表示同意，即以保证人与债权人双方真实意思达成一致为基础，仅仅是合同范本的起草者单方约定，不考虑保证人这一使用者的真实意思，是不妥当的。法律鼓励订立担保或保证契约，根据格式合同的一般解释规则，该项契约遇有疑难解释时，应作反对债权人之解释，此为多数英美法院所遵从的。[1]

本章小结

在融资实务中，债权人为确保债权的实现，通常要求主债务人或第三人为主债权提供多项担保，目的是增加可供清偿债务的总财产，降低债权无法满足之风险。共同担保的核心为如何设置各方当事人权利行使和风险分配的规则，各国各地区对此存在不同立法例。而我国自《担保法》到《民法典》的系列立法，对共同担保中保证和物的担保的实现顺序、担保人之间是否享有相互追偿权、债权人损害一方担保物权时另一方担保人的责任承担的规定存在矛盾与不明确之处。在物的担保与人的担保共存时，债权人债权获得清偿的顺位，关系到混合共同担保其他问题的解释，为其他问题的解释提供逻辑依据。我国立法及学理对此问题的认识不断发生演变，由“物的担保责任绝对优先模式”过渡到“物的担保责任与人的担保责任

① ［英］V.A. Grifith 著：《英美法总论》，姚淇清译，正中书局 1987 年版，第 69—70 页。

平等模式”，总体呈现出更符合法律体系与法律原理的趋势，形成了混合共同担保中的债权实现顺位规则。

域外立法多承认了担保人之间的相互追偿权，我国立法例出现了较大演变，《担保法》及《担保法司法解释》均规定了共同担保人相互之间享有追偿权；而《物权法》则未规定或者说否定了混合共同担保人之间的追偿权；《民法典》对共同保证及混合共同担保中的该问题均未作出规定。文义解读新法，新的立法否定了担保人之间的互相追偿权，然而对《民法典》规定仅采用文义解释是不足的，对担保人之间是否拥有追偿权的解释更多地应从法理上斟酌追偿权设置的合理性。担保人之间享有追偿权的理论基础为代位权和担保之连带。担保人履行主合同清偿义务后，取得债权人的主合同相关债权及从属性权利，所以其可向主债务人、共同担保人主张追偿。物上担保人和保证人基于同一宗旨，即“为同一债务担保”而产生连带关系，为混合共同担保人之间享有追偿权提供了另一种解释论。基于正义要求，担保人成为共同担保人之一后，不得因债权人选择不诉诸其权利范围内的救济，而将不利益全部由某一担保人承担。担保人之间的追偿权，可以有效平衡共同担保中各担保人的利益冲突。

共同担保人之间内部追偿权规范的具体化承载了对担保人向主债务人追偿不能风险的分担，追偿权分担标准采取何种立法例对已承担担保责任的一方影响重大。保证人与物上担保人的责任，应当以保证人和债权人约定的担保债权额度与设定担保的标的物执行价格或者担保人与债权人约定的担保债权额度之间比例计算。担保人与债权人约定的担保债权数额小于担保物的价值时，应以担保的债权数额确定。基于人的担保与物的担保性质不同，复合担保人应就保证和物的担保分别算出各自的内部分担份额并相加。

在承认共同担保人之间相互享有内部追偿权的情况下，债权人若有放弃担保物权或缩减其效力等损害担保物权的行为，既削弱了债权实现的保障，又对其他担保人追偿权与代位权的实现造成了损害，影响了其他担保人的利益。损害了保障保证人损失得以弥补的追偿权与代位权，要求债权人存在过错，此处过错包含了故意。无论各个担保成立的时间先后，担保人相互之间享有追偿权，债权人的过错会导致保证人追偿权受损。在物的担保设立过程中，由于债权人的过失，发生担保物权设立的合同被担保人一方撤销甚至不生效，或者担保人提供的不动产未进行担保登记或担保人未转移占有标的物导致物的担保未设立，应就债权人过错比例，免除保证人相应部分主合同清偿义务。债权人在物的担保存续或执行过程中，将物的担保放弃的情况下，担保人可以免责大小须视被放弃的担保标的物的归属而不同。如属于主债务人设立的担保权时，共同担保人清偿义务可免除范围限制于债权人可通过执行该担保标的物获偿的金额；然而若属于其他主体设立的担保权，由于其他担保人仅仅可对该设立担保的主体主张份额追偿权，因此在份额追偿权不能得到弥补的限度内才能免除清偿义务。

第五章 完善我国连带责任保证人权利制度

经济的繁荣与发展有赖于社会融资体系的完备与保障，担保制度作为融资体系的重要组成部分，关系着融资安全、融资便捷、经济稳定等目标的实现。连带责任保证人权利设计系促进与稳定担保制度有效运行的核心，因此，我国连带责任保证人权利规范立法模式的重构与制度设计考量因素、具体实现进路，须作出体系化调整，以达到制度间的协调与完善。实现各方利益的平衡，包括保障债权实现、增进交易信用、促进融资。

第一节　保证人权利规范制度立法模式重构

在法学上，通常以立法体例表示法律制度的表现形式与结构安排，保证制度的立法体例，即保证作为一种法律制度在民商法上的表现形式与结构安排。对现行保证人权利规范立法体例的审视，有助于认识保证人权利制度的形式与结构，准确把握保证人权利制度的具体内容，填补我国关于连带责任保证人权利制度的缺漏，妥当安排、合理重构保证人权利规范制度的立法模式，健全保证法律相关制度。

一、现行保证制度在民法典中立法体例审视

在大陆法系中，保证制度的主要内容通常规定在民法典中，而部分无法纳入民法典体系的特殊保证有关制度则由其他专门法来规定。根据《民法典》的制定目的与规范功能，将保证立法规定于《民法典》中有其合理性与必要性。然而，由于保证制度涉及的内容较为复杂与专业，同时对于与民法基本原则与体系冲突之规定，《民法典》均无法完全涵盖，因此，此类特殊保证规定于公司法、票据法等专门法中。由于英美法系法源与大陆法系之区别，其保证制度的立法体例并不以民法典的形式呈现，更多以普通法、衡平法、制定法等呈现。①

① 田土城、宁金成主编：《担保制度比较研究》，河南大学出版社2001年版，第41页。

大陆法系关于保证制度所处体例中，又存在不同立法例。如《德国民法典》《意大利民法典》《日本民法典》均规定于民法典的债编，采取这种立法例的原因主要为保证制度的功能之一在于确保债权的实现，保证制度从属于债权制度。保证制度虽大多规定于民法典债编中，但具体在债编立法上又存在不同立法模式。《日本民法典》关注保证之债成立的主体，将保证视为多数人之债的一种，所以将保证纳入债权总则中多数当事人的债权及债务一节当中。①《德国民法典》《意大利民法典》《瑞士债法》等则关注保证关系成立的原因，将保证纳入各种具体的债权债务关系中规定。②而2006年修订后的法国民法、苏俄民法，与《民法典》颁布前的我国民法相同，强调保证所具有的担保功能，将其纳入规范所有担保类型的规定中。③立法将不同形式的债务担保依据同一功能放置，满足了立法追求的实用主义。而将性质不同的担保方式区分安排在不同立法体系中，符合立法追求的逻辑性与体系性。

在2006年之前，《法国民法典》把担保法规定在第三卷"取得财产的各种方式"中，认为保证、质押或者抵押等担保制度就像契约、侵权、不当得利或者继承制度一样仅仅是取得财产的众多方式。④除了《法国民法典》第三卷对担保制度作出规定之外，《法国消费法典》《法国商法典》《法国金融和财务法典》等均对特殊担保制度作出了规定。由于担保立法体系性与完整性的欠缺，影响了《法国民

① 王融擎编译:《日本民法:条文与判例》(上)，中国法制出版社2018年版，第4页。

② 史尚宽著:《债法各论》，中国政法大学出版社2000年版，第877页。

③ 程啸著:《保证合同研究》，法律出版社2006年版，第2页。

④ 《法国民法典》(上)，罗结珍译，法律出版社2005年版，第13页。

法典》内在结构的统一性，也妨碍了担保制度的具体适用。[①]2006 年，《法国民法典》进行了修订，废除第三卷中保证、质押、抵押的规定。新增第四卷“担保”，其中第一编为“人的担保”，保证即规定在该编；第二编为“物的担保”。其后几年，法国陆续对上述法律进行修改、调整和完善。担保立法体例的变革，体现了法国立法者对担保制度重要性的认识。[②]

我国关于保证制度在民法体例中的编排，亦经过了立法演变。《民法典》出台前，《担保法》采取把不同担保形式并存规定的立法例。有学者指出，此立法模式是不能满足《民法典》体系化、科学化的目标的。[③]源于人的担保与物的担保的区别，《物权法》的出台打破了《担保法》的立法体例。[④]而关于人的担保，则继续由《担保法》规制。人的担保与物的担保共存部分在《物权法》与《担保法》中均有规范。保证自产生以来，其契约属性便得以确立。[⑤]将保证规定为民法典合同编的有名合同之一，是民法典体系化、科学化和对司法实务的回应。[⑥]源于物的担保与人的担保在本质上的不同，借鉴大陆法系《德国民法典》立法例，回归保证在本质上为债的发生原因的认识，将保证安排在合同编更具有逻辑性与合理性。

---

① 张民安著:《法国民法》，清华大学出版社 2015 年版，第 495—496 页。

② 《法国民法典》，罗结珍译，北京大学出版社 2010 年版，第 1—3 页。

③ 王利明:《物权法立法的若干问题探讨》，载《政法论坛》2001 年第 4 期。

④ 刘斌:《论民法典分则中人的担保之体系重构》，载《当代法学》2018 年第 5 期。

⑤ [意] 桑德罗·斯奇巴尼著:《桑德罗·斯奇巴尼教授文集》，费安玲译，中国政法大学出版社 2010 年版，第 24 页。

⑥ 朱广新:《民法典之典型合同类型扩增的体系性思考》，载《交大法学》2017 年第 1 期。

二、保证人权利类型化措施的功能性重组

关于保证制度的具体内容中，保证人权利的规定在各国亦出现了不同立法例。有按保证人权利行使对象进行类型划分的立法，亦有分散式立法。类型化立法以法国、意大利、葡萄牙、西班牙为代表。《西班牙民法典》立法例与《法国民法典》相似，有关保证一集中，设定了四章。其中第二章“保证的效果”分别规定了：第一节“债权人及保证人之间的效力”、第二节“债务人及保证人之间的效力”、第三节“共同保证人之间的保证效力”。①《意大利民法典》立法例与《葡萄牙民法典》相似，有关保证一节，设定了五款：其中第一款为“总则”、第二款为“债权人与保证人之间的关系”、第三款为“保证人与主债务人之间的关系”、第四款为“数个保证人之间的关系”、第五款为“保证的消灭”。②

在分散式立法中，并未依据权利行使对象或权利性质等进行分节或分目规定。如《德国民法典》第 765—767 条规定了保证的类型及范围等，第 768 条、第 770—773 条、第 775—776 条为保证人对债权人的权利，第 769 条、第 774 条为保证人对共同担保人的权利，第 774 条为保证人对主债务人的权利。③《日本民法典》第 446—451 条规定了保证人的责任、保证债务的范围、保证人的条件等，第

---

① 《法国民法典》，罗结珍译，北京大学出版社 2010 年版，第 502—504 页；《西班牙民法典》，潘灯、马琴译，中国政法大学出版社 2013 年版，第 448—454 页。

② 《意大利民法典》，陈国柱译，中国人民大学出版社 2010 年版，第 335—337 页；《葡萄牙民法典》，唐晓晴、曹锦俊、关冠雄等译，北京大学出版社 2009 年版，第 110—114 页。

③ 陈卫佐译注：《德国民法典》（第 4 版），法律出版社 2015 年版，第 304—306 页。

452—455 条、第 457 条规定了保证人对债权人的权利，第 456 条、第 464—465 条规定了保证人对共同担保人的权利，第 459—463 条规定了保证人对债务人的权利。[①] 又如《纽约州民法典草案》"保证的一般原则"一章中规定了三节，分别为"保证人的定义""保证人的责任""保证人的权利"，"保证人的权利"一节中对保证人权利并未进行类型化规定。[②]

我国《担保法》《民法典》对保证人权利规范采取了分散式立法，《担保法》中保证制度一章共分三节，其中保证人权利规定于第三节中，第 22—26 条、第 29—30 条为保证人与债权人之间关系的规定，第 28 条为保证人与共同担保人之间关系的规定，第 31—32 条为保证人与主债务人之间关系的规定。《民法典》中，保证制度共分两节，分别是第一节"一般规定"、第二节"保证责任"，将原《担保法》第二节"保证合同和保证方式"纳入第一节"一般规定"中。有关保证人权利规定于第二节"保证责任"中，第 692—698 条、第 701—702 条为保证人与债权人之间关系的规定，第 699 条为保证人与共同保证人之间关系的规定，第 700 条为保证人与主债务人之间关系的规定。

民法典的制定虽然无法一次性全面达成，需随着实践的发展不断补充与完善，但其体系化的功能是始终存在的。立法者将规范进行分类，需要体现相应的逻辑依据。现行分散式立法，从体系化观

---

① 王融擎编译：《日本民法：条文与判例》（上），中国法制出版社 2018 年版，第 359—375 页。

② ［美］戴维·达德利·菲尔德著：《纽约州民法典草案》，田甜译，王莹莹校，中国大百科全书出版社 2007 年版，第 253—256 页。

点出发，与注重逻辑性、体系性的法典相应，遵循逻辑及使用习惯，关于保证人权利以行使对象为类型划分，分为保证人对债权人权利、保证人对主债务人权利、保证人对共同担保人权利这一类型化立法模式。通过这样的体系构建，体现规范性与法律实用主义的结合，使得法官与民事主体在适用法律时清晰、便捷，同时，立法者就有相应的逻辑制定与完善立法。民法典内容的系统化，有利于整个民事立法及司法的系统化。[①]

民法典的立法技术应力求体例科学、结构妥当、内容协调，以满足现代商业社会对保证担保制度的期待。保证制度的法典化一方面要完善以往制度内容上的缺失与法规间冲突，另一方面要在保证制度的原理、逻辑和结构上实现立法的突破。以类型划分保证人权利，将现行保证人权利规定条款重新编排，不但在立法技术上防止了重复规定，提高了立法的理性层次，同时提高了法律适用理性，甚至体现了民法典的紧密性，若不如此，法典仅仅是将预规范的领域进行组合，然而这仍是模糊与凌乱的。

由此，我国《民法典》应在第二节“保证责任”中分类，对适用主体范围相似的规范重新分类。我国《民法典》关于保证合同的完善，应当将保证人权利内容进行类型化规定，将《民法典》中保证人对债权人享有抗辩权的第 701—702 条置于第 698 条后，共同组成保证人对债权人拥有的权利，第 700 条保证人对主债务人权利置于保证人对债权人权利后，现有第 699 条保证人对共同保证人权利置于保证人对主债务人权利后。

---

① 苏永钦著:《寻找新民法》，元照出版有限公司 2008 年版，第 58 页。

第二节　构建保证人权利制度考量因素

民法典有宣示各种价值的功能，从民法典背后的价值来分类，其强调的自由、平等、实质正义等价值，没有价值序列的高低。在构建保证人权利制度中，对各方利益的安排是合理的也是必要的，但应重视意思自治在私法领域的重要性，尊重合同当事方契约自由原则。同时，基于诚信原则的要求，应禁止保证合同当事人滥用法律赋予的权利。为维护法律秩序的统一与稳定性，基于法律安定性的要求，唯有在保证当事人面临的结构上劣势已属契约的典型、通常形态，且该契约所产生法律效果对一方当事人造成极不寻常负担的双重前提下，立法者才有进行修正保证制度的义务。

一、合同自由原则之尊重

作为私法根本原则的自由在保证法律关系中有以下几个方面的内容，即在实体内容上不制定强制性规范，同时在程序及形式上尽量放宽要求。提升保证合同当事人之间的交易效率，可以较大增进自由。该两项内容一直被融入保证法律制度立法与解释中。第一项内容可以用当事人意思自治的解释方式加以解释，即在保证领域的相关规则中，需要以当事人意思自治为基础，此为一项基本前提。更抽象一些讲，民法上的自由即设定权利并承认其自由行使。可以说民法的核心是“自己决定”这一价值观。[①]若非存在充分理由，立法不得进行干预，此类事由如为了避免保证人受到并非真实意思表

① [日]大村敦志著：《民法总论》，江溯、张立艳译，王轶校，北京大学出版社2004年版，第44页。

示等缺乏实质自由成立的合同的约束。保证合同当事人的权利义务，原则上可自由约定，法律关于保证规定的意义在于填补当事人之间契约约定空缺。[①]同时，第二项内容，减少契约当事人之间达成交易的阻碍，保证当事人可以较为便捷及低廉的成本成立有序的法律关系，也贯穿保证制度的始终。促进自由与促进效率之间存在重叠。[②]

保证合同当事人根据契约自由原则可决定各方权利、义务及责任的分担，包含排除非强制性法规的适用，即使该非强制性规定是赋予保证人权利的规定。然而，承认保证合同可自由约定的前提是保证合同当事人谈判能力是平等的，理性是相当的。对于弱势主体且非利性的保证人缺乏对等谈判条件的情形下，意思自由是较难实现的。综合多种因素，参考德国判例确定标准，此类格式条款效力应被否定。在金融业中，虽然债权人（主要为银行）占据主体地位，目前处于较为强势地位，拥有优越的谈判能力。然而，随着债权人的多元化，融资方、担保方将享有一定程度的讨价还价的能力。银行债权人制定的保证格式合同中，通常将法律赋予的保证人权利预先排除，如保证人不接受该类条款，将影响资金需求方的融资。格式合同中的保证条款不应一概认定无效或有效，应结合该条款是否经保证人同意、保证人是否享有决定自由等综合判断。人于社会中是理性的存在体，以个人利益为导向，会选择合适的方式以最大程

① 耿林：《比较法视野下的混合共同担保》，载《江汉论坛》2017 年第 6 期。

② ［德］克里斯蒂安·冯·巴尔、［英］埃里克·克莱夫主编：《欧洲私法的原则、定义与示范规则：欧洲示范民法典草案（全译本）》（第 1 卷、第 2 卷、第 3 卷），高圣平、付俊伟、梅夏英等译，法律出版社 2014 年版，第 50 页。

度地实现个人利益。[①]

融资性担保公司等营利性担保公司，因承担主债务人信用风险而获得利益，以其专业性的判断，在担保费用的收取上充分考虑可能承担的信用风险。同时，应金融债权人要求，可能需要放弃立法赋予的权利，若担保公司同意，亦会将承担更高责任的风险转嫁给主债务人，即提高担保的费用，而主债务人为了获得融资亦同意担保费用的提高。因此，该种类型的担保，是基于各方真实意愿成立的，满足了各方实践中的具体需求，司法审判实践应予以尊重，贯彻合同自由的原则。

"合同自由"与"合同中的公平"不是对立的，应为互补性的。[②]保证各方因自由意志达成的协议，为各方之间所应遵守的最高规范。在该原则的指导下，本着私法自治的原则，应承认当事人之保证契约，不宜轻言限制或干涉。此外，保证合同亦应被严格遵守，如共同担保中，各方当事人对债权人债权实现顺位的约定，应对当事人具有约束力。如保证契约履行无法保障，正常的融资交易无法进行，一切经济社会活动都会受到影响，因此，可以认为契约自由原则具有严格遵从的价值。

二、权利滥用之禁止

权利的行使应被社会认可，与社会整体向上发展相符，如果权利的行使未增加自己利益，相反损害了他人利益或公共利益，应为

---

① 林诚二著：《民法理论与问题研究》，中国政法大学出版社 1999 年版，第 138—139 页。

② ［德］卡尔·拉伦茨著：《德国民法通论》（上），王晓晔、邵建东、程建英等译，谢怀栻校，法律出版社 2002 年版，第 63 页。

权利滥用。[①]然而权利之行使，虽知有害于他人，而不以之为目的者，不在其内，较具合理限制权利行使的功能。[②]因权利之行使往往伴随对相对方的损害，行使权利的人并非认识不到，然若只是因为权利的行使对相对人造成的损害大于自身可能获取的利益，尚不在限制之范围。[③]法院不应对明显违背基本伦理要求的、破坏形式法秩序的结果提供协助。[④]若在被判定为权利滥用的情形下，其法律效果不被认可，无论是请求权，还是形成权。[⑤]

学理及司法审判实务通常认为，如下原则构成判定权利是否被滥用的标准：其一，无益的或违反目的的权利行使。出于伤害他人目的而为的、按照法律上的标准无用（或违反目的）的行为，属于明显滥用权利。权利之行使，于自己无益而且于他人有害，其行使反于经济用途或社会的目的或毫无目的不合理之行为，亦在所不许。[⑥]其二，利益间极度不成比例。权利的行使给一方带来的利益，远远小于给另一方带来的不利益。其三，矛盾的行为。基于矛盾之行为的权利滥用存在于如下情形，即基于之前的行为使对方产生了值得保护的信赖，该信赖导致对方从事了某些行为，而由于新的情况该行为会对对方产生损害。[⑦]

---

① 史尚宽著：《民法总论》，中国政法大学出版社 2000 年版，第 713—714 页。

② 王泽鉴著：《民法总则》，中国政法大学出版社 2001 年版，第 551 页。

③ 黄立著：《民法总则》，中国政法大学出版社 2002 年版，第 505 页。

④ ［瑞］贝蒂娜·许莉蔓－高朴、［瑞］耶尔格·施密特著：《瑞士民法：基本原则与人法》（第 2 版），纪海龙译，中国政法大学出版社 2015 年版，第 117 页。

⑤ 刘得宽著：《民法总则》（第 4 版），中国政法大学出版社 2005 年版，第 373 页。

⑥ 史尚宽著：《民法总论》，中国政法大学出版社 2000 年版，第 717—718 页。

⑦ ［瑞］贝蒂娜·许莉蔓－高朴、［瑞］耶尔格·施密特著：《瑞士民法：基本原则与人法》（第 2 版），纪海龙译，中国政法大学出版社 2015 年版，第 107—111 页。

在保证法律关系中，各方当事人均不得滥用权利。域外立法与判例大多认为，债权人行使权利时，不得损害保证人享有的追偿权及代位权。如债权人滥用权利，放弃主债务人提供的担保。由于此行为对债权人及其他担保人均无益，应视为债权人对担保权的滥用，其法律后果为债权人权利受限。立法需要在规定债权人对担保物权自由处分权利的同时，对这一权利行使可能产生的外部损害予以适当限制，以调和不同利益关系人之间的利益平衡。

除了债权人不得滥用权利外，保证人亦不得滥用权利。不主张主债务人权利的保证人是否违反了权利不得滥用原则，保证人在诚实信用原则的要求下，有谨慎处理和尽责的义务。保证人因其履行不仅违背了自身的利益，而且可能损害到主债务人的权利。在此情况下，保证人对主债务人的追偿权或代位权都将被相应地限制，此为确保各方利益平衡制度的重要设计，因此，保证人应当承认并维护主债务人的合法权利。[①] 当保证人不主张权利，其主要目的是损害主债务人的利益，同时对其亦没有任何利益时，可以被认定为权利的滥用行为，因而失去追偿权。《美国保证法第三次重述》第 24 节第 1 条 e 款亦规定，保证人的追偿权将不复存在，若其明确知道主债务人享有的权利而不主张。此外，德国司法审判实践中，对保证人清偿主合同义务不主张权利的情形，亦裁定为权利的滥用。[②]

---

① Harris, Troy L, "Good Faith, Suretyship, and the Ius Commune", Mercer Law Review, Vol.53, No.2 (2002), p.601.

② Ulrich Drobning. Principles of European Law – Study Group on a European Civil Code, European Law Publishers, 2007, p.301.

三、法律秩序统一与稳定之维护

法律的安定性原则，强调保持立法、司法和行政过程中作出的相关决定的持续性。基于对立法的稳定和平等处理同类情形中相关者利益的目的，只要作出了立法规定或司法裁判，就不能恣意撤销或变更。除非出现比法律的稳定性维护更重要的目的需要达成时，才能改变已作出的决定。[①] 如果现行法律朝令夕改，适用者就无法安排交易，因为缺乏预见性，无从确定现在适用的法律是否会成为明天的法律，这并非真正意义上的法律。[②] 法律的预见性减少，立法威信减损。保证人权利制度的构建，应注意规范稳定性的维护，不宜频繁修正。

任何法律体系都存在不能将所有现在及将来全部可能适用的法律编纂进去，对于社会发展变化过快导致的稳定性受影响时，现实主义法学者认为，为了适应社会发展对法律变更的需求，成文法需要留有一定的余地。[③] 此外，法理之配合运用，可达具体的妥当社会性，有助于缓和成文法的僵化，还具有为裁判提供指引的重要作用。[④] 然而，法律原则的适用并不是恣意的，只有在现存法律缺失或者存在冲突时，才可适用，不得动辄援用原则。否则安定性将失所依循，交易秩序亦难稳定。[⑤] 保证人权利保护涉及诸多原则，如诚实信用原

---

① ［德］莱因荷德·齐柏里乌斯著:《法学导论》(第4版)，金振豹译，中国政法大学出版社2007年版，第54页。

② ［美］E.博登海默著:《法理学：法律哲学与法律方法》，邓正来译，中国政法大学出版社1998年版，第326页。

③ 吴兴光、蔡红、刘睿等著:《美国统一商法典研究》，社会科学文献出版社2015年版，第11页。

④ 刘得宽著:《民法总则》(第4版)，中国政法大学出版社2005年版，第373页。

⑤ 邱聪智著:《新订民法债编通则》(下)，中国人民大学出版社2003年版，第257页。

则、公平原则、效率原则等的适用，应遵循法律无明确规定时，方可适用。

基本权利的抽象性和不同的解释使得在保护各种利益时很难达到平衡。试图达到社会公正的结果可能导致法律产生不确定性，并增加法官的“直觉”认知而不是私法原则推动了判决存在问题的风险。[①]对此，方法上的指示助益均是有限的。相对于适用法律的法官实现的个案正义，立法者通过立法更可能实现整体的社会正义。换言之，立法者的作为义务，是对于典型的、通常出现的当事人利益分配不均之劣势进行调整，并非对于（个案）法律效果的不利益进行调整。

第三节 保证人权利制度构建具体规范进路

以类型划分保证人权利，将现行保证人权利规定条款重新编排，不仅可在立法技术上避免重复，提高立法的理性层次，同时可以提高法律适用理性。立法模式的重构还只是一种可能的选择，然而至为关键的内容和形式，有回应融资需求的新变化，平衡保证人与债权人权利义务关系的必要。因此，我国连带责任保证人权利立法仍需考量具体权利的缺失，通过新增立法、修订立法或解释论弥补权利的缺失，以构筑连带责任保证人权利规范体系。

---

① Kull Irene, “Unfair Contracts of Suretyship—a question about the horizontal effect of fundamental rights or about the application of contract law principles”, Juridica International, Vol.12（2007）, p.44.

一、保证人享有的对债权人权利立法建议

保证人对债权人拥有的抗辩权，是立法赋予的一项维护各方当事人利益的重要权利，其系列抗辩事由的主张，无论是对保证人自身还是对主债务人而言，都至为关键。因此，《民法典》应单独安排保证人抗辩权相关规定，按照保证人拥有的主合同中债务人之权利和保证人专属抗辩权进行分类，并作出完整的规定，这样可以使保证人在融资实践参与中对自己享有的权利与可能承担的风险有所预期，从而增加保证人设立保证的主动性，同时减少因立法不明确造成的解释法律的成本。

《民法典》第 701 条和第 702 条规定的权利，均为保证人享有的主债务人的权利，《民法典》第 693—697 条规定了保证人享有的专属抗辩权。现行立法对保证人享有的抗辩权规定得较为完善，但对于保证人放弃抗辩权的效力及保证人明知抗辩事由而不援用是否属于权利滥用未明确规定。对于保证人在合同中约定放弃享有的抗辩权，如无受到意志不自由的情形，应属于契约自由行使的范围，根据《民法典》合同编认定合同条款效力原则认定即可，无须单独制定条款。而保证人履行主合同清偿义务时，不主张已经知晓或者推定可以知晓的抗辩事由，损害主债务人利益的，依据诚信原则，应认定保证人对主债务人追偿权不能继续存在。借鉴《瑞士债务法》的规定，[①] 我国《民法典》第 701 条应增加第 2 款，即“保证人未主张明知或应当知道的主债务人有充分理由之抗辩事由，在保证责任得因主张抗辩而免除的范围内，丧失追偿权，但对于抗辩之未主张，

---

① 《瑞士债务法》，戴永盛译，中国政法大学出版社 2016 年版，第 228 页。

保证人能证明自己无过错者，不在此限”。

由于债权人的过失甚至是故意，对自己拥有的确保债权实现的权利不积极运用（如对主债务人积极损害债权实现的撤销权），或放弃为主债务设定的担保等，导致保证人履行主合同清偿义务之后，无法实现追偿权或代位权，最终清偿损失由保证人负担。此时，基于诚信原则及公平原则，保证人的损失应由债权人承担，即已承担清偿责任的保证人享有对债权人请求给付的积极性权利，借鉴《欧洲示范民法典草案》第Ⅳ.G–2：110条的规定，若保证人无法实现全额追偿，也无法以代位债权人的方式实现损失的弥补，是由债权人的故意或过失造成的，则为了防止债权人对保证人的损害，其请求权需受到约束，同时可能需要补偿保证人承担主债务清偿责任后的损失，[①] 我国《民法典》应增加相应条款，以保障已承担清偿责任之保证人对债权人损害保证人利益的行为享有损害赔偿请求权。

关于保证人能否对债权人主张因主债务人破产重整及和解中部分主债务免除而免责，在和解及重整中，利益相关方之间的谈判、退让、妥协，均以挽救、化解危机、恢复企业经营，让其重生以获得偿债能力为目标。然而，参与该程序的债权中，可能存在担保物权及保证担保，此时若债权人为达成协议同意放弃某一物的担保，保证人能否因债权人的这一行为从而主张解除保证义务？企业走破产程序过程中，债权人可能减免主债务人的债务，保证对此已有预期，因此从属性原则并不适用。保证的从属性与保证目的相冲突，

① ［德］克里斯蒂安·冯·巴尔、［英］埃里克·克莱夫主编：《欧洲私法的原则、定义与示范规则：欧洲示范民法典草案》（第4卷），于庆生、温大军、胡琳等译，法律出版社2014年版，第1231页。

若贯彻从属性原则，即损害了保证之担保目的。[①] 破产法以关注社会价值实现为最高目标，因此其发展趋势倾向于为债务人减免债务放宽条件。重组或类似的安排，虽然减少了债务人应负担的债务，但是，保证效力依然及于作出承诺时的主债务总额，因为其是作为保护债权人免受此类风险而专门引入的。[②] 虽然《担保制度司法解释》第 23 条第 3 款的规定在一定程度上解决了上述问题，但在具体适用过程中，仍需结合立法目的进行解释。

在我国司法实践中，保证人主张解除保证责任的重要事由之一为，以债权人未提供主债务人重大履约风险相关信息而请求保证责任解除，此类诉讼主张大多被法院驳回了。对于是否赋予债权人提供关涉保证重大事实及风险的信息的义务，该问题在各国理论及司法实践均存在较大争议，一方面是对保证人的保护，另一方面是保证担保方式保障债权实现功能的发挥。该项义务目前仅在域外一些立法、学理及司法实务中体现，我国立法及司法实务尚未明确该项义务。对于债权人提供的信息是否决定保证人提供保证的设想、保证人性质、债权人是否存在欺诈等情形均应综合认定，方可确定具体案件中保证人是否存在可解除保证责任的情形。

二、保证人享有的对主债务人权利立法建议

履行了主合同清偿义务后的保证人可以向主债务人主张损失的

---

① 陈自强著:《无因债权契约论》，中国政法大学出版社 2002 年版，第 45 页。

② [德] 克里斯蒂安·冯·巴尔、[英] 埃里克·克莱夫主编:《欧洲私法的原则、定义与示范规则: 欧洲示范民法典草案》(第 4 卷)，于庆生、温大军、胡琳等译，法律出版社 2014 年版，第 1173 页。

追偿权，各国法律虽未明确规定追偿权享有需满足的要件，但学理大多认可保证人追偿权获得必须符合下列要件：主合同全部的义务或部分义务已经被保证人清偿；且保证人的清偿尽到了谨慎注意义务，即没有过失。对于追偿权效力范围，各国立法多作出明确的规定，参照其他国家的立法例，结合我国司法实践经验，我国对保证人实现其追偿权可涵盖的范畴及限度亦应明确规定，可涉及保证人已支出的与主合同履行有关的本金、利息、违约金、损害赔偿金，以及由于履行主合同清偿义务而产生的费用、损失。

保证人预先行使追偿权的情形，我国《担保制度司法解释》实质上已无主债务人破产情形下保证人享有追偿权预先行使的权利。基于对保证人权利的保护，完善保证人履行主合同清偿义务之前享有的权利立法，应确立保证人享有追偿权的预先行使。当主债务已届合同约定的清偿期，债权人向保证人主张承担主合同义务无法避免的情形下；主债务人的资产情况明显出现严峻事态致使偿债能力下降的情形下；主合同并没有约定履行的期间，而保证契约的成立至今超过了十年，都应允许保证人提前采取手段以分散最终清偿损失无法弥补的风险。

保证人履行第三人应承担的主合同义务后，取得代位权，该权利与追偿权法律效果不同。保证人取得追偿权是代位权获得的先决条件，同时代位权取得又是追偿权得以满足的保障，主要体现为代位权的行使范围涵盖了主债务的担保，而追偿权仅为一般债权。基于公平原则及利益的平衡，我国立法有必要明确保证人享有的代位权。借鉴《法国民法典》第 2306 条[①]、《意大利民法典》第 1949

① 《法国民法典》，罗结珍译，北京大学出版社 2010 年版，第 503 页。

条[①]、《俄罗斯民法典》第365条第1款[②]、《日本民法典》第499条[③]的规定，为进一步明确保证人享有的代位权，可从解释论的角度解释现行立法，亦可修订立法，将《民法典》第700条“享有债权人对债务人的权利”的规定修订为“代位债权人取得其对债务人享有的权利”。

债权保全制度虽系以维系债务人之财产，以担保债权人债权实现为目的，但仍须尊重债务人行使处分财产权的自由，且须考虑取得该责任财产受益人之权益及交易安全之保障。如果保证债权成立的可能性极高，主债务人为逃避主合同到期对债务的履行及将来对保证人的追偿债务清偿，恶意先行处分自己的财产，立法或司法审判实践应承认保证人的撤销权。否则，有违民法公平正义和诚实信用原则，亦不符合撤销权设立之目的。撤销权的预先行使既是用来制约主债务人减损责任财产的行为，促使债权人积极行使权利的一项有效法律手段，也是避免保证人利益失衡的补救措施。保证人的撤销权应当严格按照成立条件行使，除了满足立法规定的债权人撤销权成立要件外，保证债权应达到成立可能性极高的程度，保证人预先行使撤销权亦应限于经通知后债权人仍未行使其权利之情形。债权人已经行使撤销权权利之情形中，不论其行使方法或最终法律效果如何，保证人不能排除债权人或与债权人重复行使撤销权。

① 《意大利民法典》，陈国柱译，中国人民大学出版社2010年版，第336页。

② ［俄］E.A. 苏哈诺夫主编：《俄罗斯民法》（第3册），丛凤玲译，中国政法大学出版社2011年版，第800页。

③ 王融擎编译：《日本民法：条文与判例》（上），中国法制出版社2018年版，第419页。

三、共同担保中保证人享有的权利解释论选择

虽然《担保制度司法解释》明确了共同担保人之间享有追偿权的三种情形，除此三种情形外，共同担保人之间不享有追偿权。基于共同担保同一债务的性质，且根据保证人享有的代位权所及权利范围，同时公平原则的适用，我国《民法典》相关规定应采用共同担保人相互间享有追偿权的解释论。《民法典》第699条关于共同保证的规定，应解释为共同保证人之间并未有关于份额分担合意时，视为各保证人之间形成连带债务的关系，相互间可主张损失的追偿。关于混合共同担保，《民法典》第392条规定，应解释为共同担保人之一履行了主合同义务后，可对其他担保人诉请追偿。

因担保人并非主合同的最终义务履行者，为了减少相互间循环追诉，关于担保人之间的追偿，限定在向主债务人请求弥补损失不能实现之部分，即保证人必须首先要求主债务人偿还保证之债。我国现行法对共同担保人内部追偿份额的计算规则并未明确，在承认追偿权前提下，我国司法解释应规定，保证人与物上担保人的责任，应当以保证人和债权人约定的担保债权额度与设定担保标的物执行价格或者担保人与债权人约定的担保债权额度之间的比例计算。担保人与债权人约定的担保债权数额小于担保物的价值时，应以担保的债权数额确定。当保证人兼为物的担保设定者时，即复合身份，因两种担保形式的性质不同，不同身份应负担的份额计算方式不同，为避免规则体系上的冲突，复合身份者应承担双重责任，即分别计算保证份额及物的担保份额并予以相加。

债权人故意或过失对物的担保效力进行减损甚至放弃的，担保人在所减损或放弃的物的担保限度内减免其主合同清偿义务。担保

人可以免责的程度须视被放弃或减损的担保标的物的归属而不同。如属于主债务人设立的担保权时，共同担保人清偿义务可免除范围限制于债权人可通过执行该担保标的物获偿的金额；然而若属于其他主体设立的担保权，由于其他担保人仅可对该设立担保的主体主张份额追偿权，即在份额追偿权不能得到弥补的限度内才能免除清偿义务。

本章小结

连带责任保证人权利保护系促进与稳定担保制度有效运行的核心，对现行保证人权利规范立法体例的审视，有助于认识保证人权利制度的形式与结构，准确把握保证人权利制度的具体内容，弥补我国保证人权利制度立法的缺陷。我国关于保证制度在民法体例中的编排，亦经过了立法演变。《民法典》出台前，《担保法》采取把不同担保形式并存规定的立法例，此立法模式是不能满足民法典体系化、科学化的目标的。源于人的担保与物的担保的区别，《物权法》的出台打破了《担保法》立法体例。《民法典》将保证合同纳入合同编规定范畴，是理论及实务发展的共识，亦为民法典体系化、科学化的需求。现行保证人权利分散式立法，从体系化观点出发，与注重逻辑性、体系性的法典相应，从权利保护功能的角度，以类型划分保证人权利，分为保证人对债权人权利、保证人对主债务人权利、保证人对共同担保人权利的立法模式。重新编排现行保证人权利规定条款，不仅可在立法技术上避免重复，提高立法的理性层次，而且可提高法律适用理性。

在构建保证人权利制度中，对各方利益的安排是合理的，也是必要的，但应重视意思自治在私法领域的重要性，尊重合同当事方契约自由原则。格式合同中的保证条款不应一概认定无效或有效，应结合该条款是否经保证人同意、保证人是否享有决定自由等综合判断。同时，基于诚信原则的要求，应禁止保证合同当事人滥用法律赋予的权利。为维护法律秩序的统一性与稳定性，基于法律安定性的要求，唯有在保证当事人面临的结构上劣势已属契约的典型、通常形态，且该契约所产生法律效果对一方当事人造成极不寻常负担的双重前提下，立法者才有进行修正保证制度的义务。

完善连带责任保证人权利法律制度不仅需要合理设计、重构保证人权利规范的立法体例，还需从具体权利的构建层面上，完善我国连带责任保证人的各项权利，如保证人可诉请债权人的损害赔偿请求权、保证人可诉请主债务人的追偿权预先行使、代位权、债权保全措施预先行使等，以回应融资需求的新变化。关于共同担保人之间是否享有追偿权，我国立法应采取相互间享有追偿权的解释论，并以此为核心，规定担保人之间内部追偿份额的算定规则、债权人损害担保物权的界定及其法律后果。以力求理性主义价值的展现或立法技术的成熟，达到制度间的协调与完善，减少裁判者的恣意，发挥保证制度信用增进、促进融资的作用。

结论

随着融资市场需要的扩大，保证成为大多数契约履行必不可少的工具，是对主债务人信用的补充与借用，为对债的效力的增强，因此，债权的保全功能成为保证发展的核心与保证制度设计的出发点之一。因有保证，主债务人融资之机会增加，促进了资金融通，此为保证制度不可忽视之社会功能。围绕着金融的发展，物的担保方式的弊端不断显现，然而保证却逐渐显示出其较强的适应性，对物的担保方式进行了有益补充与取代。为完善保证制度的社会功能，在构建有关可供接受的规则体系时，对连带责任保证人的适当保护便成为重要的问题。我国《民法典》的出台虽然在某种程度上对保证制度进行了完善，但规定依然欠缺完整性，未赋予保证人关键性权利，与域外对保证人权利保护规定相比较而言，我国保证人权利规范体系仍需进一步完善。对部分从《担保法》以来一直存在的争议问题未予明晰，同时，《民法典》体系内权利规定存在冲突与矛盾，严重影响了法律的确定性与可预见性，导致司法实践无法有效适用。因此，需对保证人权利规范制度进行重构。

源于保证合同的从属性，保证人得向债权人主张主合同中债务人拥有的权利。关于主债务人享有的形成权，《民法典》赋予保证人拒绝履行的权利，较好地解决了主债务人形成权的人身属性与保证债务从属性冲突，避免保证人因主债务人不行使形成权而遭受不利益，以实现各方利益平衡。保证人与各方的相互关系下，不但拥有主合同中债务人所享有的权利，还具有一般债务人享有的权利。域外司法实践中出现因违背善良风俗原则而导致保证合同无效的情形，为学者近年来的研究重点。判断保证合同违背善良风俗原则而无效需具备某些客观和主观要素，客观要素包括保证人的决定自由被大为削弱；保证人与主债务人有着特殊的情感联系等，保证的承担远远超过了保证人履行其义务的能力，以及进一步造成各方之间无法承受的不平衡的情况。由于专属抗辩权的适用，可以使保证人全部或部分责任免除，因此保证合同中出现了约定保证人放弃专属抗辩权条款，将风险进一步推向保证人而更改法律已经进行的利益平衡安排，该条款的效力判断成为各国立法与司法实务中的疑难点，亦为保证人专属抗辩权立法与适用的有限性。源于保证契约之无偿、片务之性质，保证人对于债权人清偿主合同义务的诉请仅能提出防范性回应，并无相应请求权。然而，这并非意味着债权人无须承担附属义务。诚信原则要求一旦合同交涉事实上开始，参与者便承担更多的注意和照顾义务。因此，一些国家规定了债权人有向保证人披露影响保证责任承担的重大事实及风险信息的义务，以及通知的义务。若保证人无法实现全额追偿，也无法以代位债权人的方式实现损失的弥补，是由于债权人的故意或过失造成的，则为了防止债权人对保证人的损害，不利益由债权人承担，其请求权需受到约束，同时可能需要补偿保证人承担主债务清偿责任后的损失。债权人的行为实质上破坏了保证交易的微妙平衡，维持了保证人的权利，却损害了保证人的地位。损害赔偿请求权是为了防止债权人不公平行使权利而损害保证人利益的，这是法律强加给债权人保护自身利益的义务。

追偿权为保证人履行清偿义务后对主债务人取得的权利，清偿过程中，保证人需尽到善良管理人的注意义务，主要涉及保证人援引主债务人抗辩权的义务与通知主债务人的义务。保证人未尽注意义务的，应承担相应的不利益。为防止保证人清偿债务后不能实现追偿权，应赋予其预先行使追偿的权利。基于追偿权与代位权权利取得、阻却行使事由、行使范围等差异，立法应赋予保证人代位权。我国《民法典》第700条规定应解释为承认保证人享有的代位权。保证责任除去请求权系履行清偿义务前救济方法，与追偿权预先行使的条件多有类似考虑，因此，选取其中一项权利进行设计为大多数国家所采纳。如果保证债权发生的可能性极高，主债务人为逃避将来对债权人与保证人发生的债务的履行，恶意减少自己财产的，应赋予保证人撤销权。否则，有违民法公平正义和诚实信用原则，亦不符合撤销权设立之目的。撤销权的预先行使既是用来制约主债务人减损责任财产的行为、促使债权人积极行使权利，也是保证人维护其合法权益的补救手段。保证人的撤销权应当严格按照成立条件行使，除了满足立法规定的保证人撤销权成立要件外，保证人预先行使撤销权应限于经通知后债权人仍怠于行使其权利之情形。

在融资实务中，债权人为确保债权的实现，通常要求主债务人或第三人替主债权提供多项担保，目的是增加可供清偿债务的总财产，降低债权无法满足之风险。共同担保的核心为如何设置各方当事人权利行使和风险分配的规则。在物的担保与人的担保共存时，债权人债权得以满足的序次，关系到共同担保其他问题的解释，为其他问题的解释提供逻辑依据。我国立法及学理对此问题的认识不断发生演变，由“物的担保责任绝对优先模式”过渡到“物的担保责任与人的担保责任平等模式”，总体呈现出更符合法律体系与法律原理的趋势，形成了混合共同担保中的债权实现顺位规则。《民法典》对共同担保人是否享有追偿权未作出规定，对担保人之间是否享有追偿权的解释更多地应从法理基础探讨追偿权设置的合理性。共同担保人之间享有追偿权的理论依据为代位权及债务的连带。基于正义要求，担保人成为共同担保人之一后，不得因债权人选择不诉诸其权利范围内的救济，而将不利益全部由某一担保人承担。担保人之间的追偿权，可以有效平衡共同担保中各担保人的利益冲突。保证人与物上担保人的责任，应当以保证人和债权人约定的担保债权额度与设定担保的标的物执行价格或者担保人与债权人约定的债务担保额度之间的比例计算。担保人与债权人约定的担保债权数额小于担保物的价值时，应以担保的债权数额确定。在承认共同担保人之间相互享有内部追偿权的情况下，债权人若有放弃担保物权或缩减其效力等损害担保物权的行为，既削弱了债权实现的保障，又对其他担保人追偿权与代位权实现造成了损害。如属于主债务人设立的担保权时，共同担保人清偿义务可免除范围限制于债权人可通过执行该担保标的物获偿的金额；然而若属于其他主体设立的担保权，由于其他担保人仅可对设立担保的主体主张份额追偿权，即在份额追偿权不能得到弥补的限度内才能免除清偿义务。

对现行保证人权利规范立法体例的审视，有助于认识保证人权利制度的形式与结构，准确把握保证人权利制度的具体内容，弥补我国保证人权利制度立法的缺陷。我国关于保证制度在民法体例中的编排，亦经过了立法演变。将保证安排在《民法典》合同编中，为学理及司法实务的共同目标，反映了法典追求逻辑性、体系性的要求。现行保证人权利分散式的立法，应从体系化观点出发，与注重逻辑性、体系性的法典相应，从权利保护功能的角度，以类型划分保证人权利，分为保证人对债权人权利、保证人对主债务人权利、保证人对共同担保人权利的立法模式。重新编排现行保证人权利规定条款，不仅可在立法技术上避免重复，提高立法的理性层次，同时可以提高法律适用理性。在构建保证人权利制度中，对各方利益的安排是合理的，也是必要的，但应重视意思自治在私法领域的重要性，尊重合同当事方契约自由原则。同时，基于诚信原则的要求，应禁止保证合同当事人滥用法律赋予的权利。为维护法律秩序的统一性与稳定性，唯有在保证当事人面临的结构上劣势已属契约的典型、通常形态，且该契约所产生法律效果对一方当事人造成极不寻常负担的双重前提下，立法者才有进行修正保证制度的义务。完善连带责任保证人权利不仅需要合理安排、重构保证人权利规范的立法体例；还需从具体权利的构建层面上，完善保证人的各项权利，达到制度间的协调与完善，减少裁判者的恣意，发挥保证制度信用增进、融资促进的作用。

参考文献

一、中文文献

（一）中文著作

[1] 曹士兵著:《中国担保制度与担保方法》(第3版)，中国法制出版社2015年版。

[2] 曹士兵著:《中国担保诸问题的解决与展望——基于担保法及其司法解释》，中国法制出版社2001年版。

[3] 曾世雄著:《民法总则之现在与未来》，中国政法大学出版社2001年版。

[4] 陈光华著:《物权变动要件论》，知识产权出版社2008年版。

[5] 陈重见著:《共同抵押权论》，新学林出版股份有限公司2007年版。

[6] 陈自强著:《无因债权契约论》，中国政法大学出版社2002年版。

[7] 程啸著:《担保物权研究》(第2版)，中国人民大学出版社2019年版。

[8] 程啸著:《保证合同研究》，法律出版社2006年版。

[9] 程啸著:《担保物权法研究》，中国人民大学出版社2019年版。

[10] 崔建远主编:《民法九人行》(第2卷)，金桥文化出版(香港)有限公司2004年版。

[11] 崔建远著:《物权：规范与学说——以中国物权法的解释论为中心》

（下），清华大学出版社 2011 年版。

［12］董安生主编：《新编英国商法》，复旦大学出版社 2009 年版。

［13］杜景林、卢谌著：《德国民法典评注——总则·债法·物权》，法律出版社 2011 年版。

［14］杜景林、卢谌著：《德国民法典——全条文注释》（上），中国政法大学出版社 2014 年版。

［15］傅崐成著：《美国合同法精义》，厦门大学出版社 2008 年版。

［16］高圣平著：《担保法论》，法律出版社 2009 年版。

［17］高圣平著：《担保法前沿问题与判解研究》，人民法院出版社 2021 年版。

［18］高圣平著：《担保法新问题与判解研究》，人民法院出版社 2001 年版。

［19］高圣平著：《物权法与担保法：对比分析与适用》，人民法院出版社 2010 年版。

［20］郭明瑞著：《担保法》，法律出版社 2010 年版。

［21］韩世远著：《合同法总论》，法律出版社 2004 年版。

［22］何美欢著：《香港担保法》（上），北京大学出版社 1995 年版。

［23］贺小荣主编：《最高人民法院第二巡回法庭法官会议纪要》，人民法院出版社 2019 年版。

［24］黄立著：《民法债编总论》，中国政法大学出版社 2002 年版。

［25］黄立著：《民法总则》，中国政法大学出版社 2002 年版。

［26］黄茂荣著：《债法通则之三：债之保全、转移及消灭》，厦门大学出版社 2014 年版。

［27］黄薇主编：《中华人民共和国民法典合同编释义》，法律出版社 2020 年版。

［28］金永熙著：《贷款担保诉讼》（第 2 版），人民法院出版社 2002 年版。

［29］李世刚著：《法国担保法改革》，法律出版社 2011 年版。

[30] 李淑明著:《民法物权》(第5版)，元照出版有限公司 2009 年版。

[31] 林诚二著:《民法理论与问题研究》，中国政法大学出版社 1999 年版。

[32] 林诚二著:《民法债编各论》(下)，中国人民大学出版社 2007 年版。

[33] 林诚二著:《民法债编总论——体系化解说》，中国人民大学出版社 2003 年版。

[34] 林廷机著:《保证》，三民书局股份有限公司 2010 年版。

[35] 刘保玉、吕文江主编:《债权担保制度研究》，中国民主法制出版社 2000 年版。

[36] 刘保玉主编:《担保纠纷裁判依据新释新解》，人民法院出版社 2014 年版。

[37] 刘春堂著:《民商法论集》(一)，三民书局 1985 年版。

[38] 刘得宽著:《民法总则》(第4版)，中国政法大学出版社 2005 年版。

[39] 梅仲协著:《民法要义》，中国政法大学出版社 1998 年版。

[40] 邱聪智著:《新订民法债编通则》(下)，中国人民大学出版社 2003 年版。

[41] 邱聪智著:《新订债法各论》(上)，中国人民大学出版社 2006 年版。

[42] 邱聪智著:《新订债法各论》(下)，中国人民大学出版社 2006 年版。

[43] 全国人大常委会法制工作委员会民法室编:《中华人民共和国物权法条文说明、立法理由及相关规定》(第2版)，北京大学出版社 2017 年版。

[44] 全国人大常委会法制工作委员会民法室编著:《中华人民共和国物权法释义》，法律出版社 2007 年版。

[45] 全国人大常委会法制工作委员会民法室编著:《中华人民共和国担保法释义》，法律出版社 1995 年版。

[46] 全国人大常委会法制工作委员会民法室编著:《中华人民共和国物权法解读》，中国法制出版社 2007 年版。

[47] 沈达明、冯大同编著:《国际经济贸易中使用的银行担保》，对外

经济贸易大学出版社 2015 年版。

［48］沈达明编：《准合同法与返还法》，对外经济贸易大学出版社 1999 年版。

［49］沈达明编著：《法国 / 德国担保法》，对外经济贸易大学出版社 2015 年版。

［50］史尚宽著：《民法总论》，中国政法大学出版社 2000 年版。

［51］史尚宽著：《债法各论》，中国政法大学出版社 2000 年版。

［52］史尚宽著：《债法总论》，中国政法大学出版社 1998 年版。

［53］苏号朋主编：《美国商法——制度、判例与问题》，中国法制出版社 2000 年版。

［54］苏永钦著：《寻找新民法》，元照出版有限公司 2008 年版。

［55］孙森焱著：《民法债编总论》，法律出版社 2006 年版。

［56］孙宪忠、朱广新主编：《民法典评注：物权编》，中国法制出版社 2020 年版。

［57］田土城、宁金成主编：《担保制度比较研究》，河南大学出版社 2001 年版。

［58］王军、戴萍编著：《美国合同法案例选评》（第 2 版），对外经济贸易大学出版社 2006 年版。

［59］王利明著：《物权法研究》（下卷）（第 4 版），中国人民大学出版社 2016 年版。

［60］王泽鉴著：《民法概要》（第 2 版），北京大学出版社 2011 年版。

［61］王泽鉴著：《民法思维：请求权基础理论体系》，北京大学出版社 2009 年版。

［62］王泽鉴著：《民法物权》（第 2 版），法律出版社 2010 年版。

［63］王泽鉴著：《民法总则》，北京大学出版社 2009 年版。

［64］王泽鉴著：《债法原理》，北京大学出版社 2009 年版。

［65］吴兴光、蔡红、刘睿等著：《美国统一商法典研究》，社会科学文

献出版社 2015 年版。

[66] 谢在全著:《民法物权论》(上),中国政法大学出版社 2011 年版。

[67] 谢在全著:《民法物权论》(下)(修订 6 版),新学林出版股份有限公司 2014 年版。

[68] 谢在全著:《民法物权论》(中),中国政法大学出版社 2011 年版。

[69] 谢哲胜著:《民法物权》(第 3 版),三民书局股份有限公司 2010 年版。

[70] 许明月著:《英美担保法要论》,重庆出版社 1998 年版。

[71] 杨仁寿著:《法学方法论》,中国政法大学出版社 1999 年版。

[72] 杨桢著:《英美契约法论》,北京大学出版社 1997 年版。

[73] 叶金强著:《担保法原理》,科学出版社 2002 年版。

[74] 尹田著:《法国物权法》(第 2 版),法律出版社 2009 年版。

[75] 游进发著:《民法之释义与编纂》,元照出版有限公司 2018 年版。

[76] 詹森林、冯震宇、林诚二等著:《民法概要》(第 8 版),五南图书出版股份有限公司 2010 年版。

[77] 詹森林著:《民事法理与判决研究(四)消费者保护法专论(2)》,元照出版有限公司 2006 年版。

[78] 张定军著:《连带债务研究——以德国法为主要考察对象》,中国社会科学出版社 2010 年版。

[79] 张利春著:《日本民法解释学中的利益衡量理论研究》,法律出版社 2013 年版。

[80] 张民安著:《法国民法》,清华大学出版社 2015 年版。

[81] 张玉卿主编:《国际统一私法协会 UNIDROIT 国际商事合同通则》(2004),中国商务出版社 2005 年版。

[82] 郑冠宇著:《民法物权》,新学林出版股份有限公司 2010 年版。

[83] 郑玉波著:《民法概论》(第 12 版),东大图书股份有限公司 2010 年版。

[84] 郑玉波著:《民法债编各论》(下),三民书局 1981 年版。

[85] 郑玉波著:《民法债编总论》(修订 2 版),中国政法大学出版社 2004 年版。

[86] 郑玉波著:《民法总则》,中国政法大学出版社 2003 年版。

[87] 中国审判理论研究会民事审判理论专业委员会编著:《民法典合同编条文理解与司法适用》,法律出版社 2020 年版。

[88] 邹海林、常敏著:《债权担保的理论与实务》,社会科学文献出版社 2005 年版。

[89] 最高人民法院民事审判第二庭编:《民商审判指导与参考》,人民法院出版社 2013 年版。

[90] 最高人民法院民事审判第二庭编:《民商事审判指导》,人民法院出版社 2008 年版。

[91] 最高人民法院物权法研究小组编著:《中华人民共和国物权法条文理解与适用》,人民法院出版社 2007 年版。

(二)中文译著

[1] [奥] 伯恩哈德 · A. 科赫、[奥] 赫尔穆特 · 考茨欧主编:《比较法视野下的人身伤害赔偿》,陈永强、徐同远、王文胜等译,中国法制出版社 2012 年版。

[2] [奥] 凯尔森著:《法与国家的一般理论》,沈宗灵译,中国大百科全书出版社 1995 年版。

[3] [德] 卡尔 · 拉伦茨著:《法学方法论》,陈爱娥译,商务印书馆 2004 年版。

[4] [德] Peter Schlosser:《永久抗辩和平衡关系》,王葆莳译,载梁慧星主编:《民商法论丛》(第 29 卷),法律出版社 2004 年版。

[5] [德] 鲍尔、施蒂尔纳著:《德国物权法》(下),申卫星、王洪亮译,法律出版社 2006 年版。

[6][德]迪尔克·罗歇尔德斯著:《德国债法总论》(第7版),沈小军、张金海译,中国人民大学出版社2014年版。

[7][德]迪特尔·梅迪库斯著:《德国债法分论》,杜景林、卢谌译,法律出版社2007年版。

[8][德]迪特尔·梅迪库斯著:《德国债法总论》,杜景林、卢谌译,法律出版社2004年版。

[9][德]海因·克茨著:《欧洲合同法》(上卷),周忠海、李居迁、宫立云译,周忠海校,法律出版社2001年版。

[10][德]汉斯-约哈希姆·慕斯拉克、[德]沃夫冈·豪著:《德国民法概论》(第14版),刘志阳译,中国人民大学出版社2016年版。

[11][德]卡尔·拉伦茨著:《德国民法通论》(上),王晓晔、邵建东、程建英等译,谢怀栻校,法律出版社2002年版。

[12][德]卡尔·拉伦茨著:《德国民法通论》(下),王晓晔、邵建东、程建英等译,谢怀栻校,法律出版社2002年版。

[13][德]卡尔·拉伦茨著:《法学方法论》,陈爱娥译,商务印书馆2004年版。

[14][德]克里斯蒂安·冯·巴尔、[英]埃里克·克莱夫主编:《欧洲私法的原则、定义与示范规则:欧洲示范民法典草案(全译本)》(第4卷),于庆生、温大军、胡琳等译,法律出版社2014年版。

[15][德]克里斯蒂安·冯·巴尔、[英]埃里克·克莱夫主编:《欧洲私法的原则、定义与示范规则:欧洲示范民法典草案(全译本)》(第1卷、第2卷、第3卷),高圣平、付俊伟、梅夏英等译,法律出版社2014年版。

[16][德]莱因荷德·齐柏里乌斯著:《法学导论》(第4版),金振豹译,中国政法大学出版社2007年版。

[17][德]罗伯特·霍恩、[德]海因·科茨、[德]汉斯·G.莱塞著:《德国民商法导论》,[英]托尼·韦尔英译,楚建译,谢怀栻校,中国大百科全书出版社1996年版。

[18][德]罗尔夫·克尼佩尔著:《法律与历史——论〈德国民法〉的形成与变迁》,朱岩译,法律出版社2003年版。

[19][德]曼弗雷德·沃尔夫著:《德国物权法》,吴越、李大雪译,韦伯文化国际出版有限公司2006年版。

[20][俄]E.A.苏哈诺夫主编:《俄罗斯民法》(第3册),丛凤玲译,中国政法大学出版社2011年版。

[21][法]勒内·罗迪埃著:《比较法导论》,徐百康译,上海译文出版社1989年版。

[22][美]E.博登海默著:《法理学:法律哲学与法律方法》,邓正来译,中国政法大学出版社1998年版。

[23][美]查尔斯·弗里德著:《契约即允诺》,郭锐译,龙卫球校,北京大学出版社2006年版。

[24][美]戴维·达德利·菲尔德著:《纽约州民法典草案》,田甜译,王莹莹校,中国大百科全书出版社2007年版。

[25][美]哈特著:《法律的概念》,张文显、郑成良、杜景义等译,中国大百科全书出版社1996年版。

[26][美]亨利·马瑟著:《合同法与道德》,戴孟勇、贾林娟译,中国政法大学出版社2004年版。

[27][美]杰弗里·费里尔、[美]迈克尔·纳文著:《美国合同法精解》(第4版),陈彦明译,北京大学出版社2009年版。

[28][美]理查德·A.波斯纳著:《英国和美国的法律及法学理论》,郝倩译,北京大学出版社2010年版。

[29][美]迈克尔·D.贝勒斯著:《法律的原则——一个规范的分析》,张文显、宋金娜、朱卫国等译,中国大百科全书出版社1995年版。

[30][美]美国法学会、美国统一州法委员会著:《美国〈统一商法典〉及其正式评述》(第1卷),孙新强译,中国人民大学出版社2004年版。

[31][美]美国法学会、美国统一州法委员会著:《美国〈统一商法典〉

及其正式评述》(第 2 卷),李昊、刘云龙、戴科等译,中国人民大学出版社 2005 年版。

[32][美]美国法学会、美国统一州法委员会著:《美国〈统一商法典〉及其正式评述》(第 3 卷),高圣平译,中国人民大学出版社 2006 年版。

[33][美]斯蒂芬·加奇著:《商法》(第 2 版),屈广清、陈小云译,中国政法大学出版社 2004 年版。

[34][日]大村敦志著:《民法总论》,江溯、张立艳译,王轶校,北京大学出版社 2004 年版。

[35][日]近江幸治著:《担保物权法》,祝娅等译,沈国明、李康民校,法律出版社 1999 年版。

[36][日]近江幸治著:《民法讲义Ⅰ:民法总则》(第 6 版),渠涛等译,渠涛审校,北京大学出版社 2015 年版。

[37][日]近江幸治著:《民法讲义Ⅱ:物权法》,王茵译,渠涛审校,北京大学出版社 2006 年版。

[38][日]内田贵著:《契约的再生》,胡海宝译,中国法制出版社 2005 年版。

[39][日]山本敬三著:《民法讲义Ⅰ:总则》(第 3 版),解亘译,北京大学出版社 2012 年版。

[40][日]四宫和夫著:《日本民法总则》,唐晖、钱孟珊译,朱柏松校,五南图书出版有限公司 1995 年版。

[41][日]田山辉明著:《物权法》(增订本),陆庆胜译,齐乃宽、李康民校,法律出版社 2001 年版。

[42][日]我妻荣著:《新订担保物权法》,申政武、封涛、郑芙蓉译,中国法制出版社 2008 年版。

[43][日]我妻荣著:《新订民法总则》,于敏译,中国法制出版社 2008 年版。

[44][日]我妻荣著:《新订债权总论》,王燚译,中国法制出版社 2008

年版。

［45］［日］我妻荣著:《债权在近代法中的优越地位》，王书江、张雷译，中国大百科全书出版社 1999 年版。

［46］［日］於保不二雄著:《日本民法债权总论》，庄胜荣校订，五南图书出版股份有限公司 1998 年版。

［47］［瑞］贝蒂娜·许莉蔓－高朴、［瑞］耶尔格·施密特著:《瑞士民法：基本原则与人法》（第 2 版），纪海龙译，中国政法大学出版社 2015 年版。

［48］［意］桑德罗·斯奇巴尼著:《桑德罗·斯奇巴尼教授文集》，费安玲译，中国政法大学出版社 2010 年版。

［49］［英］A.G. 盖斯特著:《英国合同法与案例》，张文镇、孙蕴珠、鲍忠汉等译，中国大百科全书出版社 1998 年版。

［50］［英］Hugh Collins 著:《合同法》（导读本），丁广宇、孙良国编注，中国人民大学出版社 2006 年版。

［51］［英］V.A. Grifith 著:《英美法总论》，姚淇清译，正中书局 1987 年版。

（三）外国法典

［1］《意大利民法典》，陈国柱译，中国人民大学出版社 2010 年版。

［2］《德国民法典》（第 4 版），陈卫佐译注，法律出版社 2015 年版。

［3］《奥地利普通民法典》，戴永盛译，中国政法大学出版社 2016 年版。

［4］《瑞士债务法》，戴永盛译，中国政法大学出版社 2016 年版。

［5］《路易斯安那民法典》，娄爱华译，胡雪梅校，厦门大学出版社 2010 年版。

［6］《法国民法典》，罗结珍译，北京大学出版社 2010 年版。

［7］《法国民法典》（上），罗结珍译，法律出版社 2005 年版。

［8］《法国民法典》（下），罗结珍译，法律出版社 2005 年版。

［9］《西班牙民法典》，潘灯、马琴译，中国政法大学出版社 2013 年版。

［10］《美国统一商法典》，潘琪译，法律出版社 2018 年版。

[11]《葡萄牙民法典》，唐晓晴、曹锦俊、关冠雄等译，北京大学出版社 2009 年版。

[12]《日本民法典》，王爱群译，法律出版社 2014 年版。

[13] 王融擎编译:《日本民法: 条文与判例》(上)，中国法制出版社 2018 年版。

(四)中文论文

[1] 曾大鹏:《商事担保立法理念的重塑》，载《华东政法大学学报》2013 年第 3 期。

[2] 陈洸岳:《"双重保证"与"共同抵押"》，载《月旦法学杂志》2000 年第 5 期。

[3] 陈杭平:《前诉与后诉视角下的连带保证人追偿之诉》，载《法学》2019 年第 3 期。

[4] 陈洁蕾:《保证的罗马法基础与法典化构建》，载《比较法研究》2019 年第 4 期。

[5] 陈荣隆:《物上保证人与连带保证人之责任关系》，载《台湾法学杂志》2009 年第 14 期。

[6] 陈瑞华:《法学研究方法的若干反思》，载《中外法学》2015 年第 1 期。

[7] 陈世荣:《主债务人担保物权之抛弃对于保证人之影响》，载《法令月刊》1972 年第 8 期。

[8] 陈祥军:《试谈保证人的资格》，载《当代法学》2000 年第 4 期。

[9] 程啸、王静:《论保证人追偿权与代位权之区分及其意义》，载《法学家》2007 年第 2 期。

[10] 程啸:《保证与担保物权并存之研究》，载《法学家》2005 年第 6 期。

[11] 程啸:《混合共同担保中担保人的追偿权与代位权——对〈物权法〉第 176 条的理解》，载《政治与法律》2014 年第 6 期。

［12］程啸：《论〈民法典〉第702条上的保证人抗辩权》，载《环球法律评论》2020年第6期。

［13］崔建远：《混合共同担保人相互间无追偿权论》，载《法学研究》2020年第1期。

［14］崔建远：《论保证规则的变化》，载《中州学刊》2021年第1期。

［15］费安玲：《论保证人抗辩权》，载《政法论坛》2000年第1期。

［16］高圣平：《担保物权司法解释起草中的重大争议问题》，载《中国法学》2016年第1期。

［17］高圣平：《混合共同担保的法律规则：裁判分歧与制度完善》，载《清华法学》2017年第5期。

［18］高圣平：《混合共同担保之研究——以我国〈物权法〉第176条为分析对象》，载《法律科学（西北政法大学学报）》2008年第2期。

［19］高圣平：《民法典担保从属性规则的适用及其限度》，载《法学》2020年第7期。

［20］高圣平：《特殊情形之下保证期间的计算三论》，载《法学杂志》2021年第4期。

［21］耿林：《比较法视野下的混合共同担保》，载《江汉论坛》2017年第6期。

［22］管静怡：《连带债务、连带保证与共同保证》，载《月旦裁判时报》2019年第86期。

［23］何颖来：《混合共同担保内部求偿算定规则体系的构建》，载《交大法学》2017年第4期。

［24］贺剑：《担保人内部追偿权之向死而生：一个法律和经济分析》，载《中外法学》2021年第1期。

［25］黄辉：《法学实证研究方法及其在中国的运用》，载《法学研究》2013年第6期。

［26］黄磊：《混合担保中物的担保合同无效时保证人应否担责》，载《人

民司法·案例》2011 年第 22 期。

[27] 黄立:《契约自由的限制》, 载《月旦法学杂志》2005 年第 10 期。

[28] 黄麟伦:《代位清偿制度之意义与机能》, 载《法学丛刊》2001 年第 7 期。

[29] 黄喆:《保证与物的担保并存时法律规则之探讨》, 载《南京大学学报》2010 年第 3 期。

[30] 黄忠:《混合共同担保之内部追偿权的证立及其展开——〈物权法〉第 176 条的解释论》, 载《中外法学》2015 年第 4 期。

[31] 江海、石冠彬:《论共同担保人内部追偿规则的构建——兼评〈物权法〉第 176 条》, 载《法学评论》2013 年第 6 期。

[32] 江海、石冠彬:《论混合共同担保——兼评〈物权法〉第 176 条》, 载《海南大学学报人文社会科学版》2012 年第 3 期。

[33] 姜淑明:《保证人的权利及其救济》, 载《法学杂志》2005 年第 2 期。

[34] 李红建、雷新勇:《人保与第三人物保的相互追偿及担保物权未设立的责任问题探讨》, 载《法律适用》2014 年第 8 期。

[35] 李晓桃:《保证人资格与适格的保证人》, 载《当代法学》2003 年第 2 期。

[36] 李彦文:《关于保证人、物上保证人及担保物第三取得人清偿代位之研究》, 载《台湾本土法学杂志》2002 年第 1 期。

[37] 凌捷:《混合共同担保若干争议问题研究》, 载《政治与法律》2016 年第 6 期。

[38] 刘保玉:《第三人担保的共通规则梳理与立法规定的完善》, 载《江西社会科学》2018 年第 10 期。

[39] 刘保玉:《共同保证的结构形态与保证责任的承担》, 载《中国法学》2003 年第 2 期。

[40] 刘斌:《论民法典分则中人的担保之体系重构》, 载《当代法学》2018 年第 5 期。

［41］刘贵祥：《担保制度一般规则的新发展及其适用——以民法典担保制度解释为中心》，载《比较法研究》2021 年第 5 期。

［42］刘贵祥：《民法典关于担保的几个重大问题》，载《法律适用》2021 年第 1 期。

［43］刘平：《民法典编纂中混合共同担保之再认识——兼评〈物权法〉第 176 条》，载《西南政法大学学报》2017 年第 6 期。

［44］刘哲、司伟：《混合担保中债权人放弃抵押对其他担保人的影响》，载《人民司法 · 案例》2020 年第 26 期。

［45］钱桐荪：《保证责任研究》，载《法令月刊》1962 年第 7 期。

［46］申卫星：《合同保全制度三论》，载《中国法学》2000 年第 2 期。

［47］沈森宏：《混合共同担保的偿债顺序》，载《华东政法大学学报》2017 年第 4 期。

［48］沈伟：《债权人撤销权中债权成立时间的影响》，载《人民司法 · 案例》2013 年第 22 期。

［49］宋刚：《论连带债务中的追偿权之行使》，载《政治与法律》2014 年第 5 期。

［50］孙鹏：《论保证与物的担保并存时之责任——兼析债权人担保维持义务之确立》，载《月旦民商法杂志》2007 年第 6 期。

［51］孙毅：《混合共同担保法律问题之思考》，载《月旦民商法杂志》2009 年第 6 期。

［52］汪洋：《共同担保中的推定规则与意思自治空间》，载《环球法律评论》2018 年第 5 期。

［53］王利明：《论担保物权的立法构造——民法典物权编应规定混合共同担保追偿权》，载《东方法学》2019 年第 5 期。

［54］王利明：《我国〈民法典〉保证合同新规则释评及适用要旨》，载《政治与法律》2020 年第 12 期。

［55］王利明：《物权法立法的若干问题探讨》，载《政法论坛》2001 年

第 4 期。

[56] 王文军:《〈民法典〉保证期间制度的另一种解释可能——以继续性合同原理为视角》,载《暨南学报(哲学社会科学版)》2021 年第 4 期。

[57] 吴瑾瑜:《保证契约与善良风俗——以债务人之无资力父母、配偶或子女为保证人之契约为例》,载《台北大学法学论丛》2008 年第 4 期。

[58] 谢鸿飞:《共同担保一般规则的建构及其限度》,载《四川大学学报(哲学社会科学版)》2019 年第 4 期。

[59] 谢鸿飞:《连带债务人追偿权与法定代位权的适用关系——以民法典第 519 条为分析对象》,载《东方法学》2020 年第 4 期。

[60] 谢在全:《担保物权发展之动向》,载《法令月刊》2018 年第 5 期。

[61] 谢在全:《企业浮动资产担保权之建立——以企业资产担保法草案为中心》,载《法令月刊》2017 年第 10 期。

[62] 许明月:《论现代担保市场法律规制的理念与模式》,载《中国法学》2013 年第 6 期。

[63] 杨淑文:《论连带保证与连带债务》,载《台湾本土法学杂志》2001 年第 8 期。

[64] 杨淑文:《论人事保证之从属性与债权人之附随注意义务——兼评民法债编关于"人事保证"之增定条文》,载《台湾本土法学杂志》2001 年第 12 期。

[65] 叶金强:《〈民法典〉共同担保制度的法教义学构造》,载《吉林大学社会科学学报》2021 年第 3 期。

[66] 叶名怡:《混合担保中债权人过错对保证责任之影响》,载《法商研究》2016 年第 4 期。

[67] 殷洁:《保证与物的担保并存适用之难点》,载《江西财经大学学报》2001 年第 2 期。

[68] 张定军:《论不真正连带债务》,载《中外法学》2010 年第 4 期。

[69] 张剑男:《保证人与物上保证人之内部分担》,载《法令月刊》

2011年第9期。

[70] 张铭晃:《连带保证诉讼时效抗辩援用权之实证分析》，载《司法周刊》2005年第7期。

[71] 张铭晃:《论连带保证人诈害债权之行为与债权人撤销权之要件》，载《月旦法学杂志》2005年第1期。

[72] 张文显、姚建宗:《略论法学研究中的价值分析方法》，载《法学评论》1991年第5期。

[73] 张尧:《混合共同担保中担保人内部求偿的解释论》，载《法学家》2017年第3期。

[74] 赵秀梅:《〈物权法〉第194条的裁判分歧及立法完善》，载《法学》2019年第10期。

[75] 郑冠宇:《再论担保之竞合》，载《山东科技大学学报（社会科学版）》2010年第5期。

[76] 朱广新:《民法典之典型合同类型扩增的体系性思考》，载《交大法学》2017年第1期。

[77] 邹海林:《我国〈民法典〉上的“混合担保规则”解释论》，载《比较法研究》2020年第4期。

二、英文文献

（一）英文著作

[1] Geraldine Mary Andrews, Richard Millet, Law of Guarantees (4th edition), Sweet & Maxwell, 2005.

[2] Henry R. Cheeseman, Business Law (4th edition), Prentice Hall, 2001.

[3] James O' Donovan, John Phillips, The Modern Contract of Guarantee, Sweet & Maxwell, 2003.

[4] Kevin Patrick McGuinness, The Law of Guarantee (2nd edition), Carswell Thomson Professional Publishing, 1996.

[5] Thomas W. Merrill, Ownership and possession, in Yun-Chien Chang (Ed.), Law and Economics of Possession, Cambridge University Press, 2015.

[6] Ulrich Drobning. Principles of European Law—Study Group on a European Civil Code, European Law Publishers, 2007.

[7] William H. Woods, Historical Development of Suretyship from Prehistoric Custom to a Century's Experience with the Compensated Corporate Surety, in Edward G. Gallagher, The Law of Suretyship (2nd edition), American Bar Association, 2000.

（二）英文论文

[1] Bae, Frank S. H., Marian E. McGrath, "Rights of a Surety (Or Secondary Obligor) under the Restatement of the Law, Third, Suretyship and Guaranty", Banking Law Journal, Vol.122, No.8 (2005).

[2] Christoph Henkel, "Personal Guarantees and Sureties between Commercial Law and Consumers in the United States", The American Journal of Comparative Law, Vol.62, No.1 (2014).

[3] Daniel Mungall Jr, Samuel J. Arena Jr., "Effect on Surety of Obligee's Release of Principal: A Critical Look at the Rules in the Restatement", Defense Counsel Journal, Vol.70, No.3 (2003).

[4] David Gruning, "Reading Release: How To Extinguish A Solidary Obligation", Loyola Law Review, Vol.64 (2018).

[5] Dolan, John F, "Letter of Credit Undertakings and Suretyship Contracts: Did the Fifth Circuit Slip in Express Blower, Inc. v. Earthcare, LLC", Banking Law Journal, Vol.129, No.4 (2012).

[6] G.M. Weichelt, "Contract of the Corporate Surety and Its Distinction

from One of Insurance", Chicago–Kent Law Review. Vol.9, No.2 (1931) .

[7] Geoffrey C. Hazard, Jr., "The Restatement Of Suretyship Introduction", William And Mary Law Review, Vol.34, No.4 (1993) .

[8] Gregg H. Mosson, "Equitable Subrogation in Maryland Mortgages and the Restatement of Property: A Historical Analysis for Contemporary Solutions. University of Baltimore Law Review", Vol.41, No.4 (2012) .

[9] Hackett, David E, "Guaranteed Confusion: The Uncertain Validity of Suretyship Defense Waivers in California", Loyola of Los Angeles Law Review, Vol.41, No.3 (2008) .

[10] Harris, Troy L, "Good Faith, Suretyship, and the Ius Commune", Mercer Law Review, Vol.53, No.2 (2002) .

[11] Johann Andreas Dieckmann, "The Normative Basis of Subrogation and Comparative Law: Select Explanations in the Common Law, Civil Law and in Mixed Legal Systems of the Guarantor's Right to Derivative Recourse?" The Tulane European and Civil Law Forum, Vol.27 (2012) .

[12] Kocsis, Imola, Marcin Olechowski, "Suretyship in German and Polish Law: A Comparative Analysis", Review of Central and East European Law, Vol.31, No.3 (2006) .

[13] Kull Irene, "Unfair Contracts of Suretyship—a question about the horizontal effect of fundamental rights or about the application of contract law principles", Juridica International, Vol.12 (2007) .

[14] Michael H. Rubin, "Ruminations on Suretyship", Louisiana Law Review, Vol.57, No.2 (1997) .

[15] Michelle Cumyn, "Responsibility For Another's Debt: Suretyship, Solidarity, And Imperfect Delegation", McGill Law Journal, Vol.55, No.2 (2010) .

[16] Neil B. Cohen, "Striking the Balance: The Evolving Nature of

Suretyship Defenses", William and Mary Law Review, Vol.34, No.4 (1993) .

[17] Oran S. Paglin, "From Favorite of the Law to Intermediate Surety: A Transformation in the Law of Suretyship", New England Law Review, Vol.23 (1988) .

[18] Pretorius, J. T, "Suretyship and Indemnity", South African Mercantile Law Journal, Vol.13, No.1 (2001) .

[19] Rafal Zakrzewski, "Indemnities and suretyship", Journal of International Banking and Financial Law, Vol.4 (2015) .

[20] Ricardo Antaramian, "Suretyship Agreements And The Enron Surety Bond Litigation", Florida State University Business Review, Vol.4 (2004) .

[21] Sjef Van Erp, "Surety Agreements and the Principle of Accessority—Personal Security in the Light of a European Property Law Principle", European Review of Private Law, Vol.13, No.1 (2005) .

[22] Wilhelm, Suzanne, "Taking Suretyship Seriously", Oklahoma City University Law Review, Vol.18, No.1 (1993) .

图书在版编目(CIP)数据

连带责任保证人权利规范体系研究 / 陈思静著 . —北京：中国法制出版社，2023.9
ISBN 978-7-5216-3671-0

Ⅰ . ①连… Ⅱ . ①陈… Ⅲ . ①民事责任 — 担保制度 — 研究 Ⅳ . ① D923.24

中国国家版本馆 CIP 数据核字(2023)第 115692 号

责任编辑：王雯汀　　封面设计：李　宁

连带责任保证人权利规范体系研究

LIANDAI ZEREN BAOZHENGREN QUANLI GUIFAN TIXI YANJIU

著者 / 陈思静

经销 / 新华书店

印刷 / 北京虎彩文化传播有限公司

开本 / 880 毫米 ×1230 毫米　32 开　　印张 / 11.5　字数 / 267 千

版次 / 2023 年 9 月第 1 版　　2023 年 9 月第 1 次印刷

中国法制出版社出版

书号 ISBN 978-7-5216-3671-0　　定价：59.00 元

北京市西城区西便门西里甲 16 号西便门办公区

邮政编码：100053　　传真：010-63141600

网址：http://www.zgfzs.com　　**编辑部电话：010-63141824**

市场营销部电话：010-63141612　　**印务部电话：010-63141606**

（如有印装质量问题，请与本社印务部联系。）